이 책을 주예수그리스도께 헌정합니다.

"…물이 바다를 덮음 같이 여호와를 아는 지식이
세상에 충만할 것임이니라"- 이사야 11장 9절

—

특별히 ______________________ 님께

이 소중한 책을 드립니다.

「Step-by-Step 성경여행」에 인용한 성경은 대한성서공회의 허락을 받아 사용했습니다.

Step-by-Step

성경여행

신약

고은주 편저 | 윤창우 편집

성경여행선교회 • 나침반

머리말

우리가 예수님을 마음에 영접하고 믿음으로 거듭났을 때 우리는 진리의 말씀으로 해산 된 것이다. 우리의 거듭남과 그리스도인으로 섬김과 여정, 그리고 다시 오실 주님을 기다림과 천국을 소망하는 모든 믿음은 하나님 말씀에 근거를 두고 있다.

'자기의 뜻을 좇아 진리의 말씀으로 우리를 낳으셨느니라'(약 1:18)

새로운 자동차를 구입하거나 새 휴대폰이 출시될 때 그 상품과 함께 반드시 따라오는 것이 매뉴얼이다. 이것을 생산한 사람의 설명과 사용방법을 숙지해야 자동차나 스마트폰을 사용할 수 있다. 나는 컴퓨터를 오래 가지고 있으면서도 그 사용방법을 익히지 않아 지금도 어려움을 겪고 있다. 창조주께서 우리를 창조하시고 우리에게 삶의 매뉴얼인 성경을 주셨다. 성경은 창조주 하나님의 인간창조와 축복 그리고 불순종에 따르는 심판이 기록되어 있다. 하나님을 떠나고 하나님 말씀에 순종하지 않으면 하나님께서 의도하신 축복과 멀어지는 것이다.
그분은 상한 갈대를 꺾지 아니하며 꺼져가는 등불을 끄지 아니하고 진리로 공의를 베푸시는 분이기 때문이다.(사 42:3)

이렇듯 신앙의 기본인 성경을 얼마나 알고 신앙생활을 하고 있을까! 교회를 10년, 20년, 30년을 다니신 장로님, 권사님들도 성경에 대해 자신이 없어 부끄러워하신다. 눈에 보이지 않는 하나님을 어떻게 우리는 믿고 있는가? 하나님을 믿는 것은 하나님 말씀을 믿는 것이다. 예수님도 오직 성경에서 예언하신 말씀이 육신이 되어 우리 가운데 거하시는 예수님만이 예수님이시다. 예수님께서 약속하신 보혜사 성령님도 성경에서 말씀하신 그 진리의 영이 성령님이시다. 어떤 봉사나 헌신도 하나님 말씀에서 나오지 않으면 자기 자신을 위해 하는 것이다. 하나님 말씀을 버리면 하나님을 버리는 것이다.

한국 근대 역사를 보아도 36년간의 일제 강점기에 하나님 말씀이 있어 자주 독립을 이끌어 가신 믿음의 선배들이 있었고, 1950년의 6.25전쟁과 휴전, 그 역사의 가난과 굶주림, 질병과 저주의 때에 피폐한 땅에 교회가 세워지고 하나님의 생명의 말씀이 선포되고 병든 자들이 치유받고 가난한 자들의 영혼육이 부요해지는 축복을 받은 나라가 한국이다. 오늘도 5대양 6대주에 선교사들을 파송하며 하나님 나라를 확장하고 있다.

우리는 이미 젖과 꿀이 흘러넘치는 가나안 땅에 들어와 가나안의 우상들에게 절하며 그들의 신을 함께 섬기는 것은 아닌가? 그것이 아니라면 편안함과 만족함으로 각자의 둥지에서 안주하고 있지는 않은가? 어쩌면 더 이상 환경과 물질의 축복이 필요한가를 생각해 보아야한다. 지금 풍요함과 안락함 가운데 있는 우리는 보이지 않는 영적인 전쟁터에 있는 것은 아닌가? 가나안 땅 안의 풍족함 가운데 "탐심과 정욕"의 우상과 영적 전쟁을 치러야 하는 때이다. 지금이 우리가 다시 진리의 말씀을 공부하며 성경 안의 인물들을 통해 우리의 삶을 보아야 하는 때이다. 성경 인물들이 다시 우리의 영웅이 되어야 하고 우리의 관심이 되어야 한다. 예언서를 통하여 영적 지도자들이 각성하며 자신을 돌아보고 청렴결백한 영적 지도력을 추구하며 부끄럽지 않은 마지막 설교를 할 수 있어야 할 것이다. 하나님께서는 영적 지도자들을 먼저 축복하시고 또한 먼저 심판하신다.

한국 교회의 반성을 이야기 하는 때이다. 하나님 말씀을 더 자세히 들어야하고 예수님의 제자의 길을 가야한다. 말씀의 능력으로 무기력한 영적 자아를 깨워야한다. "누구든지 나를 따라오려거든 자기를 부인하고 자기 십자가를 지고 나를 따를 것이니라"(막 8:34)
하나님 말씀이 아니고는 우리의 자아 중심의 삶이 변화될 수 없기 때문이다. 성경여행 교재가 말씀으로 돌아가고 삶의 변화가 일어나도록 하는 믿음의 성장을 가져오는 교재가 되기를 기도한다.

성경여행은 쓰고자 계획한 교재가 아니었다. 성경 강의를 듣고자 하는 목사님들을 모시고 강의를 하다 보니 써내려간 강의안이 구약과 신약 성경 교재가 되었다. 하나님의 은혜로 주의 작은 종이 한 달란트를 가지고 주님께 영광을 돌리고자 충성된 마음으로 순종하였다.
구레네 시몬 같은 나의 모습이다. 구레네 시몬은 십자가를 지고 가시는 예수님을 구경하다가 억지로 십자가를 지게 되었고 갈보리까지 주님과 동행하였다. 성경여행 교재는 내게 억지로 지운 십자가였다. 기독교대한감리회 온세상교회 윤창우 목사님께서 컴퓨터 작업을 해주시겠다고 도움을 주셔서 위로와 힘이 되었다. 마치 야곱이 사랑하는 아들 요셉이 죽었다고 믿었던 22년 뒤에 애굽의 총리가 되었다는 아들들의 말을 믿지 못했으나 요셉이 보낸 바로의 수레를 보고서야 그 말을 믿었다는 사실처럼 나는 윤 목사님을 보내주셔서 하나님께서 이 책을 원하신다는 믿음을 갖게 되었다.

성경을 알아가기 위해 다양한 접근을 통한 지금까지의 모든 성경공부 교재가 우리를 이곳까지 인도하였다. 「Step-by-Step 성경여행」을 통해서 우리는 성경을 역사적 흐름으로 이해하고 또 기억하며 성경을 읽기에 도움을 주는 성경교재가 되기를 바란다. 성경여행을 따라 성경공부가 이루어지면 성경을 역사적 흐름으로 알게 되고 66권의 연대기적 자리가 어디인지 알게 된다.

이 시대를 살아가는 또 하나의 즐거움은 여행이다. 이스라엘, 터키 성지순례 뿐 아니라 동남아, 유럽, 북미, 남미, 그리고 아프리카 대륙까지 여행하는 시대에 우리는 살고 있다. 어느 곳을 여행한다 해도 여행지의 주요 역사를 알고 여행하면 재미도 더해지고 지식도 더해진다. '아는 만큼 보인다'라고 말한다. 성경도 '아는 만큼 성경이 읽어지고 재미있고 설교가 은혜로 다가오고 영적진리가 보인다.' 성경여행을 가르치는 목사님들과 강사들은 잘 훈련된 성경여행 가이드이다. 지식이 넘치고 성경의 스토리들을 언제나 기억해 사용할 수 있는 가이드가 되는 것이다.

다시 한번 오직 성경이 우리의 목표이다. 오직 성경이 모든 성경공부 교재의 원본이다. 성경을 우리에게 주신 하나님께 감사와 찬양과 영광을 돌린다.
"주의 말씀의 맛이 내게 어찌 그리 단지요 내 입에 꿀보다 더 다니이다"(시 119:103)

교재를 쓰는 동안 왼쪽 무릎 연골판이 찢어져 봉합 수술을 했다. 인생의 첫 수술을 경험해 보았다. 수술 후 두 달은 휠체어로 이동하고, 세 달은 목발을 짚고 다녔다. 이 긴 시간동안 진심어린 보살핌으로 목욕도 시켜주고 식사도 준비해 주고 기도해 주고 분리수거도 하며 집안 살림을 살아준 사랑하는 남편 노시백 목사님께 이 책을 드리며 감사와 사랑으로 보답하고 싶다. 멀리 미국에서 걱정해주고 기도해주는 사랑하는 딸 노윤미와 사위 다니엘 김, 그리고 우리 부부의 마음을 항상 녹여 부드럽게 하고 하나님이 사랑이심을 다시 깨닫게 해주는 손녀 예주와 손자 한주가 있어 인생은 살아볼수록 좋구나를 느끼고 힘이 되었다. 아들 노중원과 며느리 홍진희와 이 책을 함께 공부하고 싶은 열정이 있다. 또한 주일 저녁이면 어머님 이일용 권사님 댁에 모여 시아주버니 노영백 장로님 내외와 시누이 노영애 권사님과 사랑의 교제를 나누는 기쁨이 내게 큰 위로가 되었다. 나를 이 땅에 낳아 주시고 새벽마다 기도해주시는 유구 순복음 교회 어머니 홍창숙 권사님께 감사드린다.
또한 수술 후 다섯 달 만에 외출하여 출석한 꿈꾸는 영산교회 조용찬 학장목사님의 예수님의 복음을 설교 듣게 되었을 때의 그 감동으로 책의 마무리를 할 수 있었다.
또한 가장 힘들 때 성경공부를 함께 하며 성경여행 교재를 좋아해주시고 지금까지 하나님 말씀을 함께 공부하며 주님의 사랑과 은혜를 깨닫게 해주신 성경여행 선교회 윤창우 목사님과 여운자 권사님을 비롯한 임원들께 가장 큰 감사를 드리고 싶다.

책을 마감하기 전에 특별히 성경스케치 선교회 대표 장규철 목사님께 깊은 감사를 드린다. 미국에서의 22년 목회와 병원에서 원목으로 섬기고 지친 때였다. 2010년 고국의 품에 돌아왔으나 긴 공백으로 나는 친구조차 없는 혼자가 되었다. 그때 주님께서 성경스케치 선교회로 인도하셨고 장규철 목사님과 함께 한 영적인 배움과 주님의 사랑으로 나눈 교제를 잊을 수 없다. 함께 네팔 선교를 3차례 다녀오고, 선교회 1기 전문 강사로 세워주시고, 5년 동안 성경을 강의할 수 있도록 배려해 주셨음을 감사드린다.
성경스케치 강사로 섬기는 가운데 하나님께 네팔, 중국, 미국을 비롯해 국내외 말씀 선교에 쓰임 받는 은혜를 누리고, 성경의 흐름을 잡는데 큰 도움을 입었다. 그리하여 지금의 책 「Step-by-Step 성경여행」을 편집하는데 밑거름이 되었다. 스승이 되시는 장규철 목사님께 감사드린다.

그리고 나의 힘이 되신 여호와께 영광을 돌립니다.

성경공부의 새로운 장이 열리기를 기도하며

고은주 목사

출간을 기뻐하며

조용찬 목사(순복음 영산신학원 학장)

우리는 살아가는 동안 작게는 주변 지역부터 멀리는 세계여행에 이르기까지 수많은 여행을 합니다. 잘 아는 지역이라면 가이드의 도움이 필요 없겠지만, 너무 광범위한 지역에 가야 하거나, 혹은 처음 가는 낯선 곳이거나, 특히 그곳에 가서 무엇인가 배우고 깨닫고 싶다면 가장 필요한 이가 바로 여행 가이드입니다.

「Step-by-Step 성경여행」은 처음 성경을 공부하려는 여행자부터, 성경에 대해 깊이 탐색하려는 분들 모두에게 유용한 가이드가 될 것입니다. 저자 고은주 사모는 자신이 목회자이면서, 현재 성경 강의를 하고 계시는 분입니다.

교회를 오래 다녔다고 해도 성경을 어떤 맥락에서 읽어야 할지 난감한 성도들이 많은 이유는 성경을 혼자서 읽고 이해하기가 쉽지 않기 때문입니다. 그만큼 어려운 여행길입니다. 하지만 친절하고 사려 깊은 여행 가이드를 만난다면 우리는 그에 의지해 즐겁고 보람 있는 여행을 만끽할 수 있을 것입니다.

「Step-by-Step 성경여행」은 단순히 성경 이해를 위한 책만이 아니라, 자기 자신으로 떠나는 여행, 인생 여정의 길잡이로서 친절한 여행 친구가 되어줄 수 있을 것입니다.

여행의 오르막길에서 힘들고 지칠 때, 친구가 뒤에서 살짝만 밀어줘도 올라갈 수 있듯이, 성경 공부의 길에서도 나를 이끌어줄 수 있는 가이드가 필요합니다. 그래야 여행의 나아갈 방향과 목적을 실현할 수 있습니다.

이 책을 통해 하나님의 말씀 여행의 진미를 느끼셨으면 합니다. 성경 전체 여행을 다 마치고 나면 어느새 하나님과 더욱 가까워지고, 하나님 마음을 깊이 깨닫게 된 자신을 발견할 수 있을 것입니다.

임열수 목사(순복음 영산신학교 특임교수/ 前 건신대학원대학교 총장)

성경은 우주와 인간을 창조하신 하나님께서 인간들이 어떻게 살아야 행복하게 살 수 있는가를 상세히 기록해 놓은 행복 매뉴얼이다. 성경은 기록된 시기가 지금부터 3,500~2,000년 전 사이에 기록된 문헌이다. 그 배경도 한국이나 아시아 지역이 아니고 중동지역이기 때문에 문화, 습관이 우리와 여러 면에서 다르다. 더욱이 40여 명이 넘는 저자들이 오랜 기간을 두고 기록한 책이기 때문에 이해하기가 쉽지 않다.

성경책 한 권을 갖고 씨름하기 전에 먼저 성경 전체의 흐름을 알고, 각 권을 보면 이해도 쉽고 재미있을 것이다. 읽으면서 이렇게 살면 정말로 내 인생이 행복하겠구나 하는 생각을 여러 번 하게 될 줄로 믿는다. 「Step-by-Step 성경여행」은 바로 이러한 책이다.

이 책이 성경을 공부하려는 독자들에게 귀한 지침서가 될 줄로 확신하면서 기쁘게 추천하는 바이다.

임성수 목사(기독교 대한 감리회 한울림교회)

성경에 대해 지식과 정보를 전해 주는 책은 많지만 성경 텍스트를 통전적으로 알게 해주는 책은 흔하지 않습니다. 저자는 먼저 성경이라는 숲(구조)을 보여주고 좀 더 가까이 나무(역사)를 보게 하며 더 가까이 접근하여 가지(사건)를 살피게 하고 한 걸음 더 깊숙이 들어가 잎(핵심구절)까지 들여다보게 합니다.
이 과정에서 저자는 내용의 틀과 도표 그리고 지도를 적절하게 활용하여 성경 내용을 한눈에 파악하게 할 뿐 아니라 숲과 나무 그리고 가지와 잎을 보게 하는 일련의 연구 과정을 따라가다 보면 자연스럽게 성경 핵심 내용(뼈대)이 암기되도록 하였습니다. 이것을 가능케 하는 것은 특히 수업 후 24시간 경과 후에도 91%가

암기된다는 〈예습-수업-복습〉이라는 입증된 공부 방법을 쓰고 있기 때문입니다. 이 책의 또 하나의 매력은 성경을 해석 없이 텍스트 자체만을 다루고 있기 때문에 교파를 초월하여 누구든지 갈등 없이 접근할 수 있다는 점입니다
바라건대 이 책을 통하여 한국 교회가 성경을 읽는 붐이 일어나서 하나님 나라 거룩한 백성 공동체로 거듭나게 되기를 소망합니다.

엄태욱 목사(여의도순복음교회 선교 국장 역임/ 여의도순복음광명교회 담임목사)

성경은 40여 명의 저자가 약 1,500년에 걸쳐서 쓴 책이고 우리나라와 문화나 환경이 전혀 다른 중동의 역사와 문화를 배경으로, 성령의 감동하심에 따라, 하나님이 택하신 사람들에 의해 쓰인 책이기에 사실 우리들이 성경의 의미를 제대로 이해하는 것이 쉽지는 않습니다.

목회자로서 늘 성경의 숲을 제대로 보면서 나무를 이해하기 원했던 제게 저자의 강의는 큰 도움이 되었고 저뿐 아니라 목회자들이 꼭 들어봐야 할 강의라고 생각되어 여의도순복음교회 목회자 영성 세미나에 목사님을 초청하여 귀한 강의를 들었던 기억도 있습니다.

「Step-by-Step 성경여행」이 성경을 역사적으로 이해하고 성경을 더욱 깊이 알기를 원하고 하나님의 말씀으로 새로워져서 제자의 삶을 통하여 하나님의 영광을 이 땅에 드러내기를 원하는 많은 사람들에게 큰 도움이 될 줄 믿으며 출간을 축하합니다.

김동운 목사(육군사관학교 육사교회 담임 역임)

특별히 저는 오랜 세월 교인구성비가 젊은이들이 상대적으로 많은 군 목회를 하면서 많은 젊은 청년들이 힘든 군 생활 속에서도 말씀에 대한 갈급함이 있고 성경을 알고 싶어 한다는 사실을 발견했습니다. 아마도 이들이 군 생활뿐 아니라, 전역 후 치열한 영적 전쟁의 현장으로 들어가서 믿음을 잃지 않고 하나님의 자녀답게 승리하는 삶을 살고 싶어 하는 갈급함이 말씀에 대한 사모함이라 생각되었습

니다.
오직 하나님 말씀만이, 성경 66권의 말씀만이, 청년들의 가슴속에 하나님의 비전과 거룩한 열정을 심어주고 유혹을 이길 힘을 줄 수 있습니다. 그러므로 젊은이들이 주님의 말씀을 바르게 배워 말씀으로 무장하는 것은 얼마나 중요한지 모릅니다. 그런 측면에서 볼 때 「Step-by-Step 성경여행」은 성경을 알기를 갈망하고 말씀을 깊이 마음에 새기고 싶은 젊은이들에게 성경의 핵심 내용을 간결하고 분명하게 정리를 하여 성경을 이해하기 쉽게 만든 좋은 교제라고 생각합니다.

바라기는 이 성경 공부 교재가 교단을 초월하여 어느 교회에서든지 모든 연령층에서 쉽게 활용할 수 있고 성경 지식과 신앙 성장에 큰 유익을 주는 교재가 될 것으로 확신하면서 한국교회와 모든 성도들에게 특별히 성경을 알기를 갈망하는 젊은이들에게 적극적으로 추천합니다.

편집자의 글

모든 책이 그렇듯, 수도 없이 쓰고 지우는 과정 속에서 한 장 한 장 페이지가 채워졌다. 몇 시간 혹은 며칠씩 걸려 작업한 내용이라도 최선의 선택을 위함이라면 미련 없이 편집되는 시행착오를 감안해야 했다. 그렇게 만들어진 책들 중에 한권! 그러나 아니다. 「Step-by-Step 성경여행」은 하나님의 말씀으로 교회와 성도들에게 숨을 불어넣어 살아나게 할 아주 특별한 책이라 믿는다.

존경하는 고은주 목사님의 부탁으로 시작한 일이지만 만일 편집의 어려움을 알았더라면 그리 쉽게 응하지는 못했을 것이다. '무식하면 용감하다' 했다. 성경을 편집하여 책으로 만드는 일이 얼마나 크고 방대한 일인지 감히 짐작도 하지 못했고 무엇보다 어설픈 편집 실력으로 감당하기에는 너무도 버거운 일임을 알지 못했다.

새로운 일을 시작한다는 의욕 때문에 성경여행 원고를 정리하는 일은 밤낮을 가리지 않았다. 원고를 받아 정리하고 다듬고 채우는 일은 매우 흥미로웠고 사역에 대한 기대와 소망으로 열정도 넘쳤다. 그러나 생각보다 일은 많았고 공들여 수고하는 것에 비해 작업은 더뎠다. 체력적으로도 정신적으로도 지쳐가는 기미가 역력했다.
여기까지가 한계인가 힘겹지만 이 길을 계속 가야 하는가! 이 일이 사람을 위함인가 아니면 하나님을 위함인가! 처음부터 하나님의 뜻하심이 무엇인지를 분명히 하였더라면 좋았을 것을 어쩌다 의욕이 앞서 시작된 일인 것만 같아 죄스러운 마음마저 들었다. 그런 나에게 사사시대의 삼손과 룻을 통해 이 사역이 우연한 일이기보다 하나님의 간섭하심으로 시작된 일이라는 믿음을 가지게 하셨다.

여호와 하나님은 블레셋을 치기 위해 삼손으로 딤나 여인을 사랑하게 하셨는데 이 일이 여호와께로부터 나온 것임을 삼손도 또한 그의 부모도 알지 못했다.

"그의 부모는 이 일이 여호와께로부터 나온 것인 줄은 알지 못하였더라"(삿 14:4)
또 룻이 보아스에게 속한 밭에서 이삭을 줍는 사건에서도 룻은 우연하게 들어간 밭이지만 하나님은 필연적으로 룻을 인도하여 보아스를 만나게 하셨다.
"룻이 이삭을 줍는데 우연히 엘리멜렉의 친족 보아스에게 속한 밭에 이르렀더라" (룻 2:3)

어쩌다 의욕이 앞서 시작한 일이라 여겨 힘겨움에 신음했지만 하나님은 하나님의 뜻하심으로 부족한 나를 성경여행의 동역자로 삼아 주셨다는 믿음을 가지게 하셨다. 지나온 시간보다 앞으로 감당해야할 시간이 훨씬 더 많이 남았다는 것이 부담이었으나 일의 시작이 앞서 행하시는 하나님의 인도하심이라면 일의 결과를 떠나 끝까지 감당하는 것이 나의 사명이라 여겼다.
먹고 마실 것이 없어 허기진 것이 아니라 영혼의 양식이 없어 주리고 목마른 사람들이 넘쳐나는 시대이다. 말씀의 풍요 속에 살면서도 정작 말씀이신 하나님을 만나지 못하여 영적빈곤에 허덕이는 자들이 얼마나 많은가! 말씀이 영혼의 양식임을 알면서도 성경을 기피하여 영적 기갈에 허덕이는가 하면 어떤 이들은 성경을 지적인 유희로 삼아 모르던 것을 알게 됨을 은혜라 여겨 복음을 상실하는 이들도 적지 않다.

「Step-by-Step 성경여행」은 성경을 효과적으로 가르치기 위한 책이다. 방대한 성경 내용을 인물과 사건과 메시지를 한 장의 지도와 틀 안에서 주제별로 정리하여 보다 쉽게 공부하게 하므로 한 번을 공부해도 성경의 내용이 입체적으로 기억되게 한다. 성경에 관심은 있으나 그 내용이 어려워 가까이 하지 못했던 성도들에게도 보다 쉽게 다가 설 수 있도록 견인한다.
또한 성경을 읽고 또 읽어 10독, 20독 아니 그 이상을 읽었어도 그 내용이 꿰어지지 않아 답답했던 성도들에게 더 깊은 은혜의 자리로 나아가게 하는 마중물 같은 책이 될 것이라 믿는다. 뿐만 아니라 성경여행은 성경에 대해 전문가적인 이해를 가지기 원하는 목회자들에게도 가장 효과적으로 공부할 수 있게 하는 책이 될 것이라 자부한다.
「Step-by-Step 성경여행」을 통해 성경을 배우고 다시 말씀의 자리에 설 때, 성경은 더 이상 낯설고 어렵고 부담스러운 책이 아니라 어느 시편 기자의 노래처럼 "주의 말씀의 맛이 내게 어찌 그리 단지요 내 입에 꿀보다 더 다니이다"(시 119:103)는 고백이 내 입술에서 노래되어 하나님을 찬양하게 될 것이라 믿는다.

생명을 살리는 말씀 사역을 위해 먼저 된 자 고은주 목사님을 만나게 하시고 그와 합력하여 선을 이루게 하신 하나님께 감사드린다. 부족한 자를 동역자로 여겨주시고 이끌어 주신 고은주 목사님의 섬김과 사랑에 감사드린다. 항상 그 자리에서 변함없는 사랑으로 섬겨주시고 기도해 주시는 온세상교회 식구들에게 감사하다. 멀리서든 가까이에서든 격려해 주시고 응원해 주시는 존경하는 목사님들과 기도 후원자들에게 머리 숙여 감사드린다.

생명으로 살아갈 수 있도록 낳아주시고 오매불망 인생의 발판이 되어주신 부모님께 감사하며 항상 힘이 되어준 형제들에게 고마운 마음을 전한다. 그리고 지친 내가 언제나 쉼을 이룰 수 있도록 안식처가 되어 준 소중한 아내 백성숙, 딸 윤주아, 윤요아에게 사랑의 마음을 전한다.

성경여행을 시작하게 하신 하나님의 뜻이
하늘에서 이루어진 것 같이
땅에서도 이루어지기를 소망하며

윤창우 목사

성경은…

성경은 삼위일체 하나님의 말씀이다.

성경은 하나님께서 주신 영적진리이다. 성경의 주제는 하나님의 사랑과 예수 그리스도이다. 성경의 목적은 영혼구원이다.(요 3:16)

"진리의 말씀 곧 너희의 구원의 복음을 듣고 그 안에서 또한 믿어 약속의 성령으로 인치심을 받았으니"(엡1:13)

성경은 삼위일체 하나님을 증언한다.

말씀은 하나님이시다.(요 1:1)

"태초에 말씀이 계시니라 이 말씀이 하나님과 함께 계셨으니 이 말씀은 곧 하나님이시니라"

말씀은 예수그리스도이시다.(요 1:14)

"말씀이 육신이 되어 우리 가운데 거하시매 우리가 그의 영광을 보니 아버지의 독생자의 영광이요 은혜와 진리가 충만하더라"

말씀은 성령이시다.(하나님의 감동, 하나님의 숨)(딤후 3:16)

"모든 성경은 하나님의 감동으로 된 것으로 교훈과 책망과 바르게 함과 의로 교육하기에 유익하니"

성경은 하나님이시오 예수님이시오 성령님이시다.

구약	성경의 분류	신약
17권	역사서	5권
17권	예언서	1권
5권	시문학	
	서신서	21권
39권		27권

성경은 하나님의 말씀이고 한 권의 책이다. 그리고 한 권의 성경 안에는 구약 39권과 신약 27권으로 나뉘어있다. 지금의 성경을 수차례 읽어도 흐름을 쉽게 잡기 어려운 이유는 성격이 연대기적으로 편집을 한 것이 아니기 때문이다. 성경은 이스라엘의 역사를 기록하고 있는데 역사서와 시가서, 예언서, 그리고 서신서가 분류되어 편집되어서 역사의 흐름을 따라 어느 책이 어느 시대에 주어진 말씀인지 찾기가 어렵다.

구약의 39권은 가장 먼저 기록된 모세 5경(창세기, 출애굽기, 레위기, 민수기, 신명기)인 역사서가 편집되었고 그다음으로 역사서 12권(여호수아, 사사기, 룻기, 사무엘상, 사무엘하, 열왕기상, 열왕기하, 역대상, 역대하, 에스라, 느헤미야, 에스더)이 편집되어 있다. 역사서 뒤에 시가서 5권(욥기, 시편, 잠언, 전도서, 아가)이 나오고 그다음에 대선지서로 구분되는 5권(이사야, 예레미야, 예레미야 애가, 에스겔, 다니엘)의 예언서가 편집되었다. 남은 소선지서는 12권(호세아, 요엘, 아모스, 오바댜, 요나, 미가, 나훔, 하박국, 스바냐, 학개, 스가랴, 말라기)의 예언서로 구약의 편집이 끝난다. 성경역사의 흐름을 따르면 에스라서와 느헤미야서는 구약의 가장 뒤편에 편집되어야 한다. 70년 바벨론 포로 생활 후에 예루살렘으로 귀환하는 역사이기 때문이다. 그런데 모든 시가서와 예언서보다 앞에 편집되어 성경을 여러 번 통독한다 할지라도 역사의 흐름을 이해하기가 쉽지 않다. 그래서 「Step-by-Step 성경여행」에서는 성경을 연대기적으로 재배열하여 효과적인 성경공부를 하게 된다.

신약 27권은 예수님의 탄생과 사역, 십자가 사건과 부활을 기록하고 있는 역사서 4권인 사복음서(마태복음, 마가복음, 누가복음, 요한복음)를 제일 앞에 편집했고, 그다음에 복음의 사역을 이어가는 사도들의 역사를 기록한 역사서인 사도행전을 넣었다. 신약에는 5권의 역사서가 역사의 사실(fact)을 기록하고 있다. 그다음에 13권의 바울서신(로마서, 고린도전서, 고린도후서, 갈라디아서, 에베소서, 빌립보서, 골로새서, 데살로니가전서, 데살로니가후서, 디모데전서, 디모데후서, 디도서, 빌레몬서)이 분류되어 편집되어 있다. 8권의 공동서신서(히브리서, 야고보서, 베드로전서, 베드로후서, 요한일서, 요한이서, 요한삼서, 유다서)를 편집하고 1권의 예언서인 요한계시록이 마지막으로 편집되어 있다. 사도 요한이 기록한 요한복음, 요한일서, 요한이서, 요한삼서는 연대기적으로 보면 요한계시록 앞에 나와야 할 성경 66권 가운데 가장 늦은 시기에 쓰여진 책들이다.

Step-by-Step 성경여행의 이해

성경여행에서의 구약개관은 일찍이 테리 홀(Rev. Terry Hall) 목사님께서 역사서 11권으로 구약의 역사를 큰 흐름으로 잡을 수 있도록 정리해 놓으신 것을 참고하였다.(Bible Panorama 성경전서 종합개관 p61, 성경 파노라마 p55)

신정시대

창세기, 출애굽기, 민수기, 여호수아, 사사기 5권으로 하나님께서 한 민족을 부르시고 제사장 나라로 세우시고 통치하시는 신정시대로 개관하여 창조시대, 족장시대, 출애굽 광야시대, 정복시대, 그리고 사사시대의 5시대로 역사를 정리한다.
족장시대에 우스 땅에 살던 의인 욥의 이야기인 욥기를 족장시대에 함께 공부한다. 출애굽 광야시대에 시내산에서 기록된 레위기와 모압평지에서 모세가 숨을 거두기 전에 기록한 신명기를 첨가하여 학습한다.
모세의 뒤를 이은 여호수아는 12지파를 이끌고 드디어 가나안 땅을 정복하고 그 땅을 분배해주는 역사를 여호수아서를 통해 공부한다. 여호수아가 죽은 뒤 이스라엘은 다시 하나님을 떠나고 하나님은 이방 민족들을 통해 이스라엘을 심판하신다.
사사들이 이스라엘을 구원하던 사사시대에 사사기를 공부하며 모압여인 룻의 신앙을 기록한 룻기를 넣어 공부한다.
신정시대는 5권(창, 출, 민, 수, 삿)으로 역사의 흐름을 잡고 4권(욥, 레, 신, 룻)을 첨가하여 성경 9권으로 정리한다.

왕정시대

사무엘상, 사무엘하, 열왕기상, 열왕기하, 에스라, 느헤미야 6권으로 이스라엘의 역사에 전환이 되는 왕국의 시작, 왕국의 분열, 유다의 멸망, 바벨론 포로, 그리고 포로귀환의 5시대로 정리한다.

왕국의 시작 역사는 사무엘 상하를 통하여 마지막 사사이며 이스라엘 역사 가운데 처음으로 기름을 부어 왕을 세우는 사무엘과 초대왕 사울, 그리고 다윗왕 까지 역사의 흐름을 잡는다. 다윗왕을 공부하며 시편을 첨가하고, 열왕기상 1장에서 11장까지 솔로몬 왕을 공부할 때 솔로몬의 아가서, 잠언, 전도서를 넣어 함께 공부한다.

왕국의 분열 시대는 열왕기상 12장에서 열왕기하 17장까지로 성경범위를 잡고, 이 분열왕국 시대에 처음으로 예언서가 주어진다. 남유다에 요엘서, 북이스라엘에는 요나, 아모스, 호세아를 포함하여 4권의 예언서를 첨가하여 본다.

유다의 멸망시대는 북이스라엘이 앗수르에 먼저 멸망당하고, 잔존해 있던 남유다가 결국에 바벨론 포로로 잡혀가는 역사를 열왕기하 18장에서 25장까지로 정리하여 공부한다. 약 200년간의 분열왕국 시대에는 4권의 예언서가 주어졌는데, 그것보다 짧은 약 140년의 잔존 유다에는 예언서 이사야, 미가, 나훔, 스바냐, 예레미야, 하박국, 예레미야 애가 등 7권의 예언서가 주어지고 대예언서들이 이때에 주어지며 유다의 멸망을 가져오는 중요한 시기로 본다.

바벨론 포로시대의 역사는 따로 기록된 역사서가 없다. 다니엘, 에스겔, 오바댜 세 권의 예언서를 통해 정리한다.

포로 귀환의 역사는 에스라, 느헤미야 두 권의 역사서로 귀환의 역사를 상세히 공부할 수 있고 학개, 스가랴, 에스더, 역대상, 역대하, 말라기 6권을 첨가하여 공부한다.

구약의 17권의 역사서 가운데 개관에 사용된 11권의 역사서인 창세기, 출애굽기, 민수기, 여호수아, 사사기, 사무엘상, 사무엘하, 열왕기상, 열왕기하, 에스라, 느헤미야는 대역사서로 분류한다. 구약의 역사를 가장 빠른 시간에 이해하고자 하는 성도는 역사를 역동적으로 이끌어가는 대역사서 11권을 먼저 읽으면 드라마처럼 성경역사가 이어지는 스토리로 읽혀지면서 구약의 역사가 열리게 된다.

6권의 소역사서는 레위기, 신명기, 룻기, 에스더, 역대상, 역대하이다. 레위기와 신명기는 시내산과 모압 평지에 머무르며 기록되어서 시간에 따라 이동하는 역동성이 적다. 룻기와 에스더서도 공간적인 이동이 적은 역사서이다. 역대상과 역대하는 열왕기서와 같이 왕들의 이야기를 기록한 역사서이나, 북이스라엘의 왕과 왕국 이야기가 전혀 기록되지 않았다. 70년의 바벨론 포로 이후에 예루살렘에 귀환하여 율법학자 겸 제사장인 에스라(아론의 16대 손)가 유대인의 정체성을 재확립하고 선민으로서의 뿌리를 찾는 역사기록을 하면서 혼혈이 된 북이스라엘을 전혀 기록에 남기지 않았기 때문이다.

성경여행의 신약 개관은 테리 홀(Rev. Terry Hall)의 신약 개관을 참고로 하여 신약시대를 다섯 시대로 정리하였다.(Bible Panorama 성경전서 종합개관 p116, p120)

신약성경의 사복음서는 예수님의 생애를 기록하고 있는 중요한 역사서이다. 예수님의 탄생이 복음의 시작이다. 마태복음, 마가복음, 누가복음, 그리고 요한복음을 연대기적으로 최대한 정리하여 예수님의 탄생과 성장을 사적생애로 정리하고, 예수님의 공생애는 공생애 기간에 맞이하는 네 번의 유월절을 중심으로 예수님의 생애를 공부한다. 사복음서 가운데 요한복음은 예수님께서 맞으시는 네 번의 유월절을 다 기록하고 있는 유일한 복음서이므로 요한복음으로 예수님의 사역 개관을 정리한다.

사도행전은 4복음서의 내용을 이어가는 중요한 역사서이다. 사도행전으로 사도들의 사역 '교회의 시작'과 사도바울의 사역 '선교의 시작' 으로 개관한다. 사도바울의 사역 중에 기록된 13편의 바울서신을 공부하게 된다. 사도바울 외의 일반사도 들에 의해 기록된 8편의 공동서신서를 일반사도들의 사역으로 분류하여 개관한다. 신약의 다섯 번째 시대는 사도요한의 사역으로 정리하여 성경의 완성인 요한계시록으로 정리하여 신약개관을 정리한다.

오래전부터 많은 성경공부의 교재들이 성경역사와 지리를 중심으로 출판되어왔다. 더구나 최근에는 프뉴마 성경과 같은 성경이 우리에게 많은 지도를 제공하고 있어 지리적으로 성경을 이해하도록 돕고 있다. 「Step-by-Step 성경여행」도 성경인물의 이동을 지도위에서 이해하고 기억하도록 돕는다. 이미지는 문자보다 더 뇌세포에 코딩이 되고 반복하게 되면 잊지 않고 저장되는 기억이 되어 성경책이 없이도 성경 스토리와 성경인물을 기억할 수 있다. 또한 성경여행은 역사서, 예언서, 시가서, 그리고 서신서 등을 색으로 분류하여 표기함으로 시각적으로 성경의 흐름을 이해하고 기억하기에 도움이 되도록 하였다.

'홍수 때 마실 물이 없다'
'바닷가에서 갈증으로 죽는다'

지금까지 수많은 참고서적과 교재가 이미 성경이해를 돕기 위해 출판되어 왔지만, 정작 내가 의지를 가지고 성경공부에 참여하지 않으면 성경은 여전히 어렵고 방대하여 성경책을 열려고 시도조차 하지 않는다. 반면에 성경에서 '생수를 마셔야겠다'라는 의지와 열정을 갖고 성경공부를 하면 생각보다 성경이 쉽게 맥이 잡히고, 스토리를 통해 우리에게 주시는 은혜와 진리를 만나게 된다.

성경은 이스라엘 역사가 드라마처럼 스토리가 이어진다. 역사를 이해하기 위해 성경여행은 역사서를 따라가며 역사의 흐름을 이해하고, 각 시대에 하나님께서 주신 역사서, 예언서, 시가서, 서신서 등을 넣어서 연대기적으로 성경을 공부하게 된다.

결과적으로 성경의 흐름이 잡혀 방대한 성경을 쉽고 효과적으로 기억할 수 있게 되어 성경을 찾고 읽기가 쉬워지고, 설교의 역사적 배경을 알기에 흥미롭게 설교가 들려지고, 하나님 말씀에 익숙해져서 성격을 왜곡시키고, 다르게 가르치는 이단에 절대 갈 수 없는 영적 분별력이 생긴다. 성경을 아는 것만큼 하나님을 아는 것이고, 말씀이 기준이 되고, 말씀을 떠나서 살 수 없는 성도가 되어 하나님의 영광을 최선의 목표로 삼고 살게 된다.

성경을 주신 하나님께 모든 영광과 찬양을 올려드립니다.

차례

신구약 중간사

예수시대

사도시대

신구약 중간사

1. 앗수르 제국
2. 바벨론 제국
3. 페르시아 제국
4. 헬라 제국
5. 로마 제국

신구약 중간사

신약과 구약 사이의 약 400년간의 기간을 신구약 중간사라 부른다. 신구약 중간사는 구약의 끝자락 역사(페르시아 제국)와 신약의 역사(로마 제국)를 이어주는 가교(bridge) 역할을 한다. 신구약 중간사를 공부해야 하는 중요한 이유는 신약의 문화와 새로운 용어들(회당, 랍비, 율법교사, 서기관, 십자가, 총독, 수전절, 바리새인, 사두개인, 열심당, 엣세네파 등)을 이해할 수 있기 때문이다.

구약의 마지막 역사는 에스라서와 느헤미야서를 통해 잘 기록되어 있다. 70년 바벨론 포로가 된다는 예레미야의 예언이 성취되며 바벨론 제국은 페르시아 제국에게 멸망당한다. 페르시아의 초대 왕 고레스의 칙령으로 고국에 돌아온 유대인들은 성전 재건과 영적 각성운동을 펼친다. 그러나 마지막 선지자인 말라기는 가슴이 답답하기만 하다. 왜냐하면 '내가 너희를 사랑하였노라' 하시는 주님께 '주께서 어떻게 우리를 사랑하셨나이까?' 반문하는 백성들 때문이다. 하나님은 아브라함을 부르실 때도 사랑하셨고, 모세를 통해 이스라엘 백성을 애굽에서 구원해 내실 때도, 시내산에서 '너희는 나의 백성이요 나는 너희의 하나님이라' 하실 때도, 젖과 꿀이 흐르는 약속의 땅을 주실 때도, 이스라엘이 왕을 구할 때 500년 이상(사울 왕 B.C. 1050 ~ 시드기야 B.C. 586) 왕을 주셨을 때도, 포로로 잡혀간 백성들에게도 예레미야 29장 11절을 통해 사랑을 전하셨는데 이 백성들은 오히려 하나님의 사랑을 따져 묻는다.

하나님은 16명의 선지자들(요엘, 요나, 아모스, 호세아, 이사야, 미가, 나훔, 스바냐, 예레미야, 하박국, 다니엘, 에스겔, 오바댜, 학개, 스가랴, 말라기)을 보내시어 '하나님께로 돌아오라 끝이 왔도다' 하나 회개하지 않고 이방신을 섬기며 우상을 섬겼다. 하나님은 말라기 선지자 이후 400년 동안을 침묵하시는데 이때에 하나님은 세계 역사를 경영하시며 하나님이 선지자들을 통해 예언하신 메시아의 초림을 준비하신다. 말씀이 육신이 되어 친히 우리 가운데 오심으로 죄인을 향한 하나님의 사랑을 나타내시고 십자가에서 죽으심으로 하나님의 사랑의 절정을 드러내셨다.(요 3:16)

구약이 일차적으로 유대인들을 위한 언약이라면, 신약은 유대인을 넘어 온 인류가 예수 그리스도를 통해 구원을 받는 역사다. 신구약 중간사 400년의 시간은 구약의 말씀에 예언된 주님의 기름 부은 자를 준비하신 시간이다. 구약과 신약을 이어주는 역사의 가교 역할이 신구약 중간사인 만큼 우리의 관심은 이스라엘 땅에 영향을 끼친 제국들을 공부하며 변화하는 세계 역사에 집중한다. 왜냐하면 이스라엘 땅에 영향을 준 구약과 신약 사이의 역사가 이해되어야 신약의 말씀이 열려지기 때문이다.

이스라엘을 지배한 제국들

1. 앗수르제국 (520년) – 민족 혼혈정책

1. 디글랏 빌레셀	남유다의 아하스왕이 굴욕외교를 펼친다. (왕하 6:5~11)
2. 살만에셀	북이스라엘 사마리아 성을 함락, 사마리아인이 생겨난다. (왕하 17:5)
3. 사르곤	이사야 선지자가 벗은 몸과 벗은 발로 애굽과 구스에 대해 예언(사 20:1)
4. 산헤립	남유다와 히스기야 왕을 위협하다. (왕하 19장)
5. 에살핫돈	산헤립이 죽고 난 후 그 아들 에살핫돈이 왕이 된다. (왕하 19:37)

2. 바벨론 제국(70년) – 중앙집권제, 이데올로기 교육

1. 브로닥발라단	히스기야 왕이 병들었을 때에 위문단을 보냄(왕하 20:12) "그 때에 발라단의 아들 바벨론의 왕 브로닥발라단이 히스기야가 병 들었다 함을 듣고 편지와 예물을 그에게 보낸지라"
2. 나보폴리살 (B.C. 625~605)	1차 갈그미스 전투(왕하 23장) – B.C. 609 요시야 왕이 애굽의 바로 느고에 의해 죽음 바로 느고 왕이 갈그미스 전투를 마치고 돌아오면서 요시야를 이어 왕이 된 여호아하스를 폐위시키고 친애굽 성향의 여호야김을 왕으로 세움
3. 느부갓네살 (B.C. 605~562)	2차 갈그미스 전투(왕하 24:1) "여호야김 시대에 바벨론의 왕 느부갓네살이 올라오매 여호야김이 3년간 섬기다가 돌아서 그를 배반하였더니" 남유다 1차 포로(다니엘과 세 친구 끌려감 – 엘리트 포로 교육) 남유다 2차 포로(여호야긴 왕과 왕후, 귀족들과 에스겔이 끌려감) 남유다 3차 포로(예루살렘을 함락시키고 시드기야 왕을 포로로 끌고감) 43년간 탁월한 군사훈련
4. 에윌므로닥 (B.C. 562~560)	유다 왕 여호야긴을 풀어줌(왕하 25:27) "유다의 왕 여호야긴이 사로잡혀 간 지 삼십칠 년 곧 바벨론의 왕 에윌므로닥이 즉위한 원년 십이월 그 달 이십칠일에 유다의 왕 여호야긴을 옥에서 내놓아 그 머리를 들게 하고"
5. 벨사살	귀족들을 위해 잔치할 때에 손가락 글씨를 보고 놀라 다니엘을 불러 해석함 "메네 메네 데겔 우르바신"(단 5장) 페르시아 고레스 왕에게 패배

70년 바벨론 포로기간 동안에 다니엘, 스룹바벨, 에스라, 느헤미야, 학개, 스가랴, 에스더 등 믿음의 인물들이 생겨났다. 후에 70인역을 감당하는 율법학자들 역시 바벨론 포로 귀환의 후손들이다. 포로가 되는 것은 고난이다. 우리의 신앙은 고난을 거부한다. 왜냐하면 고난은 하나님의 뜻이 아니라고 생각하는 것이 보편적이기 때문이다. 그러나 포로가 되는 것, 즉 고난이 때로는 하나님께서 허락 하시는 믿음의 연단일 수 있다. 믿음 안에서 고난을 인내하면 마침내 놀라운 하나님의 은혜를 체험하게 되며 하나님의 비전을 이루어가는 역사를 보게 된다. 고난이 올 때도 고난을 잘 통과하는 성숙한 믿음의 사람들을 우리 주변에서도 찾아 볼 수 있다. **"그러나 내가 가는 길을 그가 아시나니 그가 나를 단련하신 후에는 내가 순금 같이 되어 나오리라"(욥 23:10)**

3. 페르시아 제국(약 200년) – 지방자치제, 종교 존중, 경제이득 추구

1. 고레스 (B.C. 539~530)	페르시아의 '아버지' 라 불리움 **1차 포로귀환**(스룹바벨과 예수아의 귀환) 성전재건을 적극적으 도움 이사야 44장, 45장에서 예언
2. 캄비세스 (B.C. 530~522)	예루살렘의 성전 건축이 중단됨 8년 짧은 통치 기간 중 애굽을 정복하고 죽음
3. 다리오 1세 (B.C. 522~486)	고레스 왕의 7장군 중 한 사람(마부, 조피루스 충신) 고레스 왕의 딸 아토사와 결혼 성전 재건을 완성시킴(학개, 스가랴) 아하수에로 왕을 낳음 **1차 페르시아 전쟁** 실패(폭풍으로 함대 300척 상실) **2차 페르시아 전쟁** 패배 다리오 10만 대군 vs 아테네 명장 밀티아디스 9천명 (6천4백 명 전사 vs 아테네 귀족 192명 전사) 지형을 이용하여 15분 만에 그리스가 승리 **마라톤 전투 :** 아테네 승리의 소식을 전하기 위해 42.195km를 달림으로 이를 기념하여 고대 올림픽에서 마라톤의 유래가 됨
4. 아하수에로 **(크세르크세스)** (B.C. 486~464)	에스더의 남편, 가장 넓은 영토 확장 3차 페르시아 전쟁 : 그리스 정복 실패, 아버지의 숙원 실패 살라미스 해전 'Battle of Salamis'(8시간 전투) : 60만 대군(46개국에서 용병 모집), 지나가는 곳에 우물이 말랐고 먹을 것이 초토화, 1,200척의 전함과 50척의 특별 대형선박 동원 영화 '300' : 아하수에로 왕은 스파르타 왕 '레오니다스'에게 '물과 흙'(water & earth)을 요구하나 레오니다스는 아하수에로 왕의 사자를 깊은 웅덩이에 던져 죽여버린다.

	레오니다스 왕은 테르모필레계곡을 이용하여 300명의 용사와 지리적 계곡을 이용하여 싸우나 아하수에로 왕의 군사의 수를 이기지 못하고 300명의 용사는 모두 전사한다. 스파르타를 정복하고 아테네를 불사른다. 테미스토클레스의 제안 : 페르시아 3차 전쟁이 있기 전에 아테네에서 은광이 터짐으로 페르시아와의 전쟁을 염두하고 100척의 배를 만들어 놓고 아테네와 그리스의 연합군(해군)을 살라미스 해협에 배치해 놓는다. 아하수에로가 아테네를 불사를 때에 '우리가 살라미스에 배를 준비하였으나 아하수에로 군대가 너무 엄청나서 우리가 헛고생 했구나' 하는 소문(심리전)을 냄으로 아하수에로가 살라미스를 정복하기 위해 바다에 배를 띄우나 8시간 전투 끝에 패한다.(페르시아 1,200척의 함대 중 400척이 파손되고 4만 명이 사망) 페르시아는 그리스 정복을 위해 3차에 걸쳐 전쟁하였으나 엄청난 손실만 보고 실패한다. 역사의 아버지라 불리는 헤로도토스 'Herodotos'(그리스인)가 페르시아 전쟁사를 기록함 아하수에로 왕은 그리스 원정(3차 페르시아 전쟁)을 마친 후 재위 7년에 에스더를 왕후로 맞이한다. 유다의 예루살렘 1차 귀환과 2차 귀환 사이의 사건이 바로 에스더서의 이야기이며, 유다의 2차 귀환과 3차 귀환의 지도자 에스라와 느헤미야는 아하수에로 왕이 죽고 그의 아들 아닥사스다 왕 때의 역사이다.
5. 아닥사스다 1세 **(B.C. 464~423)**	2차 포로귀환 – 에스라의 귀환(스 7~10장) 3차 포로귀환 – 느헤미야의 귀환(느 1~2장) 말라기 예언
6. 다리오 2세 **(B.C. 423~404)**	펠로폰네소스 전쟁(B.C. 431 ~ B.C. 404) – 아테네와 스파르타의 전쟁 델로스 동맹 아테네 멸망 스파르타의 지배
7. 다리오 3세 **(B.C. 335~331)**	이수스 전투 "Battle of Issus" (B.C. 333) – 헬라제국의 알렉산더 대왕에 패함

그리스 도시국가들의 전쟁

델로스 동맹(Delian League)과 펠로폰네소스 전쟁(Peloponnesos War)

그리스 연합군은 3차에 걸친 페르시아와의 전쟁에서 승리 했으나 재침공에 불안하여 델로스 섬에(Delos Island) 모여 연합군 기금을 만든다. 아테네의 페리클레스가 아테네 신전을 짓고(파르테논 신전) 기금을 이용하여 가장 큰 항구도시인 고린도까지 지배하려 한다. 이에 아테네와 그리스의 도시국가들 사이에 펠로폰네소스 전쟁이 일어난다.(27년간 3차 전쟁)

아테네 출신 역사가 투키디데스(Thucydides)가 펠로폰네소스 전쟁사를 남겼는데 27년간의 펠로폰네소스 전쟁은 내전이며 불필요한 소모전에 불과했다고 기록한다.(마치 로마와 카르타고와의 포에니 전쟁처럼)

펠로폰네소스 전쟁

1차 전쟁 : 스파르타의 아테네 침공 - 아테네에 전염병이 돌아 페리클레스와 아테네 시민들 죽음으로 스파르타가 승리

2차 전쟁 : 아테네가 시실리아 내전에 개입하는 원정군을 보내 휴전 협정(스파르타의 승리)

3차 전쟁 : 스파르타 승리 - '스파르타식'이라는 이름을 남김

- 스파르타가 페르시아를 끌어드려 지상전과 해전에서 승리
- 아테네 성을 파괴(파르테논 신전)
- 아테네 함대 빼앗김
- 명분도 실리도 없는 전쟁

그리스 도시국가들은 페르시아와의 전쟁에서 승리한 대가로 동지중해의 지배권을 확보했다. 그리고 스파르타의 권력은 다시 테베로 이동된다. 그러나 마케도니아의 필립포스 2세와 그의 아들 알레산더에게 처참히 짓밟힌다. 그리고 세계 역사는 페르시아나 그리스가 아닌 헬라제국이라는 새로운 강자 앞에 모두 무릎을 꿇

게 된다.

마케도니아의 필립포스 2세와 그의 아들 알렉산더

그리스에서 야만인으로 여기던 북쪽의 마케도니아의 왕자 필립포스가 15세에 테베에 볼모로 잡혀 있을 때에 테베의 밀집보병(장창 사용)에 큰 감동을 받는다. B.C. 359년에 필립포스가 마케도니아의 왕이 되었을 때에 장창보병부대를 청설하여 큰 공을 세운다.(이를 두고 세계 전쟁사는 필립포스를 군사방면의 천재라고 평가한다.) 때마침 마케도니아에 금광까지 발견되면서 군사력과 경제력을 두루 갖추게 된다. 필립포스는 그리스로 쳐들어가 가장 먼저 고린도를 무자비하게 포위 공격하여 점령하고 이어서 테베와 아테네 연합군까지 격파하며 그리스 전체를 그의 발아래에 둔다.

고린도 협약

필립포스는 그리스 도시국가들의 대표들이 자신의 지도력 아래 그리스와 마케도니아가 통합되어야 함을 역설하며 '코린트 협약'을 맺고 페르시아 정복 사령관이 된다. 그러나 필립포스는 돌연 암살을 당하게 되고 그의 아들 알렉산더가 20세의 젊은 나이에 아버지의 뒤를 잇게 된다. 알렉산더는 자신을 반대하는 그리스 연합군(테베, 아테네, 스파르타)를 차례로 진압하고 그리스 전역을 완벽하게 장악한 후에 모든 그리스 도시국가들로부터 충성서약을 받는다. 알렉산더는 아버지 필립포스가 맡았던 페르시아 정복 총사령관의 자리에 앉아 그리스를 침략했던 페르시아를 응징하고 황금의 제국 페르시아에 대한 야망을 품고 4만 명의 군사들을 모아 출정한다.

3. 알렉산더의 헬라제국

알렉산더와 페르시아 제국의 다리오 3세 : 이수스 전투(Issus. B.C. 333)

두로의 심판 : 알렉산더가 페르시아를 정복하기 위해 출정하면서 거치는 모든 땅을 점령하며 나아간다. 알렉산더는 애굽으로 향하는 길에 육지에서 약 800m 떨어진 두로를 전쟁 없이 접수하기 위해 특사를 보내지만 두로는 그들을 모두 죽인다. 그도 그럴 것이 두로는 앗수르의 산헤립의 공격을 5년이나 버텨냈고 바벨론의 느부갓네살의 포위 공격도 13년이나 버텨낸 저력이 있기 때문에 알렉산더와 그의 특사들을 하찮게 여긴 것이다. 이 일로 알렉산더는 두로까지 바다를 메꾸어 공격하고

두로의 군사 8천명을 잔혹하게 살육하며 3만 명 이상 되는 두로 사람을 노예로 팔아버린다. 이는 두로의 교만을 심판하시고자 하신 하나님의 예언의 성취이다. 이미 노예 무역으로 큰 부를 누리고 스스로 신이라 자처하며 교만이 하늘을 찔렀던 두로에게 선지자 아모스, 이사야, 에스겔의 예언대로 마침내 멸망당한다.(겔 28:2~19)

알렉산더는 두로와 가사를 시작으로 페르시아 제국을 단숨에 점령한다. 알렉산더는 황금의 제국 페르시아의 화려함에 정신을 잃을 정도였다. 70개 이상의 도시를 자신의 이름을 딴 '알렉산드리아'로 건설하면서 평소 관심이 많았던 그리스의 사상과 문화를 고대 동방의 페르시아 문화와 융합하여 '헬레니즘'(Hellenism) 사상을 전파했다.

알렉산더는 자기 자신은 물론 자기 부하들을 페르시아 여인들과 혼인하게 하여 헬라 제국의 영역을 확장하게 하고 동시에 동서양의 융합된 문화를 '헬레니즘'이라는 새로운 문화로 정착시킨다. 또한 세계 언어를 '헬라어'로 통일하여 세계 동포주의(Cosmopolitan)를 실현하려 했다.

알렉산더는 잔인한 정복자의 모습과 철학적 정치적 통치자의 면모를 함께 갖추고 있는 반면, 문학에도 관심이 많아 애굽 정복 시에 '알렉산드리아'(인구 100만명)에 세계에서 가장 큰 도서관을 만들기도 했다. 그의 베개 밑에는 항상 호머(Homer)의 '일리아드'(the Iliad)와 그의 칼이 있었다는 얘기가 전해져 온다.

알렉산더의 아버지 필립포스 2세는 아들을 위해 당대 최고의 철학가이자 지성인이었던 '아리스토텔레스'를 가정교사로 부르기 위해 고대 그리스의 학문전반을 거쳐 그의 고향 '스타기로스'시를 모두 복원해 주기도 했다. 때문에 알렉산더는 그리스의 사상과 철학에 대해 매우 수준 높은 지식을 겸비하게 된다.

애굽을 거쳐 페르시아 제국 전체를 손에 놓은 알렉산더는 인도의 갠지스 강까지 원정을 계속하다가 B.C. 323년에 32세의 나이로 죽는다. 그의 죽음으로 헬라제국은 4명의 부하들이 나누어 다스리게 된다.

1) 프톨레미 왕조(약 122년의 통치)

프톨레미 1세 : 프톨레미는 44세에 애굽을 손에 넣고 알렉산드리아를 수도로 삼는다. 프톨레미 왕조는 클레오파트라까지 약 300년간 지속되며 프톨레미 왕조가 유대를 함락하고 많은 유대인들을 애굽으로 이주시켜 살게 한다. 유대인들은 아람

어를 대신하여 그리스어(헬라어)를 사용했다.(코이네)

프톨레미 2세 : 40년 후 프톨레미 2세 또한 40년을 통치했다. 프톨레미 2세는 히브리어 구약성경을 헬라어 번역인 70인 역(Septuagint)을 남김으로 역사에 그의 이름을 남긴다. 20만권의 장서를 보유한 애굽의 알렉산드리아 도서관 관장 데메트리우스(Demetrius)와 프톨레미 2세의 만남은 하나님이 미리 예비하심 같은 만남이다.

애굽에 노예로 있던 12만 명의 유대인을 해방하고(속전 460달란트) 유대의 대제사장 엘르아살에게 학자를 요청한다. 금 50달란트와 수많은 보석들과 선물을 받고 유대의 대제사장은 12지파에서 6명씩 72명을 선발해 알렉산드리아로 보내 먼저 모세 오경을 헬라어로 번역한다.(70인 역, 최초의 번역 성경)

헬라어 성경 : 70인역 성경이 있었기 때문에 신약시대의 성도들은 구약 성경을 읽을 수 있었으며 신약의 기자들은 복음서나 서신서를 기록할 때 쉽게 인용할 수 있었다. 이뿐 아니라 최초의 히브리어 성경이 헬라어 성경으로 번역됨으로 세계화된 헬라 문화(헬라어)를 타고 성경의 세계화를 이룰 수 있게 되었다.

- 초대교회는 대부분 헬라어를 사용 - 70인역 성경
- 신약성경의 구약성경 인용도 70인역에서 인용(우리의 성경 구약 본문과 다른 이유)

〔다니엘서 11장으로 중간사의 예언을 해석하는 학자들〕

단11:1~2	단11:3~4	단11:6~9	단11:10~20	단11:21~30	단11:31~35
메대와 바사	헬라제국	프톨레미 왕조	셀류커스 왕조	안티오쿠스 4세 (에피하네스)	마카비 혁명 하스모니안 왕조
			(단 8:9~14)	(단 8:9~14)	

2) 셀류커스 왕조(B.C. 200)

안티오쿠스 3세

유대는 셀류커스 왕조의 안티오쿠스 3세를 도와 유대에서 프톨레미 군대를 몰아

냄으로 유대의 도시와 성전 재건을 약속한다. 그러나 안티오쿠스 3세가 잇달아 로마와의 전쟁에서 패하고 전쟁 배상금 1만 5천 달란트를 부담하게 된다. 심각한 재정 위기 가운데 안티오쿠스 3세는 암살당하고 그 아들 안티오쿠스 4세가 유대의 왕이 된다.

안티오쿠스 4세

안티오쿠스 4세는 '에피파네스'(Epiphanes; 신의 현현)라는 수식어를 스스로 붙일 정도로 잔악했다. 안티오쿠스 4세는 성직 매매를 시작하였으며, '야손'이라는 사람에게 돈을 받고 대제사장직을 임명 했다. 출애굽 때 아론의 가문을 중심으로 이어져 오던 대제사장 성직이 이때부터 임의로 매매되기 시작하여 예루살렘 성전이 파괴(A.D. 70년) 될 때까지 이어졌다.(안나스와 가야바)

안티오쿠스 4세는 애굽(당시 프톨레미 왕조)을 정복하기 위해 출정하여 멤피스를 장악하고 알렉산드리아까지 정복하기 원했으나 다급해진 애굽이 로마에 지원을 요청함으로 이에 밀려 퇴각한다. B.C. 169년, 애굽에서 퇴각하던 안티오쿠스 4세는 로마에 당한 굴욕과 분노를 헬라화 정책에 반대하던 유대인들에게 쏟아낸다.

B.C. 167년에 안티오쿠스 4세의 유대교 탄압은 절정에 이른다. 예루살렘 성전에서 제우스신을 위해 제단을 세우고 돼지를 희생 제물로 드리며 성전을 더럽힌다. 이를 반대하던 수많은 유대인들이 희생되는데 대부분 '하시딤'(Hasidim) 운동에 가담한 경건한 자들이었다. 하시딤 운동에 참여한 사람들은 세속적이고 종교에 무관심한 백성들과는 구별된 '경건한 자들'이었고 율법을 탐구하고 묵상하는 자들이다. 이들은 안티오쿠스 4세의 칙령에 따라 무참히 살해 되어 수많은 순교자들이 나왔고 한 자리에서 1천명이 살해되기도 했다.(단 9:11)

마카비 혁명(B.C. 167~B.C. 164)과 수전절

① **유대교 탄압** : 예루살렘을 강탈하고 불 지르며, 성전을 늑탈하고 유대교를 탄압하여 율법서를 찢어 불태우고 백성들을 학살한다. 뿐만 아니라 인두세, 제왕세, 성전세 등 유대인들이 감당할 수 없을 만큼 무거운 세금을 부과했으며, 또 율법을 반대하여 안식일을 지키지 못하게 하며 할례를 금지시키고 율법서를 소유하지 못하도록 했다.

② **마카비 혁명 : 모데인(Modein)** 지역의 한 원로 제사장이 세상을 바꾸기 시작한

다. 바로 유대의 마카비 혁명이다. 안티오쿠스 4세의 탄압이 극심할 때에 율법에 충실한 삶을 사는 유대인들이 있었다.
예루살렘 북쪽 모데인에 아들 다섯을 둔 하스몬(Hasmon) 가의 연로한 제사장 맛디디아(Mattathias)가 바로 그런 사람이다. *하시딤들도 연합하여 안티오쿠스 4세와 힘겨운 무력 항쟁을 벌이다. 맛다디아가 죽고 그의 셋째 아들 유다가 그 후계자의 자리를 물려준다. 유다는 마카비(Maccabeus; '망치질 하는 자')라는 별명을 가졌으며 안티오쿠스 4세의 코끼리 군단을 게릴라 전법으로 싸워 연전연승 한다. 마침내 안티오쿠스 4세는 전사하고 마카비 혁명이 성공을 거둔다. 예루살렘 성전을 청결하게 하고 유대인들은 종교의 자유를 누리게 된다. B.C. 164년 예루살렘 성전이 회복되자 이 날을 기념하여 '수전절'(하누카: Hannukkah)로 지금까지 지켜 온다.

하시딤(Hasidim) : 안티오쿠스 4세가 유대인들을 헬라문화로 개종시키기 위해 유대인들의 율법을 금지시키고 율법을 지키는 자들을 극심하게 핍박했을 때 끝까지 신앙을 지켰던 사람들을 "하시딤"이라 부른다.

③ **수전절의 유래** : 예루살렘 성전의 정화, 성전 재봉헌식을 거행, "Feast of Dedication"
12월 25일부터 8일간 지킴, "예루살렘에 수전절이 이르니 때는 겨울이라"(요 10:22)

하스모니안 왕조

이 때부터 실질적인 유대의 완전한 독립을 위해 전쟁이 계속되고 약 80년간 정치적 독립국가를 유지한다. 이 기간은 B.C. 586년 이후 U.N에서 인정되는 이스라엘 독립국가로서는 1948년 5월 14일까지의 역사 가운데 유대인들이 누린 유일한 독립시기였다. 그러나 하스모니안 왕조 내부의 왕권 다툼으로 살인과 기득권 쟁탈이 계속되는 자랑스럽지 못한 역사로 기록된다. 하시딤이 마카비 가문(정치적)과 뜻을 달리 하면서 유대는 마침내 몇 부류의 종교적 그룹이 형성된다.

1) 사두개파(Sadducees)

부유한 귀족층과 특히 예루살렘에서 막강한 세력을 가진 제사장 계층의 사람들이다. 유대 사회에서 기득권 유지를 위해 헬라화에도 협조적이다. 사두개파는 솔로몬 왕의 제사장이었던 사독(Zadok)에서 그 명칭이 유래되었다. 헬레니즘을 숭상했으며 하스몬 왕가 그리고 이어지는 로마 제국과도 결탁했기 때문에 유대의 권력이 그들에게 지속되었다. 그들은 예언서를 거부하고 오직 모세오경 권위만 인정했다. 사두개파는 천사와 영의 존재를 부인했다. 사두개파의 본거지는 항상 성전이었고 그래서 바리새파는 회당에서 그들의 지지자들을 찾아야 했다. A.D. 70년 예루살렘 성전 멸망 시에 사두개파도 사라졌다.

2) 바리새파(Pharises)

'구별되다', '분리하다'라는 히브리어에서 유래한다. 바리새파는 하시딤 운동에 가담한 자들로 B.C. 164년 예루살렘 성전이 재 봉헌될 때까지는 유다 마카비를 지지했으나 그 후에는 종교적인 자유라는 명목으로 유다 마카비와 결별한다. 정치적 패권에 관심을 기울이는 하스모니안 왕조에서 '바리새파' 분리된 자들로 등장하게 된다. 종교의식의 준수, 율법의 정확한 해설자라는 평가를 받는다. 주로 중류층의 사람들이고 회당 중심으로 모였다.

바리새파는 사두개파와 달리 구약성경(예언서, 시가서 포함)과 구전법을 포함한 모든 책을 받아들이고 죽은 자의 부활과 하나님 나라의 도래, 천사와 악마의 존재, 메시아 대망, 그리고 부림절과 하누카(수전절) 절기도 수용한다.

바리새파는 전통적인 해석대로 율법을 엄수하고 강조했기 때문에 일반 대중들을 대하는 태도는 교만과 오만 그 자체 였다. 자신들의 복장을 통해 다른 분파와 구별하여 경문을 넓게 하며 옷술을 크게 하였으며 '쉐마'를 이마에 두르고 손목에 매고 다녔다.

'존 스토트'(John Stott)는 '바리새인들은 하나님의 말씀에 무엇인가 더 하려는 반면, 사두개인들은 성경에서 무엇인가를 빼려는 사람들'이라 정의했다.

3) 에세네파와 묵시문학(Essenes)

에세네파 역시 예루살렘 성전이 더 이상 유대교의 중심이 될 수 없다고 믿었고, 대신에 율법의 준수가 진정한 예배이며 유대교라 믿었다. 그들은 예루살렘을 떠나 주로 광야에서 삶의 터전을 찾았으며 사해 사본이 발견된 쿰란에 있는 본거지와 같은 수도원적 공동체 생활을 한 것이 특징이다. 성전 중심의 사두개파의 통치를 인정하지 않고 유대의 세속 정치와 대중들로부터 진정한 분리를 선언하였다. '예배'와 '독서', '공동식사' 중심의 삶이었다. 세례 요한과 그의 제자들처럼 요단강 근처의 동굴에서 거주하며 묵시문학의 영향을 받았다.

4) 열심당(젤롯당 ; Zealot)

열심당은 로마제국에 대한 투쟁이 과격하고 정치적이고 폭력적 성향이 강해 산적이나 강도로 간주했으나 그들은 나름대로 모세오경에 목숨을 건 사람들이였고 나라를 사랑한 자들이었으나 무력도 불사하는 극단주의자들이였다. 유일하신 야훼만이 그들의 하나님이었고 그들의 '주'가 되시고 '통치자'가 되신다. 어느 왕에게도 조공을 바치지 않을 정도로 신의가 있었었다.

하스모니아 왕조 때 또 하나 기억해야 할 부분은 에돔을 정복한 사건이다. 에돔의 왕에게서 왕관을 벗기고 총독으로 세우고 유다가 다스린다. 이 때 총독이 되는 사람이 헤롯 안티파스이고 이스라엘과 헤롯 집안과의 인연이 시작되는 것이다. 또한 유대교로 개종 시켜 헤롯의 집안은 유대교에 들어오게 된다. 하스모니안 왕조의 기득권 싸움으로 내분이 생기고 분쟁을 조정한다는 명분으로 마침내 로마제국이 유대 땅에 발을 들여놓는 계기가 된다.

4. 로마제국(B.C. 8세기 로물루스 왕과 레무스)

주후 1세기와 2세기를 '로마의 평화 시대'(Pax Romana) 라고 부른다. 복음의 신속한 전파를 위해 하나님께서 신약이 준비된 시대에 로마제국을 정치적 안정을 이루신다. 카르타고의 한니발(Hannibal) 등이 로마를 위협했지만 그가 로마의 스키피오에게 패한 후에는 로마가 지중해 연안을 완전히 장악하여 지중해를 '우리의 바다'라고 부르게 된다.

로마제국은 자신들이 헬라 제국을 속국으로 삼았기 때문에 그리스보다 우월하다고 생각했다. 그러나 그리스인들은 군사적으로는 비록 패배했지만 문화와 사상(철학)적으로는 그리스가 우월하다고 생각했다. 언어, 사상, 철학, 미술, 음악, 문학 등 모든 면에서 헬라의 문화가 전 세계에 영향을 미치고 있었기 때문에 인간의 우월성은 전쟁의 승패가 아니라 문화에 있다고 믿었다. 로마제국이 헬라제국보다 뛰어난 것은 거대 건축과 법률제도라고 자부한다.

1) 로마의 법률제도

로마 제국이 모든 지역을 지중해 전역과 넓은 제국을 다스려야 했기에 체계적이고 공평한 법률의 제정이 발전한다. 로마의 법 제도는 지금의 모든 나라의 법의 기준과 여기에서 왔다고 해도 지나치지 않다. 유럽 전체의 근대법의 기초가 되었고 특히 로마 제국 하에 로마 시민권자들의 권리가 잘 보호되도록 뒷받침 한다.

사도행전의 사도 바울을 기억해 보자.
(행 16:29 빌립보 감옥에서 풀려날 때, 행 21:15 예루살렘에서 천부장과의 대화)
십자가 사건은 예수님께서 로마제국의 식민지로 있었기 때문에 로마 제국의 사형 제도에 따라 십자가에 달리신 것이며 '나무에 달려 우리의 저주를 없애 주신다'는 예언이 성취된다.

신명기 21장 23절, "그 시체를 나무 위에 밤새도록 두지 말고 그 날에 장사하여 네 하나님 여호와께서 네게 기업으로 주시는 땅을 더럽히지 말라 나무에 달린 자는 하나님께 저주를 받았음이니라"
갈라디아서 3장 13절, "그리스도께서 우리를 위하여 저주를 받은 바 되사 율법의 저주에서 우리를 속량하셨으니 기록된 바 나무에 달린 자마다 저주 아래에 있는 자라 하였음이라"

2) 로마의 도로

지금도 로마에 남겨진 콜로세움과 같은 커다란 건축물과 에퀴덕트(aqueduct) 같은 엄청난 길이의 수로와 '모든 길은 로마로 통한다'는 말이 보여주듯 로마의 잘 뻗은 도로는 로마제국의 업적이다. 로마의 속국들로부터 거둔 세금으로 각 지역의 특산물을 빠르게 로마로 운송하기 위해 시작되었다. 터키와 그리스 성지 순례를 다니면서도 잘 다듬어진 돌길을 보면 말 두 마리가 이끄는 마차가 지나갈 길의 너비를 실감하게 한다(매끈하고 계단 높이가 낮아 말이 달릴 수 있음). 사도 바울의 선교 여정도 로마의 도로를 따라 이루어졌고 또한 선교를 극대화 시킬 수 있었던 것도 '로마의 길' 때문이다.

3) 유대 땅에서의 로마제국

로마제국 : 원로원 중심의 정치체제(왕정-원로원-공화정-제정)
삼두 정치 : 폼페이우스, 카이사르, 크랏수스

(1) 폼페이우스(Magnace Pompoius)

폼페이우스(로마제국)	헤롯가문
B.C. 63 유대점령(유대 내전 중재) 하스모니안 왕조(힐카누스 2세) 왕에서 대제사장직만 유지 뛰어난 군사적 재능, 노예 검투사의 난 진압(스파르타쿠스의 반란)	헤롯 안티파터 – 헤롯 안티파스의 아들, 대헤롯의 아버지 석 달 동안 예루살렘성에 구멍을 뚫어 정복을 도움 안티파터를 집정관으로 임명 약 80년의 헤롯가의 역사가 시작(유다 지역에서 정치적 입지를 만들어 감)

(2) 카이사르(율리어스 시저 ; Julius Caesar)

- 카이사르와 폼페이우스와의 세력 다툼 끝에 폼페이우스를 애굽에서 암살한다.
- 로마의 내전(2년) : 갈리아 지역에서 승리하고 원로원의 부름에 거역한다.

'주사위는 던져졌다'며 이태리 북부의 루비콘 강을 건넘
군대를 이끌고 말리아나(로마 국경)를 넘어 국법을 어긴 모반자가 됨
'왔노라 보았노라 이겼노라'(동방 경계선 확립시 원로원에 보낸 보고서)

- 카이사르는 달력 개정, 금융, 행정, 해방 노예 등용, 제정의 기반 등을 닦는다.
- 카이사르는 로마의 원로원 회의장에서 충신 부르투스에게 암살당하며 '부르투스 너마저' 라는 마지막 말을 남긴다.
- 유언장과 황제 제도를 주장했다.

헤롯 안티파터는 카이사르를 섬긴다. 유대의 행정 장관으로 임명받고 로마 시민권을 받는다. 아들 대헤롯을 갈릴리 지역 총독으로 세운다.

(3) 안토니우스(Magnace Antonius)

카이사르의 부하인 안토니우스와 카이사르의 양아들 옥타비아누스가 대립(유언장)
안토니우스는 애굽의 클레오파트라와 애정행각을 나누고 로마 보다는 애굽에 더 머물게 되므로 로마 시민들에게서 멀어진다.

대헤롯 : 헤롯 안티파터는 열광적인 유대인에 의해 암살당한다. 대헤롯은 로마로 도망하고 탁월한 정치력과 권모술수, 아첨 등으로 로마의 지원을 받고 예루살렘으로 복귀한다. 안토니우스에게 충성을 맹세 하고 막대한 돈과 군대(보병 3만과 전차 6천대)를 지원받아 하스모니안 가의 안티고누스를 죽이고 예루살렘 성을 빼앗음으로 대헤롯은 유다의 정식 왕이 된다.(B.C. 37~B.C. 4) 대헤롯은 힐카누스의 손녀 미리암네와 결혼하여 유대인의 마음을 얻으려 한다. 유대의 권력이 이두메 헤롯에게 넘어갔다.(헤롯 왕조) 건축 : 가이사랴 신도시, 성전 재건축

① **가이사랴 신도시 건축** : 로마 군부대 주둔, 총독 집무실, 원형경기장, 수로시설 갖춤 (사도행전 10장, 이달리야 군대 백부장 고넬료)
② **예루살렘 성전 존중** : 로마의 수비대만 주둔(700~1,000명), 성전 북서쪽 안토니아 성채, 예수님 십자가 처형과 바울로 인한 성전 폭동 시에 진압
③ **예루살렘 성전 건축(80년간)** : B.C. 20년 ~ A.D. 63년 완성, A.D. 70년 로마의 티토스 장군에 의해 파괴됨(현재 '통곡의 벽'만 남아 있음), 대헤롯은 유대인의 신임을 사고자 애씀(결혼, 성전건축)

(4) 옥타비아누스(카이사르의 양아들) (Augustus)

- B.C. 31년 악티움 해전(안토니우스와 클레오파트라의 연합 해군을 이기고 로마의 대권을 잡음)
- 로마 최초의 황제(카이사르, 아구스도)
- 동전에 얼굴 새김
- 천하에 영을 내려 호적등록 – 인구조사와 세금문제, 요셉과 마리아(눅 2:3~5)

(5) 대헤롯(대헤롯의 사망 후 그의 세 아들이 이스라엘을 통치하는 분봉왕이 됨)

대헤롯의 아들 중 헤롯 아켈라오는 성격이 잔인하여 유대인들과 충돌한다. 로마 황제는 아켈라오를 불란서 한 마을로 유배 보내고 아켈라오가 분봉왕으로 있던 사마리아, 유대, 에돔을 다스릴 총독을 임기 5년으로 임명하여 보낸다.

분봉왕(分封王, Tetrarch) : 한 나라를 넷으로 나누어 그 하나를 통치하는 사람, 또는 영주를 일컫는다. 왕이라고 부르기는 하지만 로마 제국내의 대단치 않은 통치자의 호칭에 불과하다.

총독 : 로마 황제 임명제(임기 5년)
- 정치적 문제 다룸(사법은 산헤드린 공회, 회당에서 다룸)
- 로마 총독의 권한 : 사형 선고, 치안과 국방을 담당

본디오 빌라도(A.D. 26~36년 제5대 총독)
- 십자가 사건 7년 후 로마로 송환
- 해임 후 자살

A.D. 64년, 로마의 대 화재 사건, 네로의 박해

A.D. 66~73년, 유대와 로마의 전쟁(유대전쟁)
- 마사다 성채 저항군(부역자 및 어린이) 960명 : 무저항, 자살

A.D. 70년, 로마의 티토스 장군 예루살렘 함락
- 성전 기물과 보물을 로마로 가져감
- 로마의 티토스 장군의 개선문
- 예루살렘 통곡의 벽(예루살렘 성벽을 일부 남김)
- 산헤드린 공회, 사두개파, 에세네파, 열심당 모두 사라짐

1948년 5월 14일 U.N에서 이스라엘 독립선언(영국령)

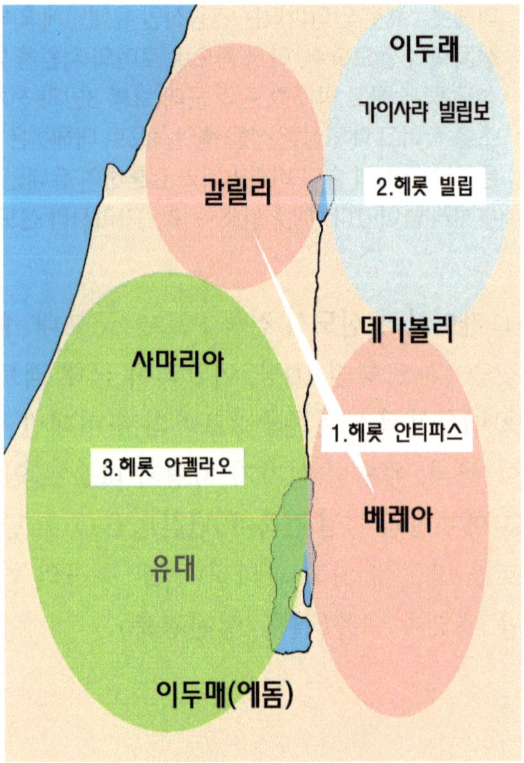

대헤롯의 아들들(분봉왕)

(6) 헤롯 아그립바 1세(행 12장)

- 대헤롯의 손자, 헤로디아와 친 남매, 헤롯 안티파스의 조카
- 야고보 순교(행 12:2), 베드로를 옥에 가둠(행 12:3~10), 벌레 먹혀 죽음(행 12:21~23)

(7) 헤롯 아그립바 2세(행 26장)

- 17세 나이로 왕위에 오름, 헤롯 가문의 마지막 왕
- 사도바울의 증언(베스도 + 헤롯) - "가이사랴에 억류되어 있던 사도 바울로부터 베스도 총독과 함께 증언을 듣다가"(행 26:24~32)

1. 유대인의 구약 정경화(TaNaK)

1) 토라(Torah) : 토라, 모세오경(B.C. 5C), Pentateuch
2) 예언서(Nebim; Neviim) : 선지자들의 글(B.C. 3C)
3) 시문서(Ketubim; Ketuvim) : A.D 90년 얌니야 종교회의

유대 히브리 성경은 24권이다. 얌니야 종교회의 결과로 아가서와 전도서를 포함한 구약성경 39권이 정경으로 정해진다.

2. 밀라노 칙령(A.D. 313) - 기독교 공인

- 콘스탄틴 대제 자신이 기독교로 개종
- 로마 제국에서 기독교 공인
- 하나님의 자유로 섬기는 것이 종교의 자유

3. 신약성경 정경화(A.D. 397년) – 카르타고 종교회의

4. 테오도시우스 황제(A.D. 392)

- 기독교를 로마의 국교로 채택
- 기독교인이 아니면 출세도 힘들고 공원은 교회 세례 증서를 요구
- 로마제국은 성경을 로마의 언어인 라틴어로 번역
- 구약성경만 번역하여 '제롬의 벌게이트'(Latin Vulgate of Jerome) 성경 역본

5. 마르틴 루터의 종교개혁"Reformation"(1517년)

- 독일 아우구스티누스 수도사이자 신학교수
- 교황의 면죄부 판매에 95개조의 반박문 발표
- 카톨릭 교계 내부에서 일어난 신학, 교리, 교회 체제에 걸친 변혁 운동이다.
- 신약성서의 독일어 역(루터역 성서)을 단기간에 이룸

① 마르틴 루터의 종교개혁은 구약성경 '타낙'(TaNaK) 중심이다.

② 카톨릭은 70인역을 중심으로 6권의 외경이 포함되어 정경보다 더 많다.

위경 : 책의 저자와 실제의 저자가 다른 경우
외경 : 70인역 뒤편에 경건서적을 포함하나 정경의 기준에는 못 미친다.

The Five Solas
오직 믿음(Sola Fide) 오직 은혜(Sola Gratia) 오직 말씀(Sola Scriptura) 오직 예수(Sola Christo) 오직 하나님께 영광(Sola Deo Gloria)

6. 트리엔트 종교회의 'Council of Trient'(1546년)

마르틴 루터의 종교개혁 후 약 30년 뒤의 트리엔트 종교회의에서 루터의 종교개혁을 정죄시하는 결의문을 발표한다.

① 성경 이외의 교회 전통을 무시했다.(신이 정한 교회의 전통적 권위)
② 교회의 권위가 성경보다 무시되었다.(교황권 비판)
③ 성모와 성인들에 대한 숭배를 폐지했다.

트리엔트 종교회의 결과로
① 종교개혁한 프로테스탄트(기독교)를 이단시 하므로 구교와 신교로 나뉜다.
② 카톨릭과 기독교는 교리와 믿음이 뚜렷하게 구별되었고 기독교적 보편성을 더 이상 공유하지 못하게 되었다.

산헤드린공의회
예루살렘에 있었던 유일한 유대인 회의기관이자 최고의 의결기구이다.
최고의 중앙 재판소의 권위
신약에서 예수님을 체포하려고 시도했던 기관
예수님과 초대 교회 지도자들도 그 앞에서 심문
공회장 포함 71명으로 구성
대제사장이 의장
제사장 가문 출신과 종교지도자들
제사장 계열의 사두개인과 서기관 계열, 바리새인들로 구성
기원은 모세를 도왔던 70인의 장로에서 시작
성전에 관한 문재, 율법에 관해서 독립적인 권위
출교나 태형까지지도 판결하나 사형권은 오직 로마제국 총독에게 주어졌다.(총독)

구약의 역사

구약(11권의 역사서)

신정시대 (창, 출, 민, 수, 삿)					왕정시대 (삼상, 삼하, 왕상, 왕하, 스, 느)							
창조시대	족장시대	출애굽·광야시대	정복시대	사사시대	왕국의 시작	왕국의 분열		유다의 멸망	바벨론 포로	포로귀환		
	+ 욥	+ 레, 신		+ 룻	+ 시 아잠전	+ 욜	욘 암 호	+ 사 미 나 습 렘 합 애	단 겔 옵	학 슥	에 대상 대하	말

신약의 역사

5권의 역사서(4복음서와 사도행전)로 신약의 역사의 흐름을 잡는다.

신약(5권의 역사서)

예수시대	사도시대								
1. 예수님의 사역	2. 사도들의 사역	3. 사도바울의 사역					4. 일반사도들의 사역		5. 사도 요한의 사역
복음의 시작	교회의 시작	선교의 시작					공동서신		예언서
마, 막, 눅, 요	행 1~12장	행 13~28장					일반서신		계
		갈	살전 살후	고전 고후 롬	엡 골 몬 빌	딤전 딛 딤후	약 히 벧전 벧후	유 요1 요2 요3	

신약개론

구약이 끝나고 이스라엘은 계속 이어지는 페르시아 제국의 지배아래 있다가 헬라 제국의 영향을 받는다. 헬라 정책의 유대교의 극심한 탄압 가운데 마카비 혁명이 일어나고 하스모니안 왕조로 약 100년간 지속된다. 이스라엘이 로마제국의 지배 아래에서 헤롯 왕조의 영향력 아래 있을 때 비로소 신약의 역사가 시작된다.

신약은「새 언약」이라는 의미를 지닌다. 그러기에 신약은 구약의 언약을 다시 조명하게 한다. 야훼 하나님은 이스라엘 백성을 택하셔서 약속의 땅으로 인도하실 때에 "너희가 내 말을 잘 듣고 내 언약을 지키면 너희는 모든 민족 중에서 내 소유가 되겠고 너희가 내게 대하여 제사장 나라가 되며 거룩한 백성이 되리라"(출 19:5~6)는 시내산 언약을 맺으신다. 번제단의 짐승의 피로 세우신 언약이 구약이라면(출 24:8), 신약은 최후의 만찬에서 예수님의 피로 세우신 새 언약이다.(눅 22:20) 십자가에 달려 죽으심으로 그의 살과 피를 내어 우리의 죄를 대속하시는 언약, 곧 십자가의 피로 세우신 언약이 신약이다. 예수님의 십자가 사건은 하나님과 인간사이의 깨어졌던 관계를 다시 회복하는 사건이며, 구약의 성취이자 완성이며 영생의 약속이다.(창 3:15) "영생은 곧 유일하신 참 하나님과 그가 보내신 자 예수 그리스도를 아는 것이 영생이니라"(요 17:3) 하나님의 말씀인 예수님이 은혜요 진리이다.(요 1:14)

신약의 절정은 예수님께서 약속하신 보혜사 성령이다. 예수님은 성령을 주시기 위해 말씀이신 하나님이 육신의 몸을 입고 우리 가운데 오셨고 이 일을 성취하기 위해 십자가에 달려 죽으셨다. 이제는 오직 성령의 도우심으로만 하나님께 대한 믿음을 지킬 수 있으며 하나님께 나아갈 수 있다.

요한복음에서 말씀하신 성령

1. 요한복음 14장 16절, "내가 아버지께 구하겠으니 그가 또 다른 보혜사를 너희에게 주사 영원토록 너희와 함께 있게 하리니"
2. 요한복음 14장 26절, "보혜사 곧 아버지께서 내 이름으로 보내실 성령 그가 너희에게 모든 것을 가르치고 내가 너희에게 말한 모든 것을 생각나게 하리라"

3. 요한복음 15장 26절, "내가 아버지께로부터 너희에게 보낼 보혜사 곧 아버지께로부터 나오시는 진리의 성령이 오실 때에 그가 나를 증언하실 것이요"
4. 요한복음 16장 7절, "그러나 내가 너희에게 실상을 말하노니 내가 떠나가는 것이 너희에게 유익이라 내가 떠나가지 아니하면 보혜사가 너희에게로 오시지 아니할 것이요 가면 내가 그를 너희에게로 보내리니"
5. 요한복음 16장 13절, "그러나 진리의 성령이 오시면 그가 너희를 모든 진리 가운데로 인도하시리니 그가 스스로 말하지 않고 오직 들은 것을 말하며 장래 일을 너희에게 알리시리라"

4복음서 개관

복음은 큰 기쁨의 좋은 소식이다.(눅 2:10)
복음(유앙겔리온; Ευαγγελιον)은 로마제국 때에 전쟁의 승전보를 알리는 단어에서 유래한 만큼 기쁜 소식을 전하는 복음의 무게감이 느껴진다. 복음은 하나님께서 세상을 이처럼 사랑하사 그의 독생자 예수 그리스도의 성육신과 이적과 고난, 그리고 그의 죽으심과 부활을 통해 죄인들을 구원하셨다는 사실을 담고 있다. 복음서는 네 명의 저자들이 각기 전하고 싶은 독자들을 향해 자기들이 보고 듣고 얻은 예수의 생애와 그와 관련된 경험들을 자신들의 관점에서 기록하고 있다.
4복음서는 사실적 기록으로(fact) 언제, 어디서, 누가, 무엇을, 어떻게, 왜 라는 요소를 갖고 쓰여진 역사서이다.

4복음서	그리스도의 모습	저자의 유형	대상	강조점
마태복음	'왕' 이신 예수님	교사	유대인	예수님의 설교(인성)
마가복음	'종' 이신 예수님	설교가	이방인	고난, 기적(인성)
누가복음	세상의 '구원자' 이신 예수님	역사가	모든 족속	비유(인성)
요한복음	'하나님' 이신 예수님(인자)	신학자	세계 만민	교리(신성)

4복음서 중 어떤 복음서가 먼저 기록된 자료인지에 대해서는 마가 우선설과 마태 우선설이 있으나 여기에서 어느 주장이 옳은가를 논할 필요는 없다.

1. 공관복음(Synoptic Gospels)

① 마태복음, 마가복음, 누가복음을 공관복음이라 한다. 예수님의 생애를 기록할 때 강조하고 부각시키는 관점에 공통점이 있기 때문이다.
② 예수님의 사역을 갈릴리지역과 가버나움을 중심으로 기록한다.

2. 요한복음

① 제4복음서라고 하는 요한복음은 공관복음 기록보다 20년 이상 뒤에 사도요한에 의해 소아시아의 에베소에서 기록되었다. 공관복음에 빠진 부분을 강조하며 기록하였다. 유대 전쟁(A.D. 66~73)중에 사도 요한은 예수님의 어머니 마리아와 에베소로 이주하였고, A.D. 1세기 말경에 에베소에서 요한복음과 요한1, 2, 3서 그리고 요한계시록까지 신약 전서 27권 중 연대기적으로 가장 마지막 5권을 기록했다.
② 요한복음은 공관복음에 비해 유대지역과 예루살렘 중심으로 예수님의 사역을 기록한다.

4복음서를 통해 예수님의 사역이나 예수님의 생애를 지식적으로 쌓아가는 것이 우리의 우선적 목적이 아니라 4복음서의 저자들이 우리에게 소개하는 예수님을 만나고 하나님의 사랑이 예수님을 통해 확증되었음을 다시 한 번 깨닫는 것이 더 값진 일이다.

예수시대 이스라엘의 분봉 왕들(눅 3:1)

대헤롯 유다의 정식왕(B.C. 37~B.C. 4)
① 로마와 우호적 관계로 정치적 군사적으로 안정
② 건축 가이사랴 - 로마의 팔레스타인 수도. 원형극장 요새건축(마사다) 성채 예루살렘 성전 재건(B.C. 20~B.C. 63)
③ 힐카누스 2세의 손녀 마리암네와 결혼 - 정치적

1. 헤롯 안티파스

- 성경에서 분봉왕 헤롯으로 기록
- 헤로디아와 결혼(남동생의 아내, 눅 3:19)
- 세례 요한을 참수
- 예수님을 심문할 때 본디오 빌라도 총독과 친구가 됨
- 갈릴리 지역과 베레아

2. 헤롯 빌립

- 온유한 성품
- 가이사랴 빌립보
- 이두래 지역

3. 헤롯 아켈라오

- 유다, 사마리아, 에돔을 다스림
- 잔인한 성품, 폭동진압 중 유대인 학살
- 로마 황제가 아켈라오를 유배 보냄
- 로마 황제가 총독을 임명(5년 임기제)
- 십자가 사건시 로마의 티베리우스 황제가 5대 총독 '본디오 빌라도' 임명

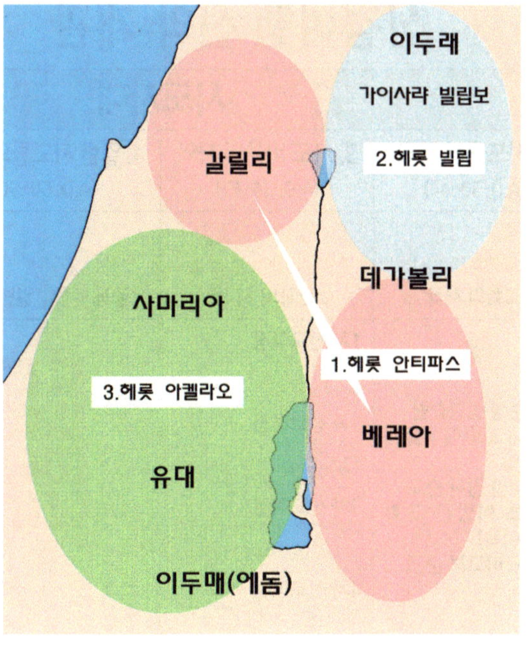

성경개관

Step-by-Step
성경여행 구약 개관

신정시대 - 역사서 5권(창, 출, 민, 수, 삿)

1.창조시대 (역사의 시작)	2.족장시대 (B.C. 2090)	3.출애굽광야 (B.C. 1446)	4.정복시대 (B.C. 1406)	5.사사시대 (B.C. 1400)
창 1~11장	창 12~50장	출 1~40장 민 1~36장	수 1~24장	삿 1~21장
	욥	레 신		룻

왕정시대 - 역사서 6권(삼상, 삼하, 왕상, 왕하, 스, 느)

6.왕국의 시작 (B.C. 1050)	7.왕국의 분열 (B.C. 930)	8.유다의 멸망 (B.C. 722)	9.바벨론 포로 (B.C. 605)	10.포로 귀환 (B.C. 536)
삼상 1~왕상 11장	왕상 12~왕하 17장	왕하 18~25장		스 1~10장 느 1~13장
시 아 잠 전	욜 욘 암 호	사 나 습 합 애 미 렘	단 겔 옵	학 에 말 슥 대상 대하

Step-by-Step
성경여행 신약 개관

예수시대	사도시대			
1. 예수님의 사역 (B.C. 4~A.D. 30)	2. 사도들의 사역 (A.D. 30~44)	3. 사도 바울의 사역 (A.D. 34~67)	4. 일반 사도들의 사역 (A.D. 50~90)	5. 사도 요한의 사역 (A.D. 95~100)
마(28장), 막(16장), 눅(24장), 요(21장) "복음의 시작"	행 1~12장 (사도 베드로 중심 사역) "교회의 시작"	행 13~28장 (사도 바울 중심 사역) "선교의 시작"	"공동서신" "일반서신"	"성경의 완성"
마 막 눅 요 마태 : 구약의 성취 "유대인의 왕" 마가 : 구속의 "고난의 종" 누가 : 온 인류의 "구원자" 요한 : 말씀이 육신이 되어 오신 예수님	행 1.오순절 성령강림 2.초대교회(예루살렘 교회) 3.스데반 집사 순교 4.최초 이방인 교회 (안디옥) 5.사도 야고보 순교	1차 선교여정 갈 2차 선교여정 살전 살후 3차 선교여정 고전 고후 롬 4차 선교여정 엡 골 몬 빌 딤전 딛 딤후	약 유 히 요1 벧전 요2 벧후 요3	계
4권	1권	13권	8권	1권

Step-by-Step

신 약
성경여행

예수시대

1. 예수님의 사역

사도시대

2. 사도들의 사역
3. 사도 바울의 사역
4. 일반 사도들의 사역
5. 사도 요한의 사역

예수시대

1. 예수님의 사역

Step-by-Step

성경여행 신약 개관

예수시대	사도시대			
1. 예수님의 사역 (B.C. 4~A.D. 30)	2. 사도들의 사역 (A.D. 30~44)	3. 사도 바울의 사역 (A.D. 34~67)	4. 일반 사도들의 사역 (A.D. 50~90)	5. 사도 요한의 사역 (A.D. 95~100)
마(28장), 막(16장), 눅(24장), 요(21장) "복음의 시작"	행 1~12장 (사도 베드로 중심 사역) "교회의 시작"	행 13~28장 (사도 바울 중심 사역) "선교의 시작"	"공동서신" "일반서신"	"성경의 완성"
마 막 눅 요 마태 : 구약의 성취 "유대인의 왕" 마가 : 구속의 "고난의 종" 누가 : 온 인류의 "구원자" 요한 : 말씀이 육신이 되어 오신 예수님	행 1.오순절 성령강림 2.초대교회(예루살렘 교회) 3.스데반 집사 순교 4.최초 이방인 교회 (안디옥) 5.사도 야고보 순교	1차 선교여정 갈 2차 선교여정 살전 살후 3차 선교여정 고전 고후 롬 4차 선교여정 엡 골 몬 빌 딤전 딛 딤후	약 유 히 요1 벧전 요2 벧후 요3	계
4권	1권	13권	8권	1권

마태복음(28장)

"아브라함과 다윗의 자손 예수 그리스도의 계보라"(마 1:1)

마태복음의 수신자는 유대인들로서 유대인의 왕으로 오신 예수님을 전한다. 마태는 예수님의 12제자 가운데 한 사람이며(마 9:9) 그의 이름은 히브리어로 레위(눅 5:27)라고 하였고 직업은 세리이다. 세리 마태는 예수님께서 '나를 따르라' 하실 때에 세관에서 모든 것을 내려놓고 예수님을 따른 제자이다. 그는 자기 집에 예수님을 초대하고 다른 세리들도 불러 잔치를 베풀다가 그 당시 종교 지도자들로부터 비난을 받는다. 그 때에 예수님은 자신이 세상에 오신 이유를 이같이 말씀하신다. "건강한 자에게는 의사가 쓸 데 없고 병든 자에게라야 쓸 데 있느니라 너희는 가서 내가 긍휼을 원하고 제사를 원하지 아니하노라 하신 뜻이 무엇인지 배우라 나는 의인을 부르러 온 것이 아니요 죄인을 부르러 왔노라"(마 9:9~13, 막 2:14~17, 눅 5:27~32) 당시 '세리'는 로마 정부의 앞잡이였고 부당한 이익을 취하여 동족들에게 미움과 외면을 받았다. 이런 마태에게 예수님은 하나님의 은혜와 예수님의 사랑을 표현한다. 마태복음은 세리와 같은 죄인들에게 들려지는 복된 소식이다.

마태복음의 첫 번째 독자들은 초기 유대인 개종자들이다. 자연히 마태복음에는 구약의 인용이 많고 구약의 예언이 성취되었음을 강조하여 '이루려 하심이라'고 자주 기록된다. 유대인들에게 구약과 신약을 이어주는 역할을 족보를 통해서 적는다. "아브라함과 다윗의 자손 예수 그리스도의 계보라"(마 1:1) 마태는 세리로서 직업상으로 정리하고 종합하는 능력을 발휘하여 마태복음을 주제별로 사건별로 정리 기록한다.

산상수훈 5~7장
기적과 치료 8~9장
제자들에게 교훈 10장
천국에 관한 말씀 18장
최후 심판 24~25장(예루살렘 멸망 예언 24장, 재난의 징조 24장, 종말 예언 24~25장)

마태복음의 특징

1. 예수 그리스도의 족보가 아브라함부터 예수까지 기록(마 1:1~17)
2. 수태고지 : 예수 그리스도의 나심이 요셉에게 알려짐(마 1:23)

'임마누엘' 말씀이 성취됨(사 7:14)
"하나님이 우리와 함께 계시다"(마 1:23)
"볼지어다 내가 세상 끝날까지 너희와 항상 함께 있으리라"(마 28:20)

3. 동방에서 온 박사들(Magi) : 대헤롯 왕과 온 예루살렘이 듣고 소동한지라(마 2:3)

'베들레헴의 성취'(미 5:2) : "베들레헴 에브라다야 너는 유다 족속 중에 작을지라도 이스라엘을 다스릴 자가 네게서 내게로 나올 것이라 그의 근본은 상고에, 영원에 있느니라"

4. 세례 요한의 외침과 세례 : "외치는 자의 소리여 이르되 너희는 광야에서 여호와의 길을 예비하라"(사 40:3)
5. 산상수훈 5~7장 : 율법의 완성, 구약의 율법의 재해석과 가르침
6. 마태복음의 목적 : "그러므로 내가 너희에게 이르노니 하나님의 나라를 너희는 빼앗기고 그 나라의 열매 맺는 백성이 받으리라"(마 21:43)

[교회는 구약을 계승하나 이방인까지 포함하는 새로운 신앙 공동체가 된다.]

7.예수님의 지상명령 : "예수께서 나아와 말씀하여 이르시되 하늘과 땅의 모든 권세를 내게 주셨으니 그러므로 너희는 가서 모든 민족을 제자로 삼아 아버지와 아들과 성령의 이름으로 세례를 베풀고 내가 너희에게 분부한 모든 것을 가르쳐 지키게 하라 볼지어다 내가 세상 끝날까지 너희와 항상 함께 있으리라 하시니라"(마 28:18~20) [지상 명령이며, 삼위일체 하나님]

마태복음(28장)

1~4장	5~7장	8~15장	16~23장	24~25장	26~28장
메시아의 도래	산상수훈	메시아의 사역	메시아의 수난예고	종말의 예언	메시아의 고난

마가복음(16장)

"하나님의 아들 예수 그리스도의 복음의 시작이라"(막 1:1)

고난 받는 종으로서의 예수님을 기록한 마가복음은 "하나님의 아들 예수 그리스도의 복음의 시작이라"(막 1:1)는 말씀으로 시작되며, 예수 그리스도가 하나님의 아들이라는 정체성을 분명히 한다. 마가 요한은 바나바의 생질(골 4:10)이자 베드로가 내 아들이라 부른 제자(벧전 5:13)이며 베드로의 헬라어 통역자이다. 베드로를 통해 예수님의 생애를 듣고 복음서를 기록하여 '베드로 복음' 이라는 별명이 있다. 마가는 사도 바울의 1차 선교 여행을 함께 떠났으나 밤빌리아 버가에서 떠나 예루살렘으로 돌아간다. 그러나 디모데후서 4장 11절에서 바울은 마가를 다시 청함으로 바울이 옥에 갇혔을 때에 그를 부를 정도로 관계가 회복되었음을 알 수 있다.

마가는 복음을 간결하게 사건 중심과 십자가 사건 중심으로 기록하여 행동의 복음을 적고 있다. 기록 시기는 4복음서 가운데 마가복음의 우선설이 가장 우월하고 A.D. 60~70년 사이로 보고 있다. 역사적 배경은 로마의 네로 황제의 박해가 심할 때이고 성도들의 신앙을 무장시키려는 의도가 깃들어 있다.

마가복음은 예수님의 속죄 사역을 통해 이루어진 구속의 역사를 기록하는 가장 분량이 적은 복음서이며 문체는 간결하게 '즉시', '곧' 이라는 표현을 이용하여 생동감 있게 내용을 전개한다. 예수님께서 하나님의 아들임을 강조하고 이적과 수난에 초점이 맞추어져 예수님의 고난을 집중적으로 조명하며 마가복음의 40%이상(막 11~16장)을 예수님의 마지막 고난 주간에 대한 내용으로 기록한다.

마가복음(16장)

1~3장	4~7장	8~10장	11~16장
초기사역	제자사역	수난예고	언약의 성취

마가복음의 특징

1. 제자도 : "누구든지 나를 따라오려거든 자기를 부인하고 자기 십자가를 지고 나를 따를 것이니라 누구든지 자기 목숨을 구원하고자 하면 잃을 것이요 누구든지 나와 복음을 위하여 자기 목숨을 잃으면 구원하리라"(막 8:34~35, 마 16:24, 눅 14:27)

2. 마가복음의 핵심 메시지
"인자가 온 것은 섬김을 받으려 함이 아니라 도리어 섬기려 하고 자기 목숨을 많은 사람의 대속물로 주려 함이니라"(막 10:45)

3. 이방인 로마 백부장의 고백 : 이방인으로서 십자가의 죽으심과 성소 휘장이 위로부터 아래까지 찢어져 둘이 되는 것을 보고 "예수를 향하여 섰던 백부장이 그렇게 숨지심을 보고 이르되 이 사람은 진실로 하나님의 아들이었도다 하더라"(막 15:39)

4. 전도 명령 : "또 이르시되 너희는 온 천하에 다니며 만민에게 복음을 전파하라" (막 16:15)

5. 믿는 자들의 표적 : "믿고 세례를 받는 사람은 구원을 얻을 것이요 믿지 않는 사람은 정죄를 받으리라 믿는 자들에게는 이런 표적이 따르리니 곧 그들이 내 이름으로 귀신을 쫓아내며 새 방언을 말하며 뱀을 집어올리며 무슨 독을 마실지라도 해를 받지 아니하며 병든 사람에게 손을 얹은즉 나으리라 하시더라"(막 16:16~18)

6. 주 예수께서 말씀을 마치신 후에 하늘로 올려지사 하나님 우편에 앉으시니라 (막 16:19)

누가복음(24장)

"우리 중에 이루어진 사실에 대하여"(눅 1:1)

세상의 구원자 되신 예수님을 전하기 위해 기록된 누가복음은 4복음서 중 가장 세련되고 아름다운 책으로 불린다. 기록자 누가는 수리아 안디옥 출신의 이방인으로 성경 기록자 중에 유일한 이방인이다. 그는 누가복음과 사도행전 두 권의 저자로서 이방인의 대표격인 데오빌로 각하에게 헌정한다. 누가복음은 이방인 독자들을 위한 복음서로서 이방인들에게 그리스도의 변증과 교훈을 전한다. 율법이나 성전, 회당 중심의 신앙생활이 큰 의미가 부여되지 않는다. 누가복음은 소외되고 버림 받은 사회적 약자들에게 친구가 되시는 예수님을 강조한다. 뿐만 아니라 예수님은 유대인을 넘어 이방인의 빛이 되심을 전하며 복음이 모든 족속에게 전파될 것을 목적으로 기록되었다.

1. 누가복음의 목적 : "또 그의 이름으로 죄 사함을 받게 하는 회개가 예루살렘에서 시작하여 모든 족속에게 전파될 것이 기록되었으니"(눅 24:47)

2. 시므온의 예언 : "내 눈이 주의 구원을 보았사오니 이는 만민 앞에 예비하신 것이요 이방을 비추는 빛이요 주의 백성 이스라엘의 영광이니이다"(눅 2:30~32)

누가복음(24장)

1~4장	5~18장	19~23장	24장
나사렛	갈릴리 지역	예루살렘으로 가는 도중	예루살렘
세례 요한의 출생 예수의 탄생과 족보	공생애 사역 갈릴리에서 예루살렘	예루살렘 십자가 사건	부활

누가복음에만 기록된 사건

1. 세례 요한의 탄생(1장)
2. 예수님의 잉태가 마리아에게 고지(1장)
3. 예수님의 탄생 소식이 한 밤중 목자들에게 전해짐(2장)

4. 시므온과 안나 "정결예식"(2장)
5. 어린 시절 기록(2장)
6. 과부의 아들 살림(7:11~17)
7. 향유 부은 죄 많은 여인(7:36~57)
8. 선한 사마리아인(10:25~37)
9. 마르다와 마리아 대접(10:38~42)
10. 탕자의 비유(15장)
11. 열 명의 나병환자 중 사마리아인만 감사(17:11~19)
12. 불의한 재판관(18:1~8), 바리새인과 세리의 기도(18:9~14)
13. 삭개오의 구원(19장)

마태복음과 누가복음의 족보 비교

마태복음의 족보는 위에서 아래로 기록되고, 누가복음의 족보는 아래에서 위로 기록된다.

마태복음	누가복음
1. 아브라함부터 예수 2. 부계 중심(요셉, 솔로몬) 3. 법적 왕의 혈통 4. 수태고지 : 요셉 5. 동방박사 경배	1. 예수부터 아담, 하나님 2. 모계 중심(마리아, 나단) 3. 자연적 왕의 혈통 4. 수태고지 : 마리아 5. 목자들의 경배
마 1:1-17	눅 3:23-38

누가복음에서는 예수님의 잉태가 마리아에게 고지된다. 한 밤중에 들의 목자들에게 이 기쁜 소식이 가장 먼저 전해진다.(가난한 자, 소외된 자, 약한 자들에게) (눅 2:8~20) [목자들 : 레갑의 후손 설(렘 35장)]

예수님의 족보

"요셉의 아들이니 요셉의 위는 헬리요"(눅 3:23) [헬리는 마리아의 아버지]

요한복음(21장)

"태초에 말씀이 계시니라 이 말씀이 하나님과 함께 계셨으니 이 말씀은 곧 하나님이시니라"(요 1:1)

4복음서 중에서 요한복음은 공관복음서 마태, 마가, 누가 복음과 달리 제4복음서로 분류된다. 사도 요한의 문서들 요한복음, 요한 1, 2, 3서, 요한계시록은 신약 27권 중 가장 마지막에 기록되었으며 기록 장소는 에베소이다. 이는 사도 요한이 유대전쟁 때에 예수님의 모친 마리아를 모시고 에베소(소아시아)로 이주했기 때문이다. 예수님의 유언을 행하였다.(요 19:27) 지금도 에베소(터키)에 가면 사도 요한의 묘와 마리아 기념교회의 흔적을 살펴볼 수 있으며 요한은 당시 에베소교회의 감독이기도 했다. 세베대의 아들이요 야고보의 형제인 요한은 예수님의 12제자 가운데 안드레와 함께 가장 먼저 제자로 부르심을 받았고 유일하게 천수를 누리며 하나님의 소명을 감당한 제자이다. 요한복음은 공관복음 기록 후 약 20년 이후에 기록되어 공관복음에서 빠진 부분을 보충 완성 시키고 성령의 계시를 기록하였으며 당시 교회의 이단아였던 영지주의자들로부터 교회를 변론하고 지켜냈다.
4복음서 중에 오직 요한복음에만 기록된 부활 이후의 예수님의 사역(행적)들을 기록하고 있는 것이 특징이다.

중생	"진실로 진실로 네게 이르노니 사람이 물과 성령으로 나지 아니하면 하나님의 나라에 들어갈 수 없느니라"(요 3:5)
사랑	"하나님이 세상을 이처럼 사랑하사 독생자를 주셨으니 이는 그를 믿는 자마다 멸망하지 않고 영생을 얻게 하려 하심이라"(요 3:16)
구원	"하나님이 그 아들을 세상에 보내신 것은 세상을 심판하려 하심이 아니요 그로 말미암아 세상이 구원을 받게 하려 하심이라"(요 3:17)
새 계명	"새 계명을 너희에게 주노니 서로 사랑하라 내가 너희를 사랑한 것 같이 너희도 서로 사랑하라"(요 13:34)

공관복음은 예수님의 갈릴리 사역 중심으로 기록되었고, 요한복음은 유대지역과 예루살렘 중심으로 기록한다. 요한복음은 종교적 교훈과 하나님 말씀을 영적으로 재해석하여 예수님의 비유 대신 예수님 자신의 모습(인자)을 기록했다.

요한복음(21장)

1~4장	5~12장	13~17장	18~21장
하나님의 아들	표적과 배척	제자	죽음과 부활

나는 ~ 이다

(에고-에이미; ego-eimi; *εγω ειμι*)

1) 나는 생명의 떡이다(요 6:35, 48, 51)
2) 나는 세상의 빛이다(요 8:12, 9:5)
3) 나는 양의 문이다(요 10:7, 9)
4) 나는 선한 목자다(요 10:11, 14)
5) 나는 부활이요 생명이다(요 11:25)
6) 나는 길이요 진리요 생명이다(요 14:6)
7) 나는 참 포도나무다(요 15:1, 5)

요한복음의 기록

1) 가나의 혼인잔치(2장)
2) 니고데모와의 대화(3장)
3) 사마리아 여인(4장)
4) 왕의 신하의 아들(4장)
5) 38년 된 병자(5장)
6) 날 때부터 소경된 자 '실로암'(9장)
7) 죽은 나사로 살림(11장)
8) 부활 후 제자들 만나심(21장)
9) 베드로의 죽음 예고 및 소명(21장)

1. 요한복음의 주요 구절

① "태초에 말씀이 계시니라 이 말씀이 하나님과 함께 계셨으니 이 말씀은 곧 하나님이시니라"(요 1:1)
② "영접하는 자 곧 그 이름을 믿는 자들에게는 하나님의 자녀가 되는 권세를 주셨으니 이는 혈통으로나 육정으로나 사람의 뜻으로 나지 아니하고 오직 하나님께로부터 난 자들이니라"(요 1:12~13)
③ "말씀이 육신이 되어 우리 가운데 거하시매 우리가 그의 영광을 보니 아버지의 독생자의 영광이요 은혜와 진리가 충만하더라"(요 1:14)
④ "율법은 모세로 말미암아 주어진 것이요 은혜와 진리는 예수 그리스도로 말미암아 온 것이라"(요 1:17)
⑤ "이것을 너희에게 이르는 것은 너희로 내 안에서 평안을 누리게 하려 함이라

세상에서는 너희가 환난을 당하나 담대하라 내가 세상을 이기었노라"(요 16:33)

2. 성령의 약속

① 요한복음 14장 16절
"내가 아버지께 구하겠으니 그가 또 다른 보혜사를 너희에게 주사 영원토록 너희와 함께 있게 하리니"
② 요한복음 14장 26절
"보혜사 곧 아버지께서 내 이름으로 보내실 성령 그가 너희에게 모든 것을 가르치고 내가 너희에게 말한 모든 것을 생각나게 하리라"
③ 요한복음 15장 26절
"내가 아버지께로부터 너희에게 보낼 보혜사 곧 아버지께로부터 나오시는 진리의 성령이 오실 때에 그가 나를 증언하실 것이요"
④ 요한복음 16장 7절
"그러나 내가 너희에게 실상을 말하노니 내가 떠나가는 것이 너희에게 유익이라 내가 떠나가지 아니하면 보혜사가 너희에게로 오시지 아니할 것이요 가면 내가 그를 너희에게로 보내리니"
⑤ 요한복음 16장 13절
"그러나 진리의 성령이 오시면 그가 너희를 모든 진리 가운데로 인도하시리니 그가 스스로 말하지 않고 오직 들은 것을 말하며 장래 일을 너희에게 알리시리라"

3. 그리스도에 대한 증언

① 요한복음 1장 45절
빌립이 나다나엘을 찾아 이르되 "모세가 율법에 기록하였고 여러 선지자가 기록한 그이를 우리가 만났으니 요셉의 아들 나사렛 예수니라"
② 요한복음 1장 49절
나다나엘이 대답하되 "랍비여 당신은 하나님의 아들이시요 당신은 이스라엘의 임금이로소이다"
③ 요한복음 20장 28절
도마가 대답하여 이르되 "나의 주님이시요 나의 하나님이시니이다"

4복음서에 다 기록된 내용

내용	마태	마가	누가	요한
1. 성전정화	21:14~17	11:15~19	19:45~48	2:13~25
2. 갈릴리에서 사역시작	4:12~17	1:14~15	4:14~15	4:43~45
3. 오병이어의 기적	14:13~21	6:30~44	9:10~17	6:1~14
4. 예루살렘 호산나 입성	21:1~9	11:1~10	19:28~44	12:12~19
5. 베드로의 세 번 부인 예고	26:31~35	14:27~31	22:28~38	13:33~38
6. 겟세마네의 기도(감람산)	26:36~46	14:32~42	22:40~46	17:1~26
7. 주께서 잡히심	26:47~58	14:43~52	22:47~53	18:2~12
8. 베드로의 세 번 부인	26:69~75	14:54~72	22:54~62	18:15~27
9. 빌라도의 1차 재판	27:2	15:1~5	23:1~7	18:28~38
10. 빌라도의 2차 재판	27:15~20	15:6~15	23:13~25	18:39
11. 십자가 지심(골고다)	27:31~34	15:20~23	23:26~32	19:17
12. 십자가상 6시간	27:35~50	15:24~37	23:33~46	19:18~30

Step-by-Step

성경여행 신약 개관

예수시대	사도시대			
1. 예수님의 사역 (B.C. 4~A.D. 30)	2. 사도들의 사역 (A.D. 30~44)	3. 사도 바울의 사역 (A.D. 34~67)	4. 일반 사도들의 사역 (A.D. 50~90)	5. 사도 요한의 사역 (A.D. 95~100)
마(28장), 막(16장), 눅(24장), 요(21장) "복음의 시작"	행 1~12장 (사도 베드로 중심 사역) "교회의 시작"	행 13~28장 (사도 바울 중심 사역) "선교의 시작"	"공동서신" "일반서신"	"성경의 완성"
마 막 눅 요 마태 : 구약의 성취 "유대인의 왕" 마가 : 구속의 "고난의 종" 누가 : 온 인류의 "구원자" 요한 : 말씀이 육신이 되어 오신 예수님	행 1.오순절 성령강림 2.초대교회(예루살렘 교회) 3.스데반 집사 순교 4.최초 이방인 교회(안디옥) 5.사도 야고보 순교	1차 선교여정 갈 2차 선교여정 살전 살후 3차 선교여정 고전 고후 롬 4차 선교여정 엡 골 몬 빌 딤전 딛 딤후	약 유 히 요1 벧전 요2 벧후 요3	계
4권	1권	13권	8권	1권

예수님의 사역 개관

사적생애	공생애 3년 반						
탄생과 성장	공생애 시작	1유월절	2유월절	3유월절	초막절	수전절	4유월절
요 1:14	요 1:33	요 2:13	요 5:1	요 6:4	요 7:1	요 10:22	요 19:30
	세례	성전청결 니고데모	38년 된 병자	5병2어 벳새다			십자가

4복음서를 통해 예수님의 탄생과 성장 그리고 공생애의 사역, 십자가 사건과 부활까지의 역사를 정리한다. 시간적 순서로 정리하여 사적생애와 공생애로 개관한다. 공생애를 알리는 사건은 세례이고 예수님의 사역을 네 번의 유월절을 기준으로 정리하였다.

4복음서 가운데 요한복음이 공생애 기간의 네 번의 유월절을 기록하고 있어 예수님의 공생애 사역을 요한복음으로 정리한다. 1유월절은 공생애의 초기사역, 2유월절은 본격사역, 3유월절은 핍박기 사역, 그리고 4유월절은 십자가 사역 중심으로 개관한다.

신약의 유대 시간

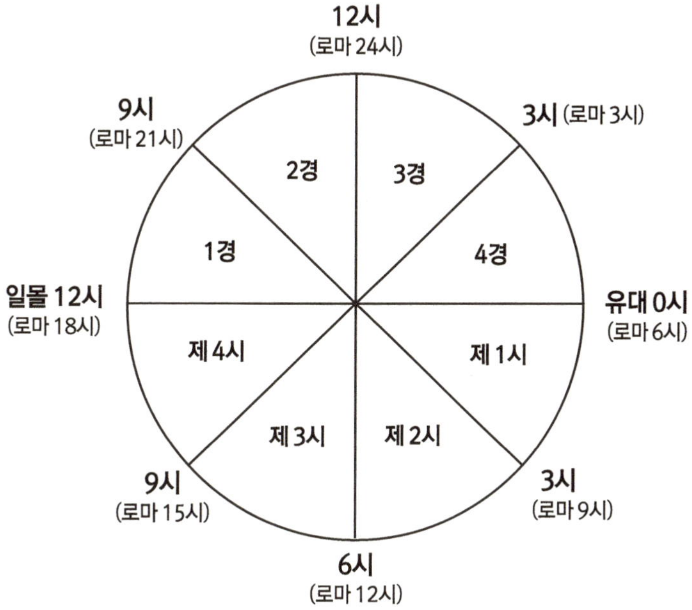

1. 사적생애

탄생과 성장

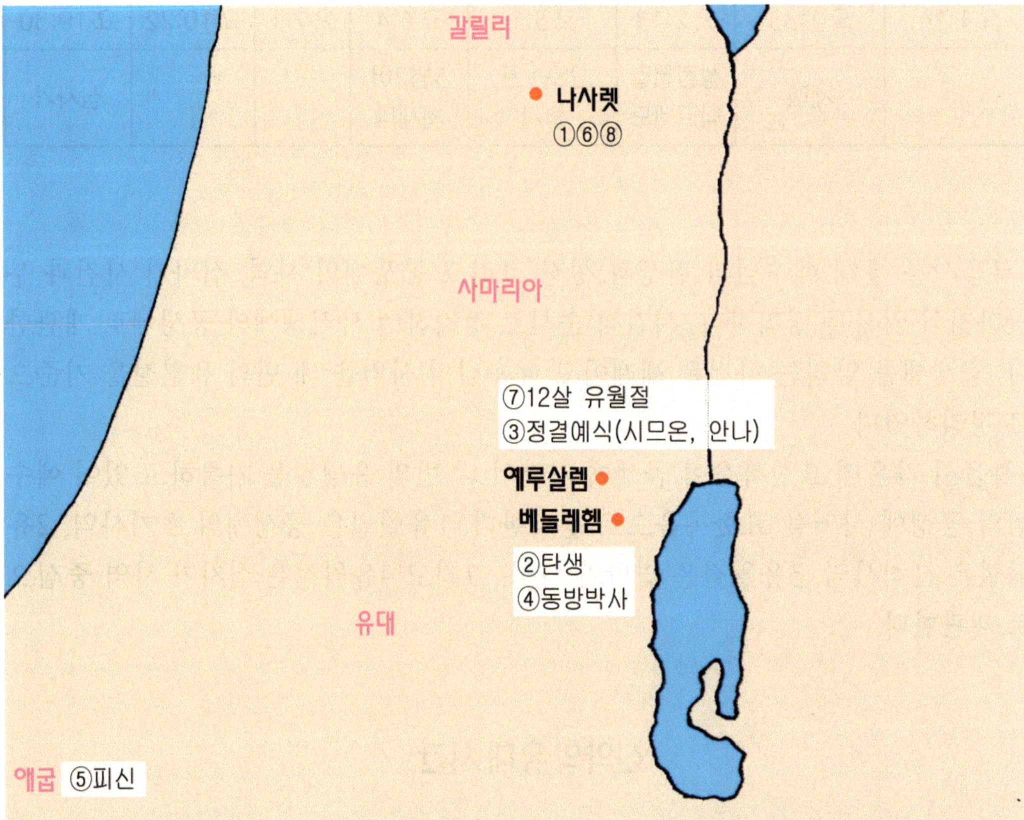

① 나사렛 : 수태고지

마 1:21 - 요셉에게 아들의 이름을 예수라하라 "그가 자기 백성을 그들의 죄에서 구원할 자이심이라" 하니라
마 1:23 - 보라 처녀가 잉태하여 아들을 낳을 것이요 그의 이름은 임마누엘이라 하리라 하셨으니 이를 번역한즉 하나님이 우리와 함께 계시다 함이라

눅 1:31-33 - 마리아에게 네가 잉태하여 아들을 낳으리니 그 이름을 예수라 하라

② 베들레헴

그 때에 로마 황제 아구스도가 명을 내려 천하로 다 호적하라 명한다. 요셉이 다윗의 족속이라 정혼한 마리아와 베들레헴으로 간다.

아기 예수 탄생
첫 아들을 강보에 싸서 구유에 뉘었으니 여관에 있을 곳이 없다.(눅 2:7)

"내가 온 백성에게 미칠 큰 기쁨의 좋은 소식을 너희에게 전하노라 구주가 나셨으니 곧 그리스도 주시니라"(눅 2:10,11)

"지극히 높은 곳에서는 하나님께 영광이요 땅에서는 하나님이 기뻐하신 사람들 중에 평화로다"(눅 2:14)

할례 할 8일이 되매 그 이름을 예수라 하니 곧 잉태하기 전에 천사가 일컬은 바러라

③ 예루살렘 : 정결예식(눅 2:22~40)

모세의 법대로 정결예식의 날이 차매 아기를 데리고 예루살렘에 올라간다.
[남자아이 출산 7일 부정(산모산혈 33일 부정), 여아 14일 부정(산모산혈 66일 부정) (레 12:2~8)]

시므온은 의롭고 경건하여 이스라엘의 위로를 기다리는 자라 성령이 그 위에 계시더라
"내 눈이 주의 구원을 보았사오니 이는 만민 앞에 예비하신 것이요 이방을 비추는 빛이요 주의 백성 이스라엘의 영광이니이다"(눅 2:30~32)

시므온의 예언 : "이는 이스라엘 중 많은 사람을 패하거나 흥하게 하며 비방을 받는 표적이 되기 위하여 세움을 받았고 또 칼이 네 마음을 찌르듯 하리니 이는 여러 사람의 마음의 생각을 드러내려 함이니라 하더라"

안나 : 84세 과부, 성전에서 금식하고 기도하는 여선지자

④ 베들레헴 : 동방박사, 대헤롯의 영아학살(마 2:1~16)

동방박사들이 동방에서 별을 보고 경배하러 왔다.
"유대인의 왕으로 나신 이가 어디 계시냐"
"헤롯 왕과 온 예루살렘이 듣고 소동한지라"
대제사장들과 서기관들이 유대 베들레헴이라 대답한다.

"베들레헴 에브라다야 너는 유다 족속 중에 작을지라도 이스라엘을 다스릴 자가 네게서 내게로 나올 것이라"(미 5:2)

대헤롯의 영아학살 : 동방박사들이 꿈에 계시를 받고 헤롯에게 가지 않는다. 이에 헤롯이 박사들에게 속은 줄 알고 심히 노하여 사람을 보내어 베들레헴과 그 모든 지경 안에 있는 사내아이를 두 살부터 그 아래로 다 죽이라 한다.

⑤ 애굽 : 피신

주의 사자가 요셉에게 현몽하여 헤롯이 아기를 찾아 죽이려하니 애굽으로 피신하라 한다.
"헤롯이 죽기까지 거기 있었으니 이는 주께서 선지자를 통하여 말씀하신 바 애굽으로부터 내 아들을 불렀다 함을 이루려 하심이라"(마 2:15)

"이스라엘이 어렸을 때에 내가 사랑하여 내 아들을 애굽에서 불러냈거늘"(호 11:1)
"아이가 자라며 심령이 강하여지며 이스라엘에게 나타나는 날까지 빈 들에 있으니라"(눅 1:80)

⑥ 나사렛 : 성장

대헤롯이 죽은 후 그 아들 헤롯 아켈라오의 소문을 인해 나사렛으로 간다. 나사렛 사람이라 칭하심을 이루신다.

"나사렛 사람"의 예언 성취(사 11:1), 히브리어 '가지' '어린 싹' ' 이새의 줄기에서 한 싹이 나오며' = '나사렛'(음두 조합), 새로운 생명의 통치자

⑦ 예루살렘 : 12살 유월절, 예수님을 잃어버림(눅 2:41~50)

12살에 유월절을 지키기 위해 부모와 친족들과 예루살렘 방문 중 잃어버린다. 사흘 후 성전에서 선생들과 대화하고 있는 예수님을 찾는다.
"지혜와 대답을 놀랍게 여기더라"
"어찌하여 나를 찾으셨나이까 내가 내 아버지 집에 있어야 될 줄을 알지 못하셨나이까"

⑧ 나사렛(눅 2:51~52)

부모를 순종하여 받드신다.
"예수는 지혜와 키가 자라가며 하나님과 사람에게 더욱 사랑스러워 가시더라" (눅 2:52)
나사렛 사람으로 성장하셔서 30세 즘에 요단강에서 세례를 받으시고 가르치시기까지 나사렛에 거하신다.(눅 3:23)

2. 공생애 시작

(처음 6개월)

예수님의 사역 개관

사적생애	공생애 3년 반						
탄생과 성장	공생애 시작	1유월절	2유월절	3유월절	초막절	수전절	4유월절
요 1:14	요 1:33	요 2:13	요 5:1	요 6:4	요 7:1	요 10:22	요 19:30
	세례	성전청결 니고데모	38년 된 병자	5병2어 벳새다			십자가

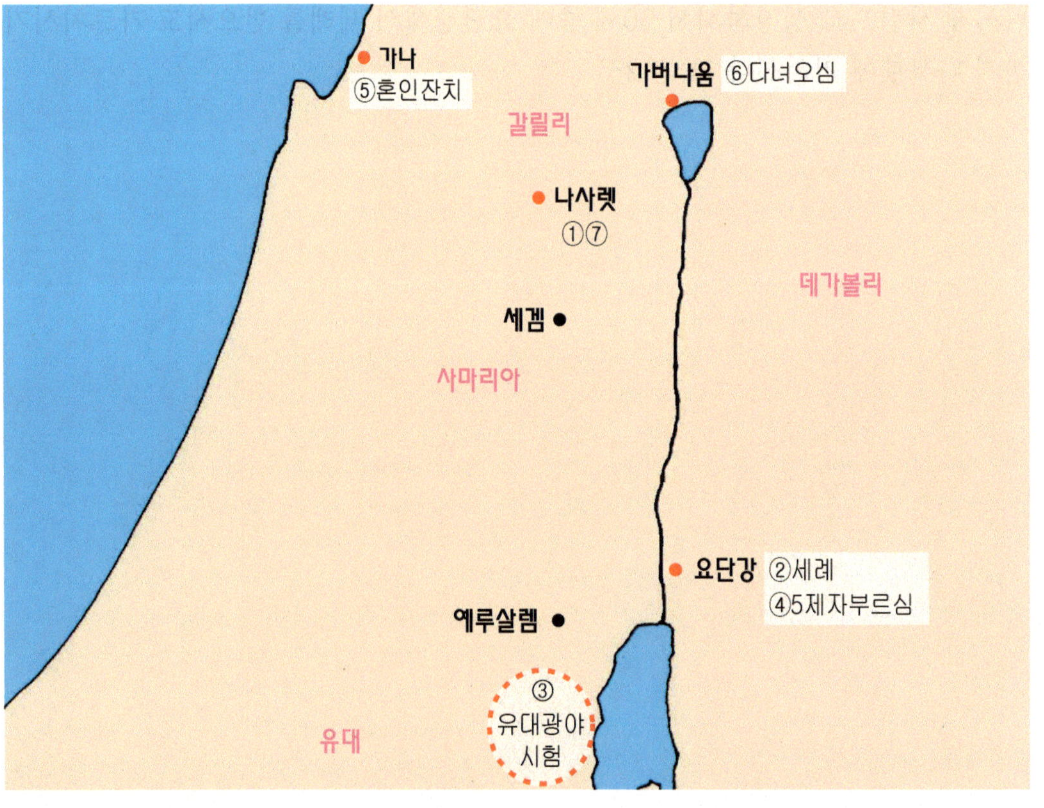

① 나사렛 : 세례 받으시기 전까지 성장하신 곳

② 요단강가 : 세례 요한에게 세례를 받으심(마 3:13~17, 막 1:9~11, 눅 3:21~22, 요 1:29~34)

세례요한의 사역시작 - "회개하라 천국이 가까이 왔느니라"(디베료 황제, 본디오 빌라도 총독, 헤롯안티파스, 눅 3:1)

구약에서 예언된 세례요한(사 40:3, 4)
"외치는 자의 소리여 이르되 너희는 광야에서 여호와의 길을 예비하라 사막에서 우리 하나님의 대로를 평탄하게 하라"

세례 요한 : '내가 당신에게서 세례를 받아야 할 터인데 당신이 내게로 오시나이까'
예수님 : "이제 허락하라 우리가 이와 같이 하여 모든 의를 이루는 것이 합당하니라"

하늘이 열리고 하나님의 성령이 비둘기 같이 내려 자기 위에 임하심을 보시더니 하늘로부터 소리가 있어 말씀하시되 **"이는 내 사랑하는 아들이요 내 기뻐하는 자라"** 하시니라

③ 유대광야 : 40일간 금식 후 마귀에게 시험 받으심(마 4:1~11, 눅 4:1-13, 막 1:12-13)

돌들로 떡덩이가 되게하라 - "사람이 떡으로만 살 것이 아니요 하나님의 입으로부터 나오는 모든 말씀으로 살 것이라"(신 8:3)
뛰어 내리라 - "주 너의 하나님을 시험하지 말라 하였느니라"(신 6:16)
내게 경배하라 - "사단아 물러가라 기록되었으되 주 너의 하나님께 경배하고 다만 그를 섬기라"(신 6:13)

④ 요단강가 : 다섯 제자 부르심(요 1:35~51)

다섯제자 : 요한, 안드레, 베드로, 빌립, 나다나엘
세례요한 "하나님의 어린양을 보라"
세례요한의 제자 요한과 안드레.
안드레는 시몬에게 우리가 메시아를 만났다 하고 예수님께서 시몬을 게바라(베드로) 하신다.

빌립에게 "나를 따르라"
빌립이 나다나엘을 찾아 이르되 "모세가 율법에 기록하였고 여러 선지자가 기록한 그이를 우리가 만났으니 요셉의 아들 나사렛 예수니라"

예수님께서 "보라 이는 참으로 이스라엘 사람이라 그 속에 간사한 것이 없도다"

⑤ 가나 : 가나의 혼인잔치(요 2:1~11)

[가나 : 나다나엘의 고향(요 21:2)]
"저들에게 포도주가 없다"
"여자여 나와 무슨 상관이 있나이까? 내 때가 아직 이르지 아니하였나이다"
"항아리에 물을 채우라" 물이 변하여 포도주가 되는 첫 기적 – 연회장과 하인들
제자들이 그를 믿으니라.

⑥ 가버나움 : 앞으로의 사역 중심지가 될 곳을 잠시 다녀오심(요 2:12)

그 후에 예수께서 그 어머니와 형제들과 제자들과 함께 가버나움으로 내려가셨으나 거기에 여러 날 계시지는 아니하시니라.

3. 예수님의 공생애 요약

(1유월절 ~ 4유월절)

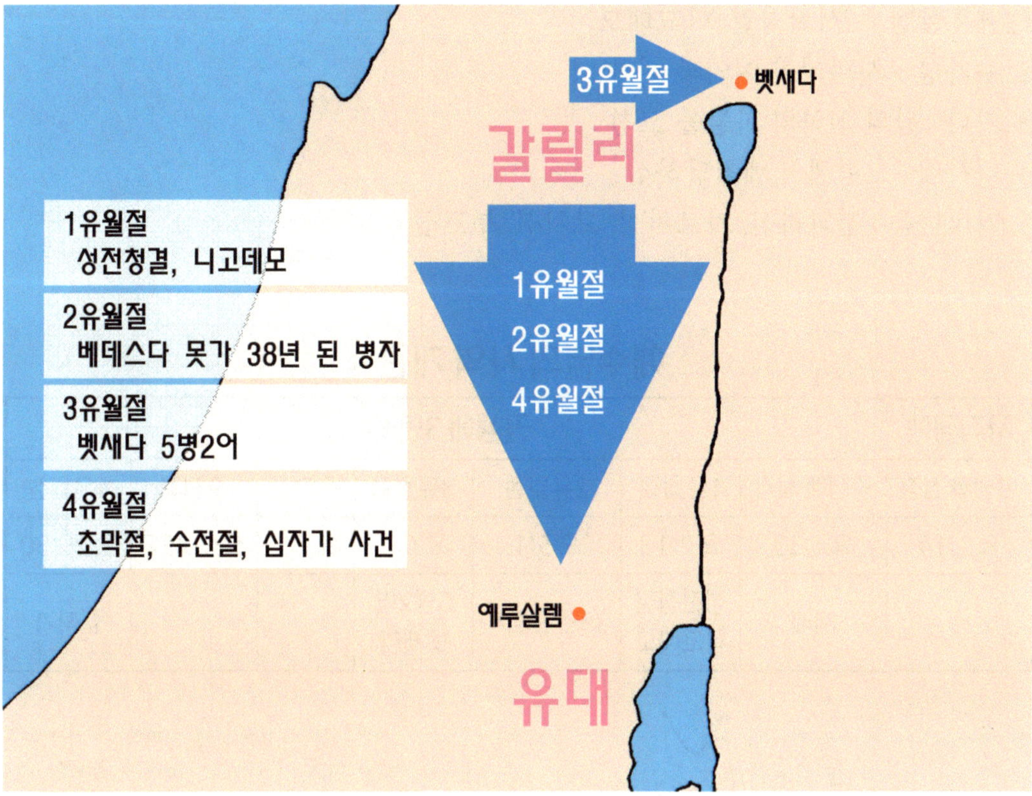

예수님의 사역은 요한복음 중심으로 개관을 하는 것이 효과적이다.
예수님은 공생애 3년 반 동안에 4번의 유월절을 지내신다. 주로 갈릴리 지역에서 가르치시고, 고치시고, 천국 복음을 전파하시다가 유월절이 되면 유대지역으로 내려오셔서 예루살렘에서 사역하시고 다시 갈릴리 지역으로 가신다. 3번째 유월절은 예루살렘이 아닌 벳새다 광야에서 오병이어의 기적을 베푸신다.
4번째 유월절의 특징은 유월절(4월)보다 훨씬 일찍 예루살렘으로 내려오시는데 초막절(10월)과 수전절(12월)을 예루살렘에서 지내시고 이방 지역인 베레아 지역에서 3개월간 사역하신다. 4번째 유월절의 어린양으로 친히 나무에 달려 돌아가시므로 이사야 53장 구속을 위해 고난 받는 종의 예언이 성취된다.

1유월절 요약

예수님의 초기사역(요 2:13)

1. 예루살렘 – 성전청결, 니고데모
2. 수가성 - 사마리아 여인과 대화
3. 가나 : 왕의 신하의 아들을 고침
4. 나사렛 : 고향에서 배척당하심
5. 가버나움 : 전파하심, 가르치심, 고치심, 부르심

예수님의 사역 개관

사적생애	공생애 3년 반						
탄생과 성장	공생애 시작	1유월절	2유월절	3유월절	초막절	수전절	4유월절
요 1:14	요 1:33	요 2:13	요 5:1	요 6:4	요 7:1	요 10:22	요 19:30
	세례	성전청결 니고데모	38년 된 병자	5병2어 벳새다			십자가

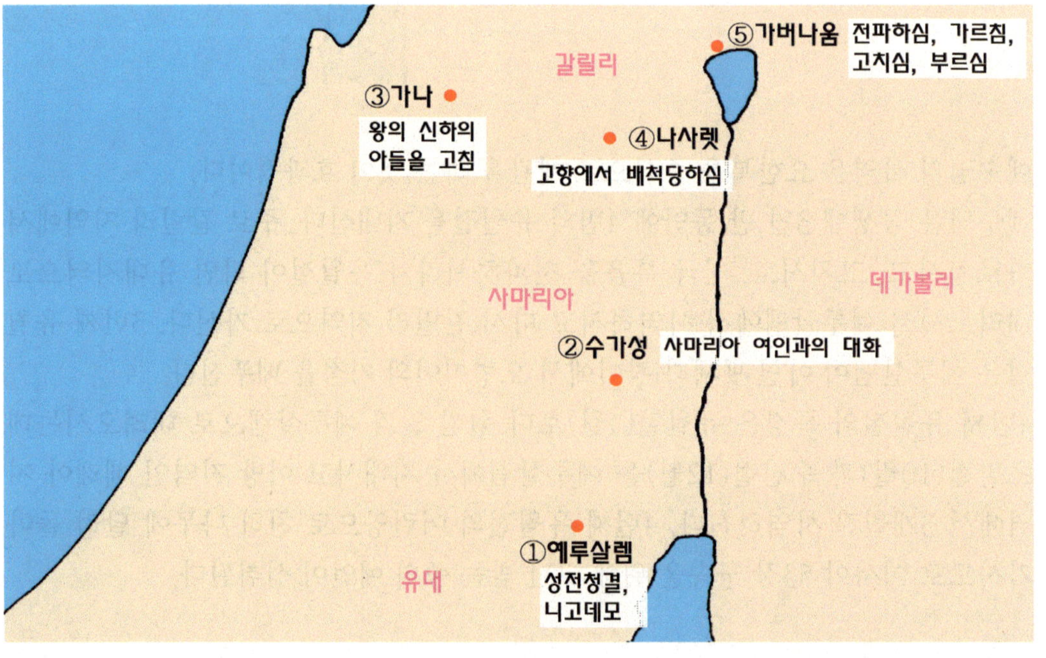

① 예루살렘

1)성전청결(요 2:13~25, 마 21:12~13, 막 11:15~17, 눅 19:45~46)
성전 안의 소와 양, 비둘기 파는 자들과 돈 바꾸는 자들을 성전에서 내쫓으시고 상을 엎으신다.
"내 아버지의 집으로 장사하는 집을 만들지 말라"
"너희가 이 성전을 헐라 내가 사흘 동안에 일으키리라"
"이 성전은 사십육 년 동안에 지었거늘"(헤롯 성전 B.C. 20 ~ A.D. 64, 요 2:20)
"예수는 성전된 자기 육체를 가리켜 말씀하신 것이라"

대제사장 안나스와 가야바는 성직매매한 투자금을 회수하려 하며 자신들의 가축을 사게한다.

2)니고데모와의 대화(유대인의 지도자 : 산헤드린 공회원 요 3:1~21)
"사람이 물과 성령으로 나지 아니하면 하나님의 나라에 들어갈 수 없느니라"(중생)
"육으로 난 것은 육이요 영으로 난 것은 영이니"
"모세가 광야에서 뱀을 든 것 같이 인자도 들려야 하리니"

"하나님이 세상을 이처럼 사랑하사 독생자를 주셨으니 이는 그를 믿는 자마다 멸망하지 않고 영생을 얻게 하려 하심이라 하나님이 그 아들을 세상에 보내신 것은 세상을 심판하려 하심이 아니요 그로 말미암아 세상이 구원을 받게 하려 하심이라"(요 3:16)

예수께서 제자들과 유대 땅으로 가서 거기 함께 유하시며 세례를 베푸신다.
세례 요한이 그의 제자들에게 "그는 흥하여야 하겠고 나는 쇠하여야 하리라"

② 수가성 – 사마리아 여인과의 대화(요 4:1~42)

예수님 : "이 물을 마시는 자마다 다시 목마르려니와 내가 주는 물을 마시는 자는 영원히 목마르지 아니하리니 내가 주는 물은 그 속에서 영생하도록 솟아나는 샘물이 되리라"
예수님 : "가서 네 남편을 불러 오라"

사마리아 여인 : “주여 내가 보니 선지자로소이다 우리 조상들은 이 산에서 예배하였는데 당신들의 말은 예배할 곳이 예루살렘에 있다 하더이다”
예수님 : “아버지께 참되게 예배하는 자들은 영과 진리로 예배할 때가 오나니 곧 이 때라 아버지께서는 자기에게 이렇게 예배하는 자들을 찾으시느니라 **하나님은 영이시니 예배하는 자가 영과 진리로 예배할지니라”**(요 4:24)

③ 가나 – 왕의 신하의 아들을 고침(요 4:46~53)

“주여 내 아이가 죽기 전에 내려오소서”
“가라 네 아들이 살아 있다” 하심에 믿고 가더니 그 아들이 나은 때가 예수님이 말씀 하신 때임을 알고 온 집안이 다 믿으니라 [가나에서 두 번째 표적]

④ 나사렛 – 고향에서 배척 당하심(눅 4:16~30, 마 13:53, 막 6:1~6)

안식일에 회당에서 이사야의 글(사 61:1~3) 찾으시니
“주의 성령이 내게 임하셨으니 이는 가난한 자에게 복음을 전하게 하시려고 내게 기름을 부으시고 나를 보내사 포로 된 자에게 자유를, 눈 먼 자에게 다시 보게 함을 전파하며 눌린 자를 자유롭게 하고 주의 은혜의 해를 전파하게 하려 하심이라”(눅 4:18~19)

“이 글이 오늘 너희 귀에 응하였느니라”
(엘리야 시대의 사렙다 과부와 엘리사 시대의 수리아 사람 나아만의 나병 비유)
“선지자가 고향에서는 환영을 받는 자가 없느니라”
그들은 놀라며 요셉의 아들이 아니냐 하며 동네 낭떠러지에서 밀쳐 떨어뜨리고자 한다.

⑤ 가버나움 – 사역의 중심지

1) 전파하심(Preaching) : “회개하라 천국이 가까이 왔느니라”(마 4:17, 막 1:15)

2)가르침(Teaching) (눅 4:14~15, 32~32, 43~44, 마 4:23~25, 눅 6:17~19)
"내가 다른 동네들에서도 하나님의 나라 복음을 전하여야 하리니 나는 이 일을 위해 보내심을 받았노라"(눅 4:43)
3)고치심(Healing)
① 더러운 귀신들린 자(눅 4:43~37, 막 1:21~28)
"잠잠하고 그 사람에게서 나오라"
② 베드로 장모의 열병(눅 4:38~39, 마 8:114~17, 막 1:29~34)
온갖 병자와 많은 귀신 들린 자를 고치신다.
③ 나병들린 자(눅 5:12~16, 마 8:1~4, 막 1:40~45)
"내가 원하노니 깨끗함을 받으라"
"제사장에게 네 몸을 보이고 예물을 드리라"
④ 중풍병자(눅 5:18~26, 마 9:1~8, 막 2:1~12)
한 중풍병자를 네 사람이 침상에 메고 온다.
"이 사람아 네 죄 사함을 받았느니라"
"오직 하나님 외에 누가 능히 죄를 사하겠느냐"
"인자가 땅에서 죄를 사하는 권세가 있는 줄을 너희로 알게 하리라"

4)제자 부르심(Calling)
① 베드로 부르심(눅 5:1~11, 마 4:18~22, 막 1:16~20)
"깊은 데로 가서 그물을 내려 고기를 잡으라"
"말씀에 의지하여 내가 그물을 내리리이다"
"주여 나를 떠나소서 나는 죄인이로소이다"

자신의 노력으로 밤새 애썼으나 아무것도 얻은 것이 없던 베드로는 심히 많은 물고기를 잡는 경험을 통해 주님을 보게 되는 영적 안목이 열렸다.

"무서워 말라 이제 후로는 네가 사람을 취하리라"(눅 5:10)
"사람을 낚는 어부가 되게 하리라"(마 4:19, 막 1:17)

② 세리 마태 부르심(눅 5:27~39, 마 9:9~17, 막 2:13~22)
레위라 하는 세리가 세관에 앉아 있는 것을 보시고 "나를 따르라" 하시니 그가 모든 것을 버리고 일어나 따른다. 예수님은 그의 집에 들어가 세리들과 함께 먹는다.

바리새인과 서기관들이 그 모습을 보고 예수님을 비방한다.

“건강한 자에게는 의사가 쓸 데 없고 병든 자에게라야 쓸 데 있나니 내가 의인을 부르러 온 것이 아니요 죄인을 불러 회개시키러 왔노라”

“혼인 집 손님들이 신랑과 함께 있을 때에는 금식할 수 없고 그들이 신랑을 빼앗기리니 그 날에는 금식할 것이니라”

“새 포도주는 새 부대에 넣어야 할 것이니라”

율법에 매여있고 장로들의 유전과 전통에 익숙한 자들이 주의 복음을 받아들이는 것을 주저한다는 것을 아시고 안타까워하신다.

2유월절 요약

예수님의 본격 사역(요 5:1)

1. 예루살렘 - 유월절, 38년 된 병자
2. 가버나움 - 안식일 논쟁, 12제자
3. 팔복 산 - 산상수훈과 16가지 교훈
4. 가버나움 - 백부장의 종
5. 나인성 - 과부의 아들, 세례요한에게 답변, 죄 많은 여인의 향유부음
6. 막달라 - 여인들의 섬김
7. 갈릴리 - 바람과 물결을 잔잔케 하심
8. 거라사 - 군대 귀신들린 자
9. 가버나움 - 야이로의 딸, 열 두해 혈루증 여인, 예수와 바알세불, 악한 세대가 구하는 표적, 다섯 비유로 가르침

예수님의 사역 개관

사적생애	공생애 3년 반						
탄생과 성장	공생애 시작	1유월절	2유월절	3유월절	초막절	수전절	4유월절
요 1:14	요 1:33	요 2:13	요 5:1	요 6:4	요 7:1	요 10:22	요 19:30
	세례	성전청결 니고데모	38년 된 병자	5병2어 벳새다			십자가

2유월절

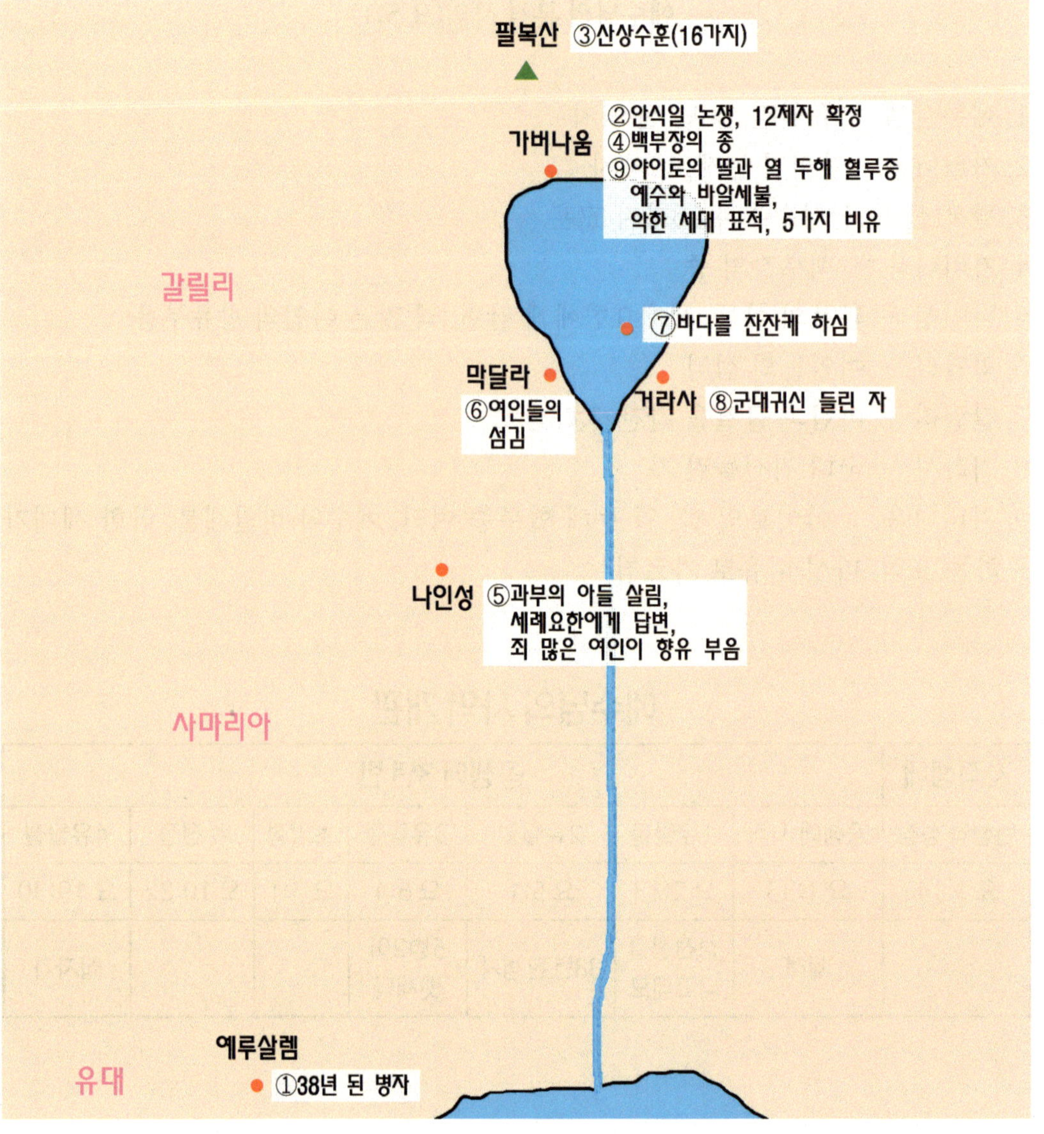

(그 후에 유대인의 명절이 되어 예수께서 예루살렘에 올라가시니라 - 요 5:1)

① 예루살렘 - 유월절, 베데스다(요 5:1~29)

베데스다 못가에 38년 된 병자에게 "네가 낫고자 하느냐 일어나 네 자리를 들고 걸어가라" 하시니 이 날은 안식일 이었더라. 안식일에 병 고치신 일로 박해를 받으신다.

"내 아버지께서 이제까지 일하시니 나도 일 한다"

"유대인들이 더욱 예수를 죽이고자 하니 이는 안식일을 범할 뿐 아니라 하나님을 자기의 친 아버지라 하여 하나님과 동등으로 삼으심이라" [안식일을 범한 죄, 신성모독 죄]

② 가버나움

1) 안식일 논쟁

① 안식일에 밀 이삭(눅 6:1~5, 마 12:5, 막 2:28)

제자들이 안식일에 밀 이삭을 잘라 먹으니 안식일 위법이라 한다. 다윗과 군사들이 진설병을 먹은 말씀을 하신다.(삼상 21:6)

"인자는 안식일의 주인이니라"

②안식일에 손 마른 사람을 고침(눅 6:6~11, 마 12:9~14, 막 3:1~6)

안식일에 회당에서 손 마른 자를 고치신다.

"안식일에 선을 행하는 것과 악을 행하는 것, 생명을 구하는 것과 죽이는 것, 어느 것이 옳으냐"

그들은 노기가 가득하여 예수를 어떻게 할까 하고 서로 의논 한다.

2) 12제자 확정(눅 6:14~16, 마 10:2~4, 막 3:16~19, 행 1:13)

마태복음 (10:2~4)	① 베드로(시몬) ② 안드레 ③ 세베대의 아들 야고보 ④ 요한 ⑤ 빌립 ⑥ 바돌로매 ⑦ 도마 ⑧ 세리 마태 ⑨ 알패오의 아들 야고보 ⑩ 다대오 ⑪ 가나나인 시몬 ⑫ 가룟 유다
마가복음 (3:16~19)	① 시몬(베드로) ② 안드레 ③ 세베대의 아들 야고보 ④ 요한 ⑤ 빌립 ⑥ 바돌로매 ⑦ 도마 ⑧ 마태 ⑨ 알패오의 아들 야고보 ⑩ 다대오 ⑪ 가나나인 시몬 ⑫ 가룟 유다
누가복음 (6:14~16)	① 시몬(베드로) ② 안드레 ③ 야고보 ④ 요한 ⑤ 빌립 ⑥ 바돌로매 ⑦ 마태 ⑧ 도마 ⑨ 알패오의 아들 야고보 ⑩ 야고보의 아들 유다 ⑪ 셀롯이라는 시몬 ⑫ 가룟 유다
사도행전 (1:13)	① 베드로 ② 안드레 ③ 야고보 ④ 요한 ⑤ 빌립 ⑥ 바돌로매 ⑦ 도마 ⑧ 마태 ⑨ 알패오의 아들 야고보 ⑩ 야고보의 아들 유다 ⑪ 셀롯인 시몬 ⑫ 맛디아

- 누가복음과 사도행전에서는 다대오를 야고보의 아들 유다로 기록하고 있다.
- 세베대의 아들 야고보와 요한
- 알패오의 아들 야고보(작은 야고보)와 요셉, 야고보의 어머니 마리아(마 27:56)

③ 팔복산 - 산상수훈(16교훈) (마 5:1~7:29, 눅 6:20~23)

산상수훈 : 율법과 선지자들의 가르침을 폐했다고 오해하는 유대인들에게 예수님의 가르침은 구약의 율법을 완전하게 하신다. 율법의 재해석과 완성으로 영적인 교훈을 주신다.

16가지 교훈
① 팔복(마 5:3~12) : 복이 있는 사람
심령이 가난한 자는 복이 있나니 천국이 그들의 것임이요
애통하는 자는 복이 있나니 그들이 위로를 받을 것임이요
온유한 자는 복이 있나니 그들이 땅을 기업으로 받을 것임이요
의에 주리고 목마른 자는 복이 있나니 그들이 배부를 것임이요

긍휼히 여기는 자는 복이 있나니 그들이 긍휼히 여김을 받을 것임이요
마음이 청결한 자는 복이 있나니 그들이 하나님을 볼 것임이요
화평하게 하는 자는 복이 있나니 그들이 하나님의 아들이라 일컬음을 받을 것임이요
의를 위하여 박해를 받은 자는 복이 있나니 천국이 그들의 것임이라

② 소금과 빛(마 5:13~16, 막 9:50, 눅 14:34~35)
너희는 세상의 소금이라 만일 그 맛을 잃으면 무엇으로 짜게 하리요
너희는 세상의 빛이라 너희 빛이 사람 앞에 비치게 하여 그들로 너희 착한 행실을 보고 하늘에 계신 너희 아버지께 영광을 돌리게 하라

③ 예수와 율법(마 5:17~20)
내가 율법이나 선지자를 폐하러 온 줄로 생각하지 말라 폐하러 온 것이 아니요 완전하게 하려 함이라

④ 노하지 말라(마 5:21~26)
살인하면 심판을 받게 되리라 했으나 형제에게 노하는 자마다 심판을 받게 되리라

⑤ 간음하지 말라(마 5:27~32, 19:9, 막 10:11~12, 눅 16:18)
간음하지 말라"하였으나 "음욕을 품고 여자를 보는 자마다 마음에 이미 간음하였느니라

⑥ 맹세하지 말라(마 5:33~37)
헛맹세를 하지 말고 네 맹세한 것은 주께 지키라 하였으나 너희는 도무지 맹세하지 말라
오직 너희 말은 옳다 옳다 아니라 아니라 하라 이에서 지나는 것은 악으로부터 나느니라

⑦ 악한 자를 대적하지 말라(마 5:38~42, 눅 6:29~30)
눈은 눈으로, 이는 이로 갚으로 하였으나 악한 자를 대적하지 말라 네 오른 뺨을 치거든 왼편도 돌려 대며 속옷을 가지고자 하면 겉옷까지도 가지게 하고 억지로 오리를 가게 하거든 그 사람과 십리를 동행하라

⑧ 원수를 사랑하라(마 5:43~48, 눅 6:27~28, 3:36)
네 이웃을 사랑하고 네 원수를 미워하라 하였으나 너희 원수를 사랑하며 너희를 박해하는 자를 위하여 기도하라

⑨ 구제함을 은밀하게 하라(마 6:1~4)
사람에게 보이려고 하지 말고 구제함을 은밀하게 하라

⑩ 주가 가르치신 기도(마 6:9~13, 눅 11:2~4)
하늘에 계신 우리 아버지여
이름이 거룩히 여김을 받으시오며
나라가 임하시오며
뜻이 하늘에서 이루어진 것 같이 땅에서도 이루어지이다
오늘 우리에게 일용할 양식을 주시옵고
우리가 우리에게 죄 지은 자를 사하여 준 것 같이

우리 죄를 사하여 주시옵고
우리를 시험에 들게 하지 마시옵고
다만 악에서 구하시옵소
(나라와 권세와 영광이 아버지께 영원히 있사옵나이다 아멘)

⑪ 외식으로 금식하지 말라(마 6:16~18)
금식하는 것을 사람에게 보이려고 얼굴을 흉하게 하지 말라

⑫ 보물을 하늘에 쌓아두라(마 6:19~34)
오직 너희를 위하여 보물을 하늘에 쌓아 두라 거기는 좀이나 동록이 해하지 못하며 도둑이 구멍을 뚫지도 못하고 도둑질도 못하느니라 네 보물 있는 그 곳에는 네 마음도 있느니라
한 사람이 두 주인을 섬기지 못할 것이니 너희가 하나님과 재물을 겸하여 섬기지 못하느니라

그러므로 내가 너희에게 이르노니 목숨을 위하여 무엇을 먹을까 무엇을 마실까 몸을 위하여 무엇을 입을까 염려하지 말라 목숨이 음식보다 중하지 아니하며 몸이 의복보다 중하지 아니하냐(마 6:26) 그런즉 너희는 먼저 그의 나라와 그의 의를 구하라 그리하면 이 모든 것을 너희에게 더하시리라(마 6:33)

⑬ 비판하지 말라(마 7:1~6, 눅 6:37~38, 41~42)
비판을 받지 아니하려거든 비판하지 말라 먼저 네 눈 속에서 들보를 빼어라

⑭ 구하라 찾으라 두드리라(마 7:7~12, 눅 11:9~13)
구하라 주실 것이요, 찾으라 찾아 낼 것이요, 두드리라 그리하면 너희에게 열릴 것이라 너희가 악할 지라도 좋은 것으로 자식에게 줄줄 알거든 하물며 하늘에 계신 너희 아버지께서 구하는 자에게 좋은 것으로 주시지 않겠느냐
그러므로 무엇이든지 남에게 대접을 받고자 하는 대로 너희도 남을 대접하라 이것이 율법이요 선지자니라

⑮ 좁은 문으로 들어가라(마 7:13~14, 눅 13:24)
좁은 문으로 들어가라 생명으로 인도하는 문은 좁고 길이 협착하여 찾는 자가 적

음이라

⑯ 열매로 그들을 알리라(마 7:15~27, 눅 6:43~44, 47~49, 13:25~27)
좋은 나무마다 아름다운 열매를 맺고 못된 나무가 나쁜 열매를 맺나니 이러므로 그들의 열매로 그들을 알리라
나더러 주여 주여 하는 자마다 다 천국에 들어갈 것이 아니요 다만 하늘에 계신 내 아버지의 뜻대로 행하는 자라야 들어가리라
그러므로 누구든지 나의 이 말을 듣고 행하는 자는 그 집을 반석 위에 지은 지혜로운 사람 같으리니

예수께서 이 말씀을 마치시매 무리들이 그의 가르치심에 놀란다.

산에서 내려오실 때 수많은 무리가 따르니라

나병환자 고치심(마 8:1~4, 막 1:40~45, 눅 5:12~16)
내가 원하노니 깨끗함을 받으라
제사장에게 네 몸을 보이고 예물을 드리라

④ 가버나움 – 백부장의 종 고침(눅 7:1~10, 마 8:5~13, 요 4:43~54)

백부장의 종이 병들어 죽게 되어 예수께서 그 집으로 가실 때 주여 수고하지 마옵소서 내 집에 들어오심을 나는 감당하지 못하겠나이다. 말씀만 하사 내 하인을 낫게하소서
이스라엘 중에서도 이만한 믿음은 만나보지 못했다고 칭찬하신다.

⑤ 나인성

① 과부의 아들 살림(눅 7:11~17)
과부를 불쌍히 여기사 "울지 말라" 하시고 "청년아 내가 네게 말하노니 일어나라"
예수께 대한 이 소문이 온 유대와 사방에 두루 퍼지니라

② 세례 요한에게 답변(눅 7:18~35)

너희가 가서 보고 들은 것을 요한에게 알리되 맹인이 보며 못 걷는 사람이 걸으며 나병환자가 깨끗함을 받으며 귀먹은 사람이 들으며 죽은 자가 살아나며 가난한 자에게 복음이 전파된다 하라 하신다.

"누구든지 나로 말미암아 실족하지 아니하는 자는 복이 있도다"

"여자가 낳은 자 중에 요한보다 큰 자가 없도다 그러나 하나님의 나라에서는 극히 작은 자라도 그보다 크니라"(눅 7:28)

이 세대 사람의 비유 - "장터에 아이들 피리"(눅 7:31~35)

"세례 요한이 와서 떡도 먹지 아니하며 포도주도 마시지 아니하매 너희 말이 귀신이 들렸다 하더니 인자는 와서 먹고 마시매 너희 말이 보라 먹기를 탐하고 포도주를 즐기는 사람이요 세리와 죄인의 친구로다 하니라"

[이 세대 사람들의 마음이 완악함을 지적]

③ 죄 많은 여인이 향유 부음(눅 7:36~50)

예수를 청한 바리새인 시몬의 집에 죄를 지은 한 여자가 눈물로 예수의 발을 적시고 자기의 머리털로 닦고 그 발에 입 맞추고 향유를 붓는다. 바리새인이 이 사람이 만일 선지자라면 이 여자가 어떤 죄인인줄 알았으리라 생각한다.

"이 사람이 만일 선지자라면 자기를 만지는 이 여자가 누구며 어떠한 자 곧 죄인인 줄을 알았으리라"

예수님께서 오백 데나리온 빚진 자와 오십 데나리온 빚진 자의 비유를 말씀하시며 그의 많은 죄가 사하여져 많이 사랑함이라 교훈하신다.

⑥ 막달라 - 막달라 마리아와 여인들의 섬김(눅 8:1~3)

일곱 귀신이 나간 막달라 마리아와 여러 여인들이 자기들의 소유로 예수님과 제자들을 섬긴다.

⑦ 갈릴리 - 바람과 물결을 잔잔케 하심(눅 8:22~25, 마 8:23~27, 막 4:35~41)

갈릴리 바다에 광풍이 내리치매 제자들이 죽게 되었다고 예수님을 깨운다. 바람과 물결을 잔잔케하시고 "너희 믿음이 어디있느냐" 하신다.(눅 8:25)
"어찌하여 무서워하느냐 믿음이 작은자들아"(마 8:26)

⑧ 거라사 - 귀신들린 자 고치심(눅 8:26~37, 마 8:28~34, 막 5:1~20)

거라사인의 땅에 귀신들린 자에게 명하사 귀신을 그 사람에게서 나오게 하신다. 많은 귀신(군대)을 돼지 떼에 들어가게 하시고 호수에 몰사하게 하신다.(2천 마리)
(배를 타고 맞은편으로 건너가시니 - 막 5:21)

⑨ 가버나움

① 야이로의 딸과 열 두해 혈루증 여인(눅 8:40~56, 마 9:18~26, 막 5:21~43)
회당장 야이로의 딸(12살)이 죽어감

도중에 열 두해 혈루증 여인이 예수님의 옷가에 손을 대고 즉시 혈루증이 나았다.
"내게 손을 댄 자가 있도다. 이는 내게서 능력이 나간 줄 앎이로라"
"딸아 네 믿음이 너를 구원하였으니 평안히 가라"

야이로의 딸이 죽었다는 소식을 전한다.
"두려워하지 말고 믿기만 하라 그리하면 딸이 구원을 얻으리라" 하시고 "아이야 일어나라" 하시니 아이가 일어나 먹을 것을 먹는다.

② 예수와 바알세불(눅 11:14~26, 마 12:22, 막 3:20~27)
귀신들려 눈 멀고 말 못하는 자를 고쳐 주시매 바리새인들이 귀신의 왕 바알세불을 힘입지 않고는 귀신을 쫓아 내지 못하느니라

모든 죄와 모독은 사하심을 얻되 성령을 모독하는 것은 사하심을 얻지 못하겠고 누구든지 말로 성령을 거역하면 이 세상과 오는 세상에서도 사하심을 얻지 못하리라 하신다.(마 12:31)

③ 악한 세대가 표적을 구함(눅 11:29~32, 마 12:38~45, 막 8:12)
선지자 요나의 표적 밖에는 보일 표적이 없다.

④ 다섯 비유로 하나님 나라를 가르치심(마 13장, 눅 8:4~8, 막 4:1~9)
1) 네 가지 땅의 비유(길가, 돌밭, 가시떨기, 좋은 땅)
2) 겨자씨와 누룩 비유(천국의 비유)
3) 가라지 비유(가라지를 거두어 불에 사르는 것이 세상 끝에도 그러하리라)
4) 세 가지 천국비유(밭에 감추인 보화, 진주 장사, 그물 비유)
5) 옛 것과 새 것(서기관, 율법과 복음)

3유월절 요약

예수님의 핍박기 사역(요 6:4)

1. 벳새다 광야 – 5병2어의 기적
2. 갈릴리 바다 - 물위를 걸으심
3. 게네사렛 – 병자들을 고치심, 장로들의 유전(전통)
4. 가버나움 – 나는 생명의 떡이라(살과 피)
5. 두로 – 수로보니게 여인
6. 데가볼리 – 에바다, 7병2어
7. 마가단 – 바리새인들의 누룩과 헤롯의 누룩, 표적을 구함
8. 가이사랴 빌립보 – 베드로의 신앙고백
9. 헤르몬 산(변화산)
10. 산에서 내려오시는 도중 – 귀신들린 아들 고침
11. 가버나움 -성전세

제자교육

① 누가 크냐(천국에서 큰사람)
② 형제 용서(1만 달란트 빚진 자와 100데나리온 빚진 자)
③ 이혼
④ 재물 많은 청년
⑤ 포도원 품꾼들

예수님의 사역 개관

사적생애	공생애 3년 반						
탄생과 성장	공생애 시작	1유월절	2유월절	3유월절	초막절	수전절	4유월절
요 1:14	요 1:33	요 2:13	요 5:1	요 6:4	요 7:1	요 10:22	요 19:30
	세례	성전청결 니고데모	38년 된 병자	5병2어 벳새다			십자가

3유월절

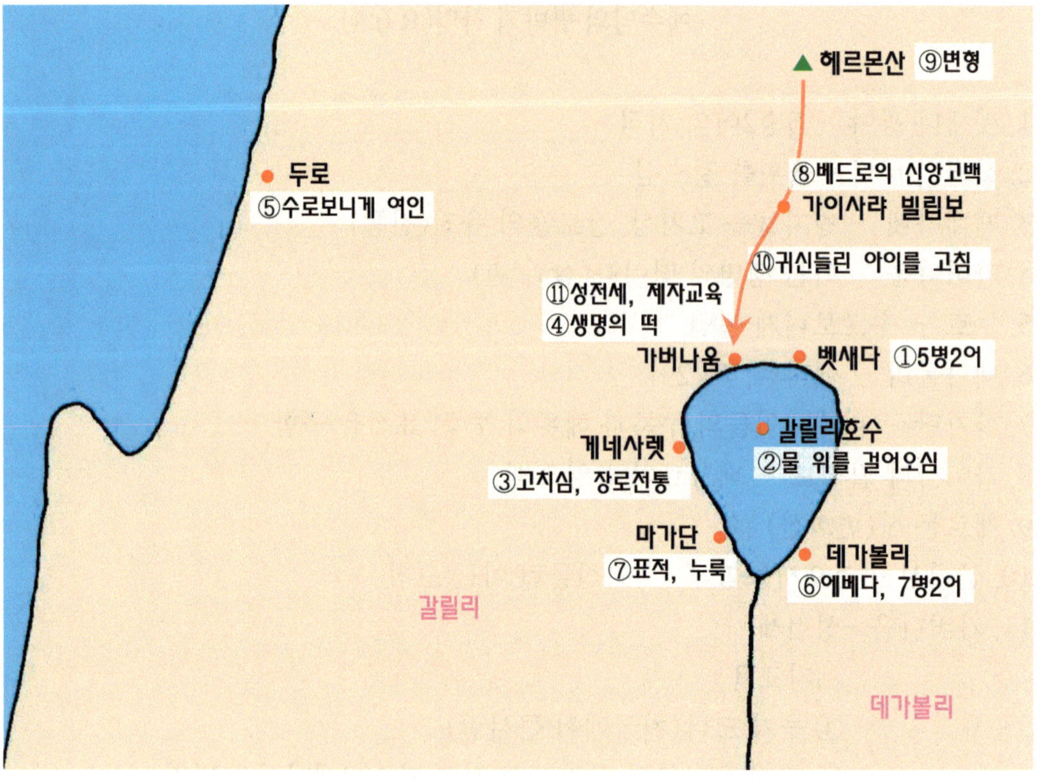

세례요한의 죽음 소식 후 빈들에 나가심(마 14:13)

세례요한의 죽음(마 14:1~12)

헤롯이 그 동생 빌립의 아내 헤로디아의 일로 요한을 잡아 옥에 가둔다. 헤롯의 생일이 되어 헤로디아의 딸 살로메가 헤롯을 기쁘게하고 헤롯은 무엇이든 구하라 한다. 살로메는 자기 어머니의 시킴대로 세례 요한의 머리를 구한다.

살로메

1. 헤로디아와 헤롯2세(빌립 I)의 딸
헤로디아는 헤롯2세(빌립 I)를 버리고 헤롯 안디바(안티파스)와 재혼한다.
헤로디아는 자기 딸 살로메를 조정하여 세례 요한의 목을 벤다.

2. 세배대의 아내, 야고보와 사도 요한의 어머니
성모마리아와 자매로 추정(막 15:40, 16:1)

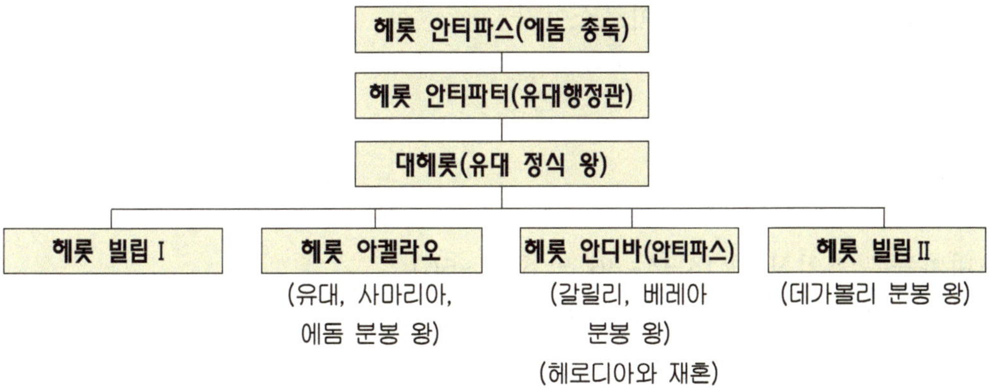

① 벳새다 광야 – 5병2어 기적(요 6:1~15, 마 14:13~21, 막 6:30, 눅 9:10~17)

"그 후에 예수께서 디베랴의 갈릴리 바다 건너편으로 가시매"(요 6:1)
마침 유대인의 명절인 유월절이 가까운지라(요 6:4)
빌립을 시험하고자 "우리가 어디서 떡을 사서 이 사람들을 먹이겠느냐"
"각 사람을 조금씩 받게 할지라도 이백 데나리온의 떡이 부족하리이다"
안드레가 "여기 한 아이가 있어 보리떡 다섯 개와 물고기 두 마리를 가지고 있나이다"
"축사하신 후에 앉아 있는 자들에게 나눠 주시고 물고기도 그렇게 그들의 원대로 주시니라"
"남은 조각을 거두고 버리는 것이 없게 하라"
남자만 "5천 명이 먹고 남은 조각이 12바구니에 찼더라"

② 갈릴리 바다 – 물 위를 걸으심(마 14:22~27, 요 6:16~21, 막 6:45~52)

제자들은 배를 타고 앞서 보내시고 기도하러 따로 산에 올라가시니라
밤 4경에 예수께서 바다 위로 걸어 제자들에게 오신다.(새벽 3시~6시)
"주여 만일 주님이시거든 나를 명하사 물 위로 오라 하소서 하니"
"오라" 하시니 베드로가 배에서 내려 물 위로 걸어서 예수께로 가되
바람을 보고 무서워 빠져 가는지라 소리 질러 이르되 "주여 나를 구원하소서"
"믿음이 작은 자여 왜 의심하였느냐"

"이는 진실로 하나님의 아들이로소이다"

③ 게네사렛

1)병자들을 고치심(마 14:34~36, 막 6:53~56)
2)장로들의 전통(마 15:1~20, 막 7:1~23)
먹을 때 손을 씻지 않은 제자들을 장로들의 전통을 범했다고 지적한다.

"이 백성이 입술로는 나를 공경하되 마음은 내게서 멀도다"(사 29:13)
"입으로 들어가는 것이 사람을 더럽게 하는 것이 아니라 입에서 나오는 그것이 사람을 더럽게 하는 것이니라"
"마음에서 나오는 것은 악한 생각과 살인과 간음과 음란과 도둑질과 거짓 증언과 비방이니 이런 것들이 사람을 더럽게 하는 것이요 씻지 않은 손으로 먹는 것은 사람을 더럽게 하지 못하느니라"(마 15:19~20)

④ 가버나움 - 생명의 떡(요 6:22~59)

예수님 1 **"나는 생명의 떡이다"(요 6:35)**
"나는 생명의 떡이니 내게 오는 자는 결코 주리지 아니할 터이요 나를 믿는 자는 영원히 목마르지 아니하리라"
"내 살은 참된 양식이요 내 피는 참된 음료로다 내 살을 먹고 내 피를 마시는 자는 내 안에 거하고 나도 그의 안에 거하나니 살아 계신 아버지께서 나를 보내시매 내가 아버지로 말미암아 사는 것 같이 나를 먹는 그 사람도 나로 말미암아 살리라"(요 6:55~57)

⑤ 두로와 시돈 - 가나안 수로보니게 여인(마 15:21~28, 막 7:24~30)

귀신들린 딸의 어머니가 소리 질러 예수를 부른다.
"나는 이스라엘 집의 잃어버린 양 외에는 다른 데로 보내심을 받지 아니하였노라"

"자녀의 떡을 취하여 개들에게 던짐이 마땅하지 아니하니라"
"주여 옳소이다마는 개들도 제 주인의 상에서 떨어지는 부스러기를 먹나이다"
"여자여 네 믿음이 크도다 네 소원대로 되리라 하시니 그 때로부터 그의 딸이 나으니라"

⑥ 데가볼리

1) 에바다(막 7:31~37)
귀 먹고 말더듬는 자를 따로 데리고 가사 침을 뱉어 그의 혀에 손을 대시며 에바다 하시니 그의 귀가 열리고 혀가 풀려 말하게 되더라

2) 7병2어(마 15:32~39, 막 8:1~10)
사흘 동안 예수님과 함께한 무리들이 먹을 것이 없으매 불쌍히 여기신다. 7병2어로 4천 명을 먹이시고 남은 조각 7광주리를 거두신다.

"예수께서 무리를 흩어 보내시고 배에 오르사 마가단 지경으로 가시니라"(마 15:39)

⑦ 마가단 - 막달라, 달마누다 지방(막 8:10)

1) 표적을 구함(마 16:1~4, 막 8:11~13, 눅 12:54~56)
바리새인들이 하늘로부터 오는 표적을 구하며 예수를 시험한다.
"악하고 음란한 세대가 표적을 구하나 요나의 표적 밖에는 보여 줄 표적이 없느니라"

2) 바리새인들의 누룩과 헤롯의 누룩(마 16:5~12, 막 8:14~21)
"삼가 바리새인과 헤롯의 누룩을 주의하라"
제자들은 떡에 관한 이야기로 안다.
"너희가 눈이 있어도 보지 못하며 귀가 있어도 듣지 못하느냐"

누룩은 적은 양으로 전체에 영향을 준다는 비유이다.

⑧ 가이사랴 빌립보 – 베드로의 신앙고백(마 16:13~20, 막 8:27~30, 눅 9:18~21)

"예수께서 빌립보 가이사랴 지방에 이르러 제자들에게 물어 이르시되 사람들이 인자를 누구라 하느냐"(마 16:13)
"사람들이 인자를 누구라하느냐", "너희는 나를 누구라 하느냐"
"주는 그리스도시요 살아계신 하나님의 아들이시니이다"(마 16:16)
"바요나 시몬아 네가 복이 있도다 이를 네게 알게 한 이는 혈육이 아니요 하늘에 계신 내 아버지시니라 너는 베드로라 내가 이 반석 위에 내 교회를 세우리니 음부의 권세가 이기지 못하리라 내가 천국 열쇠를 네게 주리니 네가 땅에서 무엇이든지 매면 하늘에서도 매일 것이요 네가 땅에서 무엇이든지 풀면 하늘에서도 풀리리라"

가톨릭은 베드로를 반석으로 해석하고 기독교는 베드로의 고백 위에 교회를 세우는 것으로 해석한다.

1차 죽음과 부활을 예고 (마 16:21~23, 막 8:31~33, 눅 9:21~22)
베드로의 신앙고백 후에(베드로의 고백은 예수님의 사역의 전환점) 예수님께서 고난 받으시고 죽임을 당하고 사흘 만에 살아나실 것을 비로소 말씀하신다.
"주여 그리 마옵소서 이 일이 결코 주께 미치지 아니하리이다"
"사단아 내 뒤로 물러 가라 너는 나를 넘어지게 하는 자로다 네가 하나님의 일을 생각하지 아니하고 도리어 사람의 일을 생각하는도다"

예수님이 육신의 몸을 입고 세상에 오심은 메시아로서 고난과 죽음과 부활을 감당하셔야 하는데 비록 베드로가 예수님을 위하여 하는 말이었을지라도 이 고난을 피하도록 하는 마귀의 시험으로 받으셨다. 유대 광야의 마귀 시험과 가롯 유다의 시험을 생각해 본다.

⑨ 헤르몬 산(변화산) (마 17:1~13, 막 9:2~13, 눅 9:28~36)

베드로와 야고보와 요한을 데리고 산에 오르신다. 예수님의 모습이 변하고 모세(율법)와 엘리야(선지자)와 더불어 말씀하신다.
"초막 셋을 짓되 하나는 주님을 위하여, 하나는 모세를 위하여, 하나는 엘리야를 위하여 하리이다"

"이는 내 사랑하는 아들이요 내 기뻐하는 자니 너희는 그의 말을 들으라"
제자들이 듣고 엎드려 심히 두려워하니 예수께서 "일어나라 두려워하지 말라" 하시고 산에서 내려 오실 때에 "인자가 죽은 자 가운데서 살아나기 전에는 본 것을 아무에게도 이르지 말라"하신다. "엘리야가 과연 먼저 와서 모든 일을 회복하리라 엘리야가 이미 왔으되 사람들이 알지 못하고 임의로 대우하였도다 인자도 이와 같이 그들에게 고난을 받으리라" 하시니 "그제서야 제자들이 예수께서 말씀하신 것이 세례 요한인 줄을 깨달으니라"(마 17:13)

⑩ 산에서 내려오심 - 귀신들린 아이를 고침(마 17:14~21, 막 9:14~29, 눅 9:37~43)

"그들이 무리에게 이르매 한 사람이 예수께 와서 꿇어 엎드려 이르되"(마 17:14)
귀신들린 아이의 아버지가 제자들이 귀신을 쫓지 못하고 고치지 못하자 산에서 내려오신 예수께 나아온다.
"할 수 있거든이 무슨 말이냐 믿는 자에게는 능히 하지 못할 일이 없느니라" 예수께서 꾸짖으시니 귀신이 나가고 아이가 그 때부터 나으니라(막 9:23)
이때에 제자들이 "우리는 어찌하여 쫓아내지 못하였나이까" 물으니 이는 "너희 믿음이 작은 까닭이니라" 이르시되 "기도 외에 다른 것으로는 이런 종류가 나갈 수 없느니라" 하신다.

2차 죽음과 고난을 예고 (마 17:22~23, 막 9:30~32, 눅 9:43~45)
"인자가 장차 사람들의 손에 넘겨져 죽임을 당하고 제삼일에 살아나리라 하시니 제자들이 매우 근심하더라"(마 17:22~23)

⑪ 가버나움

1) 성전세 - 물고기 입의 한 세겔로 예수님과 베드로의 성전세를 세를 내다.
(마 17:24~27)

2) 제자교육

① '누가 크냐?' 논쟁 제자들의 기득권 다툼(마 18:1~4, 막 9:33~35, 눅 9:46~48)
"그러므로 누구든지 이 어린 아이와 같이 자기를 낮추는 사람이 천국에서 큰 자니라"(마 18:4)

② 천국에서 큰사람(마 18:1~14, 막 10:13~16, 눅 18:15~17)
"너희가 돌이켜 어린아이와 같이 되지 아니하면 결단코 천국에 들어가지 못하리라"

③ 형제 용서 – 베드로가 일곱 번까지 용서하리이까(마 18:21~35)
"일곱 번을 일흔 번까지라도 할지니라"

일만 달란트 빚진 자와 백 데나리온 빚진 자의 비유 – "너희가 각각 마음으로부터 형제를 용서하지 아니하면 나의 하늘 아버지께서도 너희에게 이와 같이 하시리라"(마 18:35)

④ 이혼 – "누구든지 음행한 이유 외에 아내를 버리고 다른 데 장가드는 자는 간음함이니라"(마 19:9)

⑤ 부자 청년(마 19:16~30, 막 10:17~31, 눅 18:8~30)
무슨 선한 일을 하여야 영생을 얻으리이까 라고 질문하는 청년에게 예수님께서 계명들을 지키라 하신다. 그 청년이 이 모든 것을 내가 지키었으니 아직도 무엇이 부족하니이까 라고 질문한다.
"네가 온전하고자 할진대 가서 네 소유를 팔아 가난한 자들에게 주라 그리하면 하늘에서 보화가 네게 있으리라 그리고 와서 나를 따르라"
청년이 근심하고 떠난다.
"부자는 천국에 들어가기가 어려우니라"
"낙타가 바늘귀로 들어가는 것이 부자가 하나님의 나라에 들어가는 것보다 쉬우니라"(마 19:24)

⑥ 포도원 품꾼 비유(마 20:1~16)
이른 아침 품꾼을 포도원에 들여보내려고 한 데나리온씩 약속하여 포도원에 들여보낸다. 이른 아침 제 3시, 제 6시, 제 9시, 제 11시 품꾼들이 한 데나리온씩 받는

다. 먼저 온 자들이 와서 더 받을 줄 알았더니 그들도 한 데나리온씩 받음으로 집주인을 원망한다.
"나중 온 이 사람에게 너와 같이 주는 것이 내 뜻이니라"
"내 것을 가지고 내 뜻대로 할 것이 아니냐 내가 선하므로 네가 악하게 보느냐"
"이와 같이 나중 된 자로서 먼저 되고 먼저 된 자로서 나중 되리라"
[섬김과 보상에 대해 묵상해보아야 한다]

3차 죽음과 부활의 예언 (마 20:17~19, 막 10:32~34, 눅 18:31~34)
예루살렘으로 올라가실 때 열두 제자에게 세 번째로 예수님의 죽음과 부활을 예언하신다.

예루살렘으로 올라가시는 도중

1. 세베대의 아들의 어머니의 요구(마 20:20~28, 막 10:35~45)

십자가에서 못 박힐 것을 말씀하실 때에 야고보와 요한의 어머니는 이 두 아들을 하나는 우편에 하나는 좌편에 앉도록 요구한다.

"너희는 너희가 구하는 것을 알지 못하는도다 내가 마시려는 잔을 너희가 마실 수 있느냐", "너희가 과연 내 잔을 마시려니와 내 좌우편에 앉는 것은 내가 주는 것이 아니라 내 아버지께서 누구를 위하여 예비하셨든지 그들이 얻을 것이니라"
"너희 중에 누구든지 크고자 하는 자는 너희를 섬기는 자가 되고 너희 중에 누구든지 으뜸이 되고자 하는 자는 너희의 종이 되어야 하리라"
"인자가 온 것은 섬김을 받으려 함이 아니라 도리어 섬기려 하고 자기 목숨을 많은 사람의 대속물로 주려 함이니라"(마 20:28, 막 10:45)

야고보와 요한의 요구(막 10:35~45)
"우리를 하나는 주의 우편에 하나는 좌편에 앉게 하여 주옵소서"

2. 사마리아인들의 배척(눅 9:51~56)

예수께서 예루살렘을 향하여 가시기 때문에 그들이 받아들이지 않는다.
야고보와 요한이 "주여 우리가 불을 명하여 하늘로부터 내려 저들을 멸하라 하기를 원하시나이까" 예수께서 돌아보시며 꾸짖으시고 함께 다른 마을로 가시니라.

3. 제자가 되겠다는 자들(마 8:18~22, 눅 9:57~62)

제자1 : '어디로 가시든지 나는 따르리이다'
예수님 : "여우도 굴이 있고 공중의 새도 집이 있으되 인자는 머리 둘 곳이 없도다"

또 다른 사람에게 "나를 따르라" 하시니
제자2 : '나로 먼저 가서 내 아버지를 장사하게 허락하옵소서'
예수님 : "죽은 자들로 자기의 죽은 자들을 장사하게 하고 너는 가서 하나님의 나라를 전파하라"

제자3 : '주여 내가 주를 따르겠나이다마는 나로 먼저 내 가족을 작별하게 허락하소서'
예수님 : "손에 쟁기를 잡고 뒤를 돌아보는 자는 하나님의 나라에 합당하지 아니하니라"

4. 70인 전도자 파송(마 11:20~24, 눅 10:1~16)

"추수할 것은 많되 일꾼이 적으니 그러므로 추수하는 주인에게 청하여 추수할 일꾼들을 보내 주소서 하라"
"갈지어다 내가 너희를 보냄이 어린 양을 이리 가운데로 보냄과 같도다"
"어느 집에 들어가든지 먼저 말하되 이 집이 평안할지어다 하라"
"주여 주의 이름이면 귀신들도 우리에게 항복하더이다"
"내가 너희에게 뱀과 전갈을 밟으며 원수의 모든 능력을 제어할 권능을 주었으니 너희를 해칠 자가 결코 없으리라"

"그러나 귀신들이 너희에게 항복하는 것으로 기뻐하지 말고 너희 이름이 하늘에 기록된 것으로 기뻐하라 하시니라"(계 21:27)

예수님께서 성령으로 기뻐하시며 기도하심(마 11:25~230, 13:16~17, 눅 10:21~24)
"천지의 주재이신 아버지여 이것을 지혜롭고 슬기 있는 자들에게는 숨기시고 어린 아이들에게는 나타내심을 감사하나이다 옳소이다 이렇게 된 것이 아버지의 뜻이니이다"

5. 예수님을 시험하는 율법교사(눅 10:25~37)
(선한 사마리아인 비유)

'내가 무엇을 하여야 영생을 얻으리이까'
"네 마음을 다하며 목숨을 다하며 힘을 다하며 뜻을 다하여 주 너의 하나님을 사랑하고 또한 네 이웃을 네 자신 같이 사랑하라"
"내 이웃이 누구니이까"(그 사람이 자기를 옳게 보이려고)

선한 사마리아인의 비유 :
어떤 사람이 예루살렘에서 여리고로 내려가다가 강도를 만났다. 강도들은 그 사람의 옷을 벗기고 때려서 반쯤 죽은 것을 버려 두고 가 버렸다. 마침 그 길로 내려가던 한 제사장과 어떤 레위인은 그를 보고는 피해서 다른 길로 지나갔다. 그러나 어떤 사마리아 사람은 여행 중에 그 길로 지나다가 그를 불쌍히 여겨 기름과 포도주를 그 상처에 붓고 싸매고 자기 짐승에 태워 주막으로 데리고 가서 돌보아 준다.

"누가 강도 만난 자의 이웃이 되겠느냐"
"자비를 베푼자니이다"
"가서 너도 이와 같이 하라"

4유월절 요약

예수님의 십자가 사역(요 19:30)

1. 예루살렘 – 초막절(10월)
2. 베다니 ① – 마르다, 마리아의 초대
3. 예루살렘 – 수전절(12월)
4. 베레아
5. 베다니 ② – 죽은 나사로 살림
6. 에브라임
7. 베레아
8. 여리고 가는 도중 – 10명의 나병환자
9. 여리고 – 거지 바디메오, 삭개오
10. 베다니 ③ – 마리아의 향유
11. 예루살렘 –마지막 일주일, 유월절, 십자가 사건

예수님의 사역 개관

사적생애	공생애 3년 반						
탄생과 성장	공생애 시작	1유월절	2유월절	3유월절	초막절	수전절	4유월절
요 1:14	요 1:33	요 2:13	요 5:1	요 6:4	요 7:1	요 10:22	요 19:30
	세례	성전청결 니고데모	38년 된 병자	5병2어 벳새다			십자가

4유월절

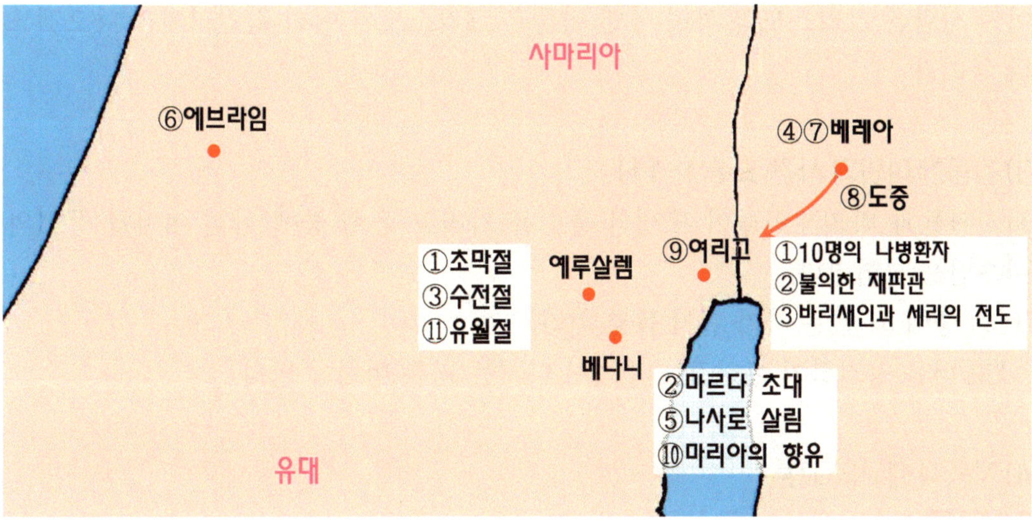

예수님은 4유월절 6개월 전에 일찍이 유대지역으로 내려오신다. 초막절(요 7:1)과 수전절(요 10:22)을 예루살렘에서 지내시고 마지막 3개월(수전절과 유월절 사이) 정도를 베레아 지역에서 사역하신다. 누가복음에서 가장 많은 베레아 사역을 기록하고 있다.

초막절(10월)

① 예루살렘 - 초막절 중간(요 7:1)

유대인들이 죽이려 하여 명절 중간에 오신다.

1) 내 교훈은 내 것이 아니요 나를 보내신 이의 것이니라(요 7:16)

"모세의 율법을 범하지 아니하려고 사람이 안식일에도 할례를 받는 일이 있거든 내가 안식일에 사람의 전신을 건전하게 한 것으로 너희가 내게 노여워하느냐 외모로 판단하지 말고 공의롭게 판단하라 하시니라"(요 7:23~24)

2) 생수의 강(요 7:37~44)

명절 끝 날에 "누구든지 목마르거든 내게로 와서 마시라 나를 믿는 자는 성경에 이름과 같이 그 배에서 생수의 강이 흘러나오리라"
어떤 사람은 그리스도라 하며 어떤 이들은 그리스도가 어찌 갈릴리에서 나오겠느냐 하더라

3) 간음한 여인의 사건(요 8:1~11)

서기관들과 바리새인들이 모세의 율법을 가지고 음행 중에 잡힌 여자를 끌고와 예수님을 시험한다.
"너희 중에 죄 없는 자가 먼저 돌로 치라"
"나도 너를 정죄하지 아니하노니 가서 다시는 죄를 범하지 말라"

4) 자증적 설교와 교훈

예수님 2 "나는 세상의 빛이라"(요 8:12)

나를 따르는 자는 어둠에 다니지 아니하고 생명의 빛을 얻으리라
① 내가 가는 곳(요 8:21, 23)
"너희는 아래에서 났고 나는 위에서 났으며 너희는 이 세상에 속하였고 나는 이 세상에 속하지 아니하였느니라"

② 진리를 알지니 진리가 너희를 자유롭게 하리라(요 8:32)
"죄를 범하는 자마다 죄의 종이라"(요 8:34)
"아들이 너희를 자유롭게 하면 너희가 참으로 자유로우리라"(요 8:36)

③ 너희 아비 마귀에게서 났다(요 8:44~49)
"그는 처음부터 살인한 자요 진리가 그 속에 없고 거짓을 말할 때마다 제 것으로 말하나니 이는 그가 거짓말쟁이요 거짓의 아비가 되었음이라"
"하나님께 속한 자는 하나님의 말씀을 듣나니 너희가 듣지 아니함은 하나님께 속하지 아니하였음이로다"(요 8:47)
"진실로 진실로 너희에게 이르노니 사람이 내 말을 지키면 영원히 죽음을 보지 아니하리라"(요 8:51)

5) 실로암(요 9:1~12) 안식일

제자들이 날 때부터 맹인 된 자를 보고 예수님께 이 사람이 맹인으로 난 것이 누구

의 죄입니까 라고 묻는다. 예수님께서 누구의 죄 때문이 아니라 그에게서 하나님의 하시는 일을 나타내고자 함이라 말씀하신다. 예수께서 진흙을 이겨 눈을 뜨게 한 날은 안식일이다.(실로암 : 보냄을 받았다는 뜻)
"내가 세상에 있는 동안에는 세상의 빛이로다 실로암 못에 가서 씻으라"

② 베다니 - 마르다와 마리아의 초대(눅 10:38~42)

주의 말씀을 듣는 마리아와 분주한 마르다
"마리아는 이 좋은 편을 택하였으니 빼앗기지 아니하리라"
예수님 3 "나는 양의 문이라"(요 10:7)
예수님 4 "나는 선한 목자라"(요 10:11)

수전절(12월)

③ 예루살렘 - 수전절(요 10:22~39)

자증적 설교
"나와 아버지는 하나이니라"(요 10:30)
유대인들은 신성모독이라하여 사람이 자칭 하나님이라 하느냐며 돌을 들어 치려 한다.

④ 베레아

다시 요단 강 저편 요한이 처음으로 세례 베풀던 곳에 가사 거기 거하시니(요 10:40)

⑤ 베다니 – 죽은 나사로를 살리심(요 11:1~44)

예수님 5 "나는 부활이요 생명이다"(요 11:25)
나사로가 병들었다 함을 들으시고 그 계시던 곳에 이틀을 더 유하시고 이르시되 유대로 다시 가자 하신다.(요 11:8)
예수께서 와서 보시니 나사로가 무덤에 있은 지 이미 나흘이라
"예수께서 여기 계셨더라면 내 오라버니가 죽지 아니하였겠나이다"
"나는 부활이요 생명이니 나를 믿는 자는 죽어도 살겠고 무릇 살아서 나를 믿는 자는 영원히 죽지 아니하리니 이것을 네가 믿느냐"
많은 유대인들이 죽은 나사로가 살아나는 사건을 통해 예수님을 믿게 된다. 대제사장들과 바리새인들이 이 사람이 많은 표적을 행하니 우리가 어떻게 할까하고 예수님을 죽이려고 모의한다.

대제사장 가야바 - "한 사람이 백성을 위하여 죽어서 온 민족이 망하지 않게 되는 것이 너희에게 유익하다"(요 11:50)

이날부터는 그들이 예수를 죽이려고 모의 하니라(요 11:53)

⑥ 에브라임(요 11:54~57)

유대인들에게 드러나지 않게 빈들 가까운 곳에 머무신다.
대제사장들과 바리새인들이 누구든지 예수 있는 곳을 알거든 신고하여 잡게하라 명한다.

⑦ 베레아 지역 - 3개월 사역

1) 안식일에 꼬부라진 여인 고침(눅 13:11~13)
열여덟 해 동안 귀신 들려 앓으며 꼬부라진 여인에게 "여자여 네가 네 병에서 놓였다"
열여덟해 동안 사단에게 매인 딸을 안식일에 이 매임에서 푸는 것이 합당하다.
"안식일에 소 나귀를 물 먹을 물을 먹이지 않겠느냐"
① 겨자씨와 누룩의 비유(눅 13:18~21, 마 13:31~33, 막 4:30~32) - 하나님 나

라 비유
② 좁은 문으로 들어가라(눅 13:30) 나중 된 자로서 먼저 되고 먼저 된 자로서 나중 될 자도 있느니라

2) 안식일에 수종병 든 자 고침(눅 14:1~35)
바리새인 지도자의 집에 초대받으신 예수님이 수종병 든 자를 고치신다.
"너희 중에 누가 그 아들이나 소가 우물에 빠졌으면 안식일에라도 곧 끌어내지 않겠느냐"

청함을 받았을 때에 끝자리에 앉으라(눅 14:10)
① 자기를 높이는 자는 낮아지고(눅 14:11)
②잔치를 베풀거든 갚을 것이 없는 자들을 청하라(눅 14:13)
③ 큰 잔치 비유 – 하나님 나라에서 떡을 먹는 자는 복되다. 사람을 강권하여 데려다가 내 집을 채우라(눅 14:15)

3) 세리와 죄인들의 비유(눅 15:1)
많은 세리와 죄인들이 말씀을 들으러 모인다. 바리새인들과 서기관들이 이 사람이 죄인을 영접하고 함께 먹는다고 수근거린다.

① 잃은 양의 비유(눅 15:1~7, 마 18:12~14)
'양 백 마리 가운데 하나를 잃어버리면 아흔아홉 마리를 들에 두고 그 잃은 것을 찾아내기까지 찾아다니지 아니하겠느냐? 이와 같이 죄인 한 사람이 회개하면 하늘에서는 회개할 것 없는 의인 아흔아홉으로 말미암아 기뻐하는 것보다 더하리라'

② 잃은 드라크마를 찾는 여인의 비유(눅 15:8~10)
'어떤 여자가 열 드라크마가 있는데 하나를 잃으면 등불을 켜고 집을 쓸며 찾아내기까지 부지런히 찾지 아니하겠느냐 이와 같이 죄인 한 사람이 회개하면 하나님의 사자들 앞에 기쁨이 되느니라'

③ 돌아온 탕자의 비유(눅 15:11~32)
'어떤 사람에게 두 아들이 있는데 그 둘째가 아버지의 재산을 낭비하더니 회개하여 아버지의 집으로 돌아온다.

"내가 하늘과 아버지께 죄를 지었사오니"
"이 아들은 죽었다가 살아났으며 내가 잃었다가 얻었기로 우리가 즐거워하고 기뻐하는 것이 마땅하다 하니라"

4) 불의한 청지기의 비유(눅 16:1~13)

어떤 부자에게 청지기가 있는데 해고의 통고를 받는다. 빚진 자들에게 증서를 다시 쓰게 한 후 주인이 이 옳지 않은 청지기를 지혜 있다 칭찬하였다.
이 세대의 아들들이 자기 시대에 있어서는 빛의 아들들보다 더 지혜로움이니라 너희가 만일 불의한 재물에도 충성하지 아니하면 누가 참된 것으로 너희에게 맡기겠느냐 집 하인이 두 주인을 섬길 수 없나니 혹 이를 미워하고 저를 사랑하거나 혹 이를 중히 여기고 저를 경히 여길 것임이니라 너희는 하나님과 재물을 겸하여 섬길 수 없느니라

청지기의 속임수는 칭찬 받을 것이 못되지만 ① 미래를 준비하는데 있어 지금의 기회를 선용한 것을 칭찬하셨다. 현재 가진 것으로 미래를 준비해야 함을 교훈해 주신다. ② 또한 재물을 사용하는 우리의 태도가 중요하다. 하나님을 섬기는가 재물을 섬기는가?

5) 부자와 거지 나사로의 비유(눅 16:19~31)

거지는 부자의 상에서 떨어지는 것으로 먹고 살다가 죽어 아브라함 품에 안기고 부자는 죽어 음부에서 고통을 받는다.
부자 : '아버지 아브라함이여 나를 긍휼히 여기사 나사로를 보내어 그 손가락 끝에 물을 찍어 내 혀를 서늘하게 하소서 내가 이 불꽃 가운데서 괴로워하나이다'
아브라함 : '얘 너는 살았을 때에 좋은 것을 받았고 나사로는 고난을 받았으니 이것을 기억하라 이제 그는 여기서 위로를 받고 너는 괴로움을 받느니라'

부자와 거지라는 정체성이 저들의 운명을 결정하는 것이 아니다. 이 세상에 살면서 어떤 믿음으로 살았는지 하나님과의 관계 가운데 살았는지가 중요한 본질이다.

나사로의 부활 사건 후 유대인들에게 드러나게 다니지 아니하시고 거기를 떠나 빈 들 가까운 곳인 에브라임이라는 동네에 가서 제자들과 함께 머무신다. 유월절이 가까워 예루살렘에 올라온 유대인들(대제사장들과 바리새인들)은 '예수께서 유월절 명절에 오시지 않겠느냐'며 '누구든지 예수 있는 곳을 알거든 신고하여 잡

게하라' 명령한다(요 11:55~57)

⑧ 여리고 가는 도중(눅 17장)

1) 10명의 나병환자 고침(눅 17:11~19)

예수님께서 그들을 깨끗하게 하셨으나 그 중에 한 사람만이 예수의 발 앞에 엎드리어 감사하니 그는 사마리아 사람이다.

"열 사람이 다 깨끗함을 받지 아니하였느냐 그 아홉은 어디 있느냐 일어나라 네 믿음이 너를 구원하였느니라"

"이 이방인 외에는 하나님께 영광을 돌리러 돌아온 자가 없느냐"(눅 17:18)

"일어나 가라 네 믿음이 너를 구원하였느니라" 한다.

바리새인들이 하나님 나라가 어느 때 임하는지 질문(눅 17:20~21)

'하나님 나라는 볼 수 있게 임하는 것이 아니요 또 여기 있다 저기 있다고도 못하리니 하나님의 나라는 너희 안에 있느니라'

2) 불의한 재판관(눅 18:1~8)

항상 기도하고 낙심하지 말아야 할 것을 비유로 말씀하신다. "이 과부가 나를 번거롭게하니 내가 그 원한을 풀어주리라 그렇지 않으면 늘 와서 나를 괴롭게하리라 하였느니라"

"하나님께서 그 밤낮 부르짖는 자들의 원한을 풀어주시지 아니하시겠느냐"

3) 바리새인과 세리의 기도(눅 18:9~17)

바리새인은 서서 따로 기도하며 "나는 다른 사람들 같지 아니하고 이 세리와도 같지 아니함을 감사하나이다 이레에 두 번씩 금식하고 십의 일조를 드렸나이다"

세리는 멀리 서서 감히 눈을 들어 하늘을 쳐다보지도 못하고 다만 가슴을 치며 이르되 "하나님이여 불쌍히 여기소서 나는 죄인이로소이다"

저 바리새인이 아니고 이 세리가 의롭다하심을 받고 집으로 돌아갔다.

누가복음 18장 31~34절 "3차 예수님의 죽음과 부활"

⑨ 여리고

1) 맹인 거지 바디메오의 눈을 고침(눅 18:35~43, 마 20:29~34, 막 10:46~52)

바디메오 : '다윗의 자손 예수여 나를 불쌍히 여기소서'

예수님 : '네게 무엇하여 주기를 원하느냐 보라 네 믿음이 너를 구원하였느니라'

2) 삭개오 구원(눅 19:1~10)

세리장이며 부자인 삭개오는 키가 작고, 사람이 많아 돌무화과 나무위에 올라가 예수님을 보고자 한다.

예수님 : '삭개오야 속히 내려오라 내가 오늘 네 집에 유하여야 하겠다'

삭개오 : '주여 보시옵소서 내 소유의 절반을 가난한 자들에게 주겠사오며 만일 누구의 것을 속여 빼앗은 일이 있으면 네 갑절이나 갚겠나이다'

예수님 : '오늘 구원이 이 집에 이르렀으니 이 사람도 아브라함의 자손임이로다 인자가 온 것은 잃어버린 자를 찾아 구원하려 함이니라'

⑩ 베다니 - 마리아의 향유(유월절 엿새 전) (요 12:1~12, 마 26:8~13, 막 14:3~9)

마리아는 지극히 비싼 향유 곧 순전한 나드 한 근을 가져다가 예수의 발에 붓고 자기 머리털로 그의 발을 닦으니 향유 냄새가 집에 가득하더라

가룟 유다가 '이 향유를 어찌하여 삼백 데나리온에 팔아 가난한 자들에게 주지 아니하였느냐 하니 이렇게 말함은 가난한 자들을 생각함이 아니요 그는 도둑이라 돈궤를 맡고 거기 넣는 것을 훔쳐 감이러라'

예수님 : 그를 가만 두어 나의 장례할 날을 위하여 그것을 간직하게 하라 가난한 자들은 항상 너희와 함께 있거니와 나는 항상 있지 아니하리라

마태복음(26:6~13)과 마가복음(14:3~9)에서는 마리아가 예수님의 머리에 향유 붓는 사건이 예수님의 마지막 일주일 사건 중 마지막 만찬 전에 이루어진 것으로 기록하고 있다.

대제사장들이 나사로까지 죽이려고 모의한다.(요 12:10)

예수님의 마지막 일주일 사역

일	월	화	수	목	금	토	일
예루살렘 입성 "호산나"	두 번째 성전정화	무화과나무 저주 성전강론		가룟유다의 배반 마지막 만찬 세족식 예수를 팔 자 예고 새 계명	고난 십자가 죽음		부활
베다니 (막 11:11)	베다니에 유하심 (마 21:17)	감람산강론		부인할 자 예고 마지막교훈 (요14~16장) 겟세마네 기도			

일요일 - 예루살렘 입성

(요 12:12~18, 마 21:1~11, 눅 19:28~38, 막 11:1~11)

1. 감람 산 벳바게에서 나귀 새끼를 타심(마 21:1)

"보라 네 왕이 네게 임하시나니 그는 공의로우시며 구원을 베푸시며 겸손하여서 나귀를 타시나니 나귀의 작은 것 곧 나귀 새끼니라"(슥 9:9)

2. 예루살렘 입성

무리의 대다수는 그들의 겉옷을 길에 펴고 다른 이들은 종려나무가지를 가지고 맞으러 나가 외친다.

마태복음 21장 8~9절 "호산나 다윗의 자손이여 찬송하리로다 주의 이름으로 오시는 이여 가장 높은 곳에서 호산나 하더라"
요한복음 12장 13절 "호산나 찬송하리로다 주의 이름으로 오시는 이 곧 이스라엘의 왕이시여"

호산나의 뜻은 지금 구원하소서이고, 군중들의 외침은 시편 118편 25~26절 말씀을 인용하여 예수를 메시아로 외치는 것이다.

대제사장들과 서기관들이 이일에 관해 노한다. 그들을 떠나 베다니에서 유하신다.(막 11:11)

월요일

두 번째 성전정화(마 21:12~17, 막 11:15~19, 눅 19:45~48)

공관복음과 달리 요한복음 2장 13~22절은 첫 번째 성전정화를 기록하고 있다. 4복음서를 통하여 예수님께서 공생애 기간 동안 두 번 성전정화하신 것을 공부할 수 있다.
"내 집은 만민이 기도하는 집"이라는 이사야 56장 7절 말씀이 인용된다.

그들을 떠나 성 밖으로 베다니에 가서 거기서 유하시니라(마 21:17)

화요일

무화과나무를 저주함(마 21:18~22)

이른 아침에 성으로 들어오실 때 시장하시니라 잎사귀만 무성하고 열매가 없는 무화과나무를 저주하신다.
"이제부터 내가 영원토록 열매를 맺지 못하리라"
"너희가 기도할 때에 무엇이든지 믿고 구하는 것은 다 받으리라"

마가복음은 그 전날 무화과나무를 저주하여 다음날 무화과나무가 마른 것으로 기록한다.
(막 11:12~14, 20~24)

성전강론

1. 예수의 권위(마 21:23~32, 막 11:27~33, 눅 20:1~9)

네가 무슨 권위로 이런 일을 하느냐 또 누가 이 권위를 주었느냐 라고 대제사장들과 장로들이 묻는다.
"세례 요한의 세례가 하늘로부터냐 사람으로부터냐"
"나도 무슨 권위로 이런 일을 하는지 너희에게 이르지 아니하리라"

1) 포도원의 두 아들 - 맏아들 vs 둘째 아들

큰 아들은 가겠다 하고 가지 않았고, 둘째 아들은 싫소이다 하였다가 뉘우치고 포도원에 갔다.
"그 둘 중의 누가 아버지의 뜻대로 하였느냐 이르되 둘째 아들이니이다 예수께서 그들에게 이르시되 내가 진실로 너희에게 이르노니 세리들과 창녀들이 너희보다 먼저 하나님의 나라에 들어가리라"(마 21:31)

구원은 죄를 회개하는 죄인들이 하나님의 나라를 들어가는 것이나 외식하는 종교지도자들은 들어갈 수 없다. 아버지의 뜻에 순종하지 않기 때문이다.

2) 포도원 농부 비유(마 21:33~46, 막 12:1~12, 눅 20:9~19)

한 집 주인이 포도원을 만들어 농부들에게 세로 주고 타국에 갔더니 그 열매를 받으려고 자기 종들을 농부들에게 보내니 농부들이 종들을 잡아 하나는 심히 때리고 하나는 죽이고 하나는 돌로 쳤거늘 후에 자기 아들을 보내며 이르되 그들이 내 아들은 존대하리라 하였더니 농부들이 이는 상속자니 '자 죽이고 그의 유산을 차지하자' 하고 포도원 밖에 내쫓아 죽였느니라 그러면 포도원 주인이 올 때에 그 농부들을 어떻게 하겠느냐. 세를 바칠 다른 농부들에게 세로 줄 것이다.(마 21:33~41)

"건축자들이 버린 돌이 모퉁이의 머릿돌이 되었나니 이것은 주로 말미암아 된 것이요 우리 눈에 기이하도다 함을 읽어 본 일이 없느냐 그러므로 내가 너희에게 이르노니 하나님의 나라를 너희는 빼앗기고 그 나라의 열매 맺는 백성이 받으리라" (마 21:42~43) [시 118:22, 행 4:11]

3) 혼인잔치의 비유 - 천국의 비유(마 22:1~14, 눅 14:15~24)

천국은 마치 자기 아들을 위하여 혼인 잔치를 베푼 어떤 임금과 같으니 그 종들을 보내어 그 청한 사람들을 혼인 잔치에 오라 하였더니 오기를 싫어하거늘 한 사람은 자기 밭으로, 한 사람은 자기 사업하러 가고 그 남은 자들은 종들을 잡아 모욕하고 죽이더라.
혼인 잔치는 준비되었으나 청한 사람들은 합당하지 아니하니 네거리 길에 가서 사람을 만나는 대로 혼인 잔치에 청하여 오라 만나는 대로 모두 데려오니 혼인 잔치에 손님들이 가득한지라 임금이 예복을 입지 않은 한 사람을 보고 그 손발을 묶어 바깥 어두운 데에 내던지라 거기서 슬피 울며 이를 갈게 되리라 하니라 청함을 받은 자는 많되 택함을 입은 자는 적으니라

하나님 나라에 초대를(유대인의 특권) 거부하는 이스라엘의 죄를 지적하신다.

2. 가이사에게 세금 바치는 것에 대하여(마 22:15~22, 막 12:13~17, 눅 20:20~26)

바리새인들이 예수님을 올무에 걸리게 하려고 질문한다.
바리새인들 :
"가이사에게 세금을 바치는 것이 옳으니이까 옳지 아니하니이까"
예수님 : 외식하는 자들아 어찌하여 나를 시험하느냐 그런즉 가이사의 것은 가이사에게, 하나님의 것은 하나님께 바치라

3. 부활 논쟁(마 22:23~33) - 부활과 영이 없다하는 사두개인들과의 논쟁

사두개인들 : 칠형제가 장가들어 하나씩 죽어 칠형제의 아내 되었던 여자는 부활 때에 일곱 중의 누구의 아내가 되리이까?

예수님 : "너희가 성경도, 하나님의 능력도 알지 못하는 고로 오해하였도다 부활 때에는 장가도 아니 가고 시집도 아니 가고 하늘에 있는 천사들과 같으니라 하나님은 죽은 자의 하나님이 아니요 살아 있는 자의 하나님이시니라"

4. 가장 큰 계명(마 22:34~40) – 바리새인 율법사의 시험

율법사 : '예수를 시험하여 묻되 선생님 율법 중에서 어느 계명이 크니이까'
예수님 : "네 마음을 다하고 목숨을 다하고 뜻을 다하여 주 너의 하나님을 사랑하라 하셨으니 이것이 크고 첫째 되는 계명이요 둘째도 그와 같으니 네 이웃을 네 자신 같이 사랑하라 하셨으니 이 두 계명이 온 율법과 선지자의 강령이니라"

5. 서기관들과 바리새인들을 꾸짖으심(마 23장)

화 있을진저 외식하는 서기관들과 바리새인들이여 잔과 대접의 겉은 깨끗하되 안에는 탐욕과 방탕으로 가득하도다.

화 있을진저 외식하는 서기관들과 바리새인들이여 회칠한 무덤같으니 겉은 아름답게 보이나 그 안에는 죽은 사람의 뼈와 모든 더러운 것이 가득하도다.

6. 성전이 무너질 것을 예언(마 24:2, 막 13:1~2, 눅 21:5~6)

"돌 하나도 돌 위에 남지 않고 다 무너뜨려지리라" (A.D. 70 로마 티토스 장군)

7. 가난한 과부의 헌금(눅 21:1~4, 막 12:41)

가난한 과부가 두 렙돈을 헌금함에 넣는 것을 보시고 저들은 그 풍족한 중에서 헌금을 넣었거니와 이 과부는 그 가난한 중에서 자기가 가지고 있는 생활비 전부를 넣었느니라고 칭찬하신다.

감람산 강론(마 24장~25장)

"주의 임하심과 세상 끝에는 무슨 징조가 있사오리이까"

마태복음 24장

1. 재난의 징조(마 24:3~14)

제자들 : 어느 때에 이런 일이 있겠사오며 또 주의 임하심과 세상 끝에는 무슨 징조가 있사오리이까

예수님 : ① 사람의 미혹을 받지 않도록 주의하라 ② 많은 사람이 내 이름으로 와서 나는 그리스도라 하여 많은 사람을 미혹하리라 ③ 난리와 난리 소문을 듣겠으며, ④ 민족이 민족을, 나라가 나라를 대적하여 일어나겠고 ⑤ 곳곳에 기근과 지진이 있으리니 이 모든 것은 재난의 시작이니라 ⑥ 그 때에 사람들이 너희를 환난에 넘겨 주겠으며 ⑦ 너희를 죽이리니 ⑧ 너희가 내 이름 때문에 모든 민족에게 미움을 받으리라 ⑨ 그 때에 많은 사람이 실족하게 되어 서로 잡아 주고 서로 미워하겠으며 ⑩ 거짓 선지자가 많이 일어나 많은 사람을 미혹하겠으며 ⑪ 불법이 성하므로 많은 사람의 사랑이 식어지리라 그러나 끝까지 견디는 자는 구원을 얻으리라

"이 천국 복음이 모든 민족에게 증언되기 위하여 온 세상에 전파되리니 그제야 끝이 오리라"(마 24:14)

2. 가장 큰 환난

"그러므로 너희가 선지자 다니엘이 말한 바 멸망의 가증한 것이 거룩한 곳에 선 것을 보거든 그 때에 유대에 있는 자들은 산으로 도망할지어다"(마 24:15~16)

도망 갈 수 있을 때 예루살렘을 떠나라는 조언을 주고 있다. A.D. 70년 로마의 티토스 장군에 의해 예루살렘 멸망을 예언하신다. 실제적으로 기독교인들은 갈릴리 남쪽 요르단 골짜기 데가볼리의 펠라(Pella)라는 산으로 피했다고 한다.(역사가 유세비우스의 증언)

3. 인자가 오는 것을 보리라

"그 날 환난 후에 즉시 해가 어두워지며 달이 빛을 내지 아니하며 별들이 하늘에서 떨어지며 하늘의 권능들이 흔들리리라 그 때에 인자의 징조가 하늘에서 보이겠고 그 때에 땅의 모든 족속들이 통곡하며 그들이 인자가 구름을 타고 능력과 큰 영광으로 오는 것을 보리라 그가 큰 나팔소리와 함께 천사들을 보내리니 그들이 그의 택하신 자들을 하늘 이 끝에서 저 끝까지 사방에서 모으리라"(마 24:29~31, 사 60:19~20, 계 6:12~13, 계 21:23)

4. 무화과나무에서 배울 교훈(마 24:32~51, 막 13:28~37, 눅 21:29~33)

"무화과나무의 비유를 배우라 그 가지가 연하여지고 잎사귀를 내면 여름이 가까운 줄을 아나니 이와 같이 너희도 이 모든 일을 보거든 인자가 가까이 곧 문 앞에 이른 줄 알라 내가 진실로 너희에게 말하노니 이 세대가 지나가기 전에 이 일이 다 일어나리라 천지는 없어질지언정 내 말은 없어지지 아니하리라 그러나 그 날과 그 때는 아무도 모르나니 하늘의 천사들도, 아들도 모르고 오직 아버지만 아시느니라 노아의 때와 같이 인자의 임함도 그러하리라"

"그러므로 깨어 있으라 어느 날에 너희 주가 임할는지 너희가 알지 못함이니라 너희도 아는 바니 만일 집 주인이 도둑이 어느 시각에 올 줄을 알았더라면 깨어 있어 그 집을 뚫지 못하게 하였으리라 이러므로 너희도 준비하고 있으라 생각하지 않은 때에 인자가 오리라"

마태복음 25장

1. 열 처녀 비유

다섯은 미련하고 다섯은 슬기로워 신랑이 늦게 올 것을 대비하여 기름 준비를 하였다.

"그런즉 깨어 있으라 너희는 그 날과 그 때를 알지 못하느니라"(마 25:13)

2. 달란트 비유(마 25:14~30, 눅 19:11~27)

어떤 사람이 각각 그 재능대로 한 사람에게는 금 다섯 달란트를, 한 사람에게는 두 달란트를, 한 사람에게는 한 달란트를 주고 떠났더니 다섯 달란트 받은 자와 두 달란트 받은 자는 그것으로 장사하여 각각 다섯 달란트와 두 달란트를 남김으로 주인이 돌아와 "잘하였도다 착하고 충성된 종아 네가 적은 일에 충성하였으매 내가 많은 것을 네게 맡기리니 네 주인의 즐거움에 참여할지어다"(마 25:21) 칭찬을 받는다.

반면 한 달란트 받은 자는 주인을 심지 않은 데서 거두고 헤치지 않은 데서 모으는 굳은 사람으로 여기고 땅을 파고 감추어 두었다가 가져온다. 이에 주인이 "악하고 게으른 종아 나는 심지 않은 데서 거두고 헤치지 않은 데서 모으는 줄로 네가 알았느냐(마 25:26) 이 무익한 종을 바깥 어두운 데로 내쫓으라 거기서 슬피 울며 이를 갈리라"(마 25:30) 책망한다.

3. 양과 염소를 구분(마 25:31~46)

"인자가 자기 영광으로 모든 천사와 함께 올 때에 자기 영광의 보좌에 앉으리니 모든 민족을 그 앞에 모으고 각각 구분하기를 목자가 양과 염소를 구분하는 것 같이 하여 양은 그 오른편에 염소는 왼편에 두리라"(마 25:31~33)

"이 지극히 작은 자 하나에게 하지 아니한 것이 곧 내게 하지 아니한 것이니라"

수요일 – 침묵의 날

마태복음(26:6~13)과 마가복음(14:3~9)에서는 이즈음에 베다니에서 예수의 머리에 향유를 부은 사건이 기록되어 있다.

목요일 – 마지막 만찬

1. 가룟 유다의 배반(마 26:14~16, 막 14:10~11, 눅 22:3~6)

“내가 예수를 너희에게 넘겨 주리니 얼마나 주려느냐 하니 그들이 은 삼십을 달아 주거늘”
“너희 중의 한 사람이 나를 팔리라”

2. 마지막 만찬 - 유월절 만찬(마 26:17~29, 막 14:12~26, 눅 22:7~23, 요 13:1~17:26)

“무교절의 첫날에 제자들이 예수께 나아와서 이르되 유월절 음식 잡수실 것을 우리가 어디서 준비하기를 원하시나이까”(마 26:17)

- 예수님께서 떡을 가지사 축복하시며 : “받아서 먹으라 이것은 내 몸이니라” (마 26:26)
- 잔을 가지사 감사 기도 하사 : “너희가 다 이것을 마시라 이것은 죄 사함을 얻게 하려고 많은 사람을 위하여 흘리는 바 나의 피 곧 언약의 피니라”(마 26:27~28)

[떡과 잔을 통하여 유월절의 구속을 성취하실 것을 의미, 예수님의 살이 찢기고 피를 흘리시며 우리의 죄를 사하셨다.]

3. 세족식(요 13:1)

제자들의 발을 씻기심으로 세상에 있는 사람들을 사랑하시되 끝까지 사랑하시느니라.
예수님을 팔 자 가룟 유다의 발도 씻기시는 예수님이시다.
베드로의 거절 - “내가 너를 씻어주지 아니하면 네가 나와 상관이 없느니라” (요 13:8)

4. 예수를 팔 자를 예고(요 13:21~38, 마 26:20~25, 막 14:17~21, 눅 22:21~22)

"너희 중 하나가 나를 팔리라"
"네가 하는 일을 속히하라"

5. 새 계명(요 13:34)

"새 계명을 너희에게 주노니 서로 사랑하라 내가 너희를 사랑한 것 같이 너희도 서로 사랑하라" [요일 3:23]

6. 베드로의 3번 부인을 예고 (요 13:36~38, 마 26:31~35, 막 14:27~31, 눅 22:31~34)

"주여 어디로 가시나이까"
"내가 가는 곳에 네가 지금은 따라 올 수 없으나 후에는 따라 오리라"
"주를 위하여 내 목숨을 버리겠나이다"
"네가 나를 위하여 네 목숨을 버리겠느냐 내가 진실로 진실로 네게 이르노니 닭 울기 전에 네가 세 번 나를 부인하리라"

7. 마지막 교훈 (요 14장~16장)

예수님 6 "내가 곧 길이요 진리요 생명이다"(요 14:6)

1) "내가 곧 길이요 진리요 생명이니 나로 말미암지 않고는 아버지께로 올 자가 없느니라"(요 14:6)

예수님 7 "나는 참 포도나무이다"(요 15:1)

2) "내가 아버지께 구하겠으니 그가 또 다른 보혜사를 너희에게 주사 영원토록 너희와 함께 있게 하리니 그는 진리의 영이라"(요 14:16)

3) "나는 포도나무요 너희는 가지라 그가 내 안에, 내가 그 안에 거하면 사람이 열매를 많이 맺나니 나를 떠나서는 너희가 아무 것도 할 수 없음이라"(요 15:5)
4) "이것을 너희에게 이르는 것은 너희로 내 안에서 평안을 누리게 하려 함이라 세상에서는 너희가 환난을 당하나 담대하라 내가 세상을 이기었노라"(요 16:33)

8. 겟세마네 기도(마 26:36~46, 막 14:32~42, 눅 22:39~46)

예수님의 마지막 기도(요 17:3)
"**영생**은 곧 유일하신 참 하나님과 그가 보내신 자 예수 그리스도를 아는 것이니이다"
요한복음 17장 17절
"그들을 진리로 거룩하게 하옵소서 아버지의 말씀은 진리니이다"

마태복음 26장 36~46절
"내가 저기 가서 기도할 동안에 너희는 여기 앉아 있으라 하시고"(마 26:38)

"내 아버지여 만일 할 만하시거든 이 잔을 내게서 지나가게 하옵소서 그러나 나의 원대로 마시옵고 아버지의 원대로 하옵소서"(마 26:39)

"내 아버지여 만일 내가 마시지 않고는 이 잔이 내게서 지나갈 수 없거든 아버지의 원대로 되기를 원하나이다"(마 26:42)

누가복음 22장 40~46절
"유혹에 빠지지 않게 기도하라"(눅 22:40)

"아버지여 만일 아버지의 뜻이거든 이 잔을 내게서 옮기시옵소서 그러나 내 원대로 마시옵고 아버지의 원대로 되기를 원하나이다"(눅 22:42)

"어찌하여 자느냐 시험에 들지 않게 일어나 기도하라"(눅 22:46)

9. 잡히시다 (마 26:47~56, 막 14:43~50, 눅 22:47~53, 요 18:3~12)

가룟 유다가 대제사장들과 백성의 장로들에게서 파송된 큰 무리를 이끌고 칼과 몽치를 가지고 예수를 잡으러 온다. 이때 예수와 함께 있던 자 중의 하나가 칼을 빼어 대제사장의 종을 쳐 그 귀를 떨어뜨린다.

"친구여 네가 무엇을 하려고 왔는지 행하라"(마 26:50)
"유다야 네가 입맞춤으로 인자를 파느냐"(눅 22:48)
"베드로가 칼을 가졌는데 그것을 빼어 대제사장의 종을 쳐서 오른편 귀를 베어버린다"(요 18:10)
"이것까지 참으라"(눅 22:51)
"너는 내가 내 아버지께 구하여 지금 열두 군단 더 되는 천사를 보내시게 할 수 없는 줄로 아느냐", "내가 만일 그렇게 하면 이런 일이 있으리라 한 성경이 어떻게 이루어지겠느냐 그러나 이렇게 된 것은 다 선지자들의 글을 이루려 함이니라" 책망하시고 그를 고치신다.(마 26:53)
[로마 군대의 1군단의 단위는 6천명 가량이다. 12군단은 7만 2천 정도를 나타낸다.]

예수님의 고난 과정

① 안나스

예수를 잡아 결박하여 먼저 안나스에게로 끌고가니 안나스는 그 해의 대제사장인 가야바의 장인이라(요 18:13) [성직 매매를 하여 안나스의 사위인 가야바도 대제사장이 되었다.]

② 대제사장 가야바

대제사장 가야바 : "네가 하나님의 아들 그리스도인지 우리에게 말하라"(마 26:63)
예수님 : "네가 말하였느니라 그러나 내가 너희에게 이르노니 이 후에 인자가 권능의 우편에 앉아 있는 것과 하늘 구름을 타고 오는 것을 너희가 보리라"(마 26:64)

대제사장 : (대제사장이 자기 옷을 찢으며 이르되) "그가 신성 모독 하는 말을 하였으니 어찌 더 증인을 요구하리요 보라 너희가 지금 이 신성 모독 하는 말을 들었도다. 그는 사형에 해당하니라하고 이에 예수의 얼굴에 침 뱉으며 주먹으로 치고 어떤 사람은 손바닥으로 때리며"(마 26:65~67)

베드로가 예수를 부인하다(마 26:69~75, 막 14:66~72, 눅 22:56~62, 요 18:15~18, 25~27)
"베드로가 모든 사람 앞에서 부인하여 '나는 네가 무슨 말을 하는지 알지 못하겠노라' 하며… 세 번째에는 그가 저주하며 맹세하여 이르되 '나는 그 사람을 알지 못하노라' 하니 곧 닭이 울더라 이에 베드로가 예수의 말씀에 닭 울기 전에 네가 세 번 나를 부인하리라 하심이 생각나서 밖에 나가서 심히 통곡하니라"(마 26:69~75)
[가야바는 예수님께서 온 이스라엘을 위하여 하나의 희생양이 될 것을 말한다.(요 11:50)]

금요일 – 십자가 죽음

③ 공회 앞에 서시다

눅 22:66~71, 마 26:59~66, 막 14:55~64, 요 18:19~24

날이 새매 장로들과 대제사장들과 서기관들이 모여서 예수를 공회 앞에 세운다.
"네가 그리스도이거든 우리에게 말하라"
"내가 말할지라도 너희가 믿지 아니할 것이요"

④ 총독 빌라도에게 넘겨짐

(마 27:1~26, 막 15:1, 눅 23:1~12, 요 18:28~32)

"새벽에 모든 대제사장과 백성의 장로들이 예수를 죽이려고 함께 의논하고 결박하여 끌고 가서 총독 빌라도에게 넘겨 주니라"
"백성을 미혹하고 가이사에게 세금 바치는 것을 금하며 자칭 그리스도라 한다"
"네가 유대인의 왕이냐", "네 말이 옳도다"
이에 빌라도가 무죄를 선언하나 백성들의 항의로 헤롯에게 보낸다.(눅 23:8~12)

빌라도는 빌라도 아내의 꿈을 무시한다.(마 27:19)
"명절이 되면 총독이 무리의 청원대로 죄수 한 사람을 놓아주는 전례가 있더니" (마 27:15)

> 유다가 목매어 죽다(마 27:3~10) : 유다가 은 30을 성소에 던져 놓고 스스로 목매어 죽는다. 밭을 사서 나그네의 묘지로 삼고 "피밭"이라 한다.

⑤ 헤롯

(눅 23:8~12)

헤롯 안티파스 : 갈릴리와 베레아의 분봉왕
헤롯이 예수를 보고 매우 기뻐하니 이는 그의 소문을 들었으므로 보고자 한 지 오래였고 또한 무엇이나 이적 행하심을 볼까 바라고 여러 말로 물으나 아무 말도 대답하지 아니하시니… 헤롯이 그 군인들과 함께 예수를 업신여기며 희롱하고 빛난 옷을 입혀 빌라도에게 도로 보내니 헤롯과 빌라도가 전에는 원수였으나 당일에 서로 친구가 되니라

⑥ 빌라도의 사형 언도

(마 27:11~26, 막 15:2~15, 눅 23:3~5, 13~25, 요 18:33~19:16)

빌라도가 세 번째 말하되 이 사람이 무슨 악한 일을 하였느냐 나는 그에게서 죽일 죄를 찾지 못하였나니 때려서 놓으리라 하니 그들이 큰 소리로 재촉하여 십자가에 못 박기를 구하니 그들의 소리가 이긴지라 빌라도가 민란이 나려는 것을 보고 손을 씻으며 '이 사람의 피에 대하여 나는 무죄하나 너희가 당하리라'
이에 빌라도가(마 27:24) 그들이 구하는 대로 사형을 언도하고 그들이 요구하는 자 곧 민란과 살인으로 말미암아 옥에 갇힌 바라바를 놓아 준다. 예수는 채찍질하고 십자가에 못 박히게 넘겨준다.(눅 23:22~25)

⑦ 로마 병사들에게 희롱 당하심

(마 27:27~31, 막 15:16~20, 요 19:2~3)

"그의 옷을 벗기고 홍포를 입히며 가시관을 엮어 그 머리에 씌우고 갈대를 그 오른 손에 들리고 그 앞에서 무릎을 꿇고 희롱하여 이르되 유대인의 왕이여 평안할지어다 하며 그에게 침 뱉고 갈대를 빼앗아 그의 머리를 치더라 희롱을 다 한 후 홍포를 벗기고 도로 그의 옷을 입혀 십자가에 못 박으려고 끌고 나가니라"(마27:27~31)

[예수님에게 홍포를 입히고 가시관으로 왕관을 씌우고 갈대를 손에 들려 왕의 모습으로 만들고 조롱한다.]

⑧ 십자가를 지고 가심

(마 27:32~44, 막 15:21~32, 눅 23:26~43, 요 19:17~27)

"나가다가 시몬이란 구레네 사람을 만나매 그에게 예수의 십자가를 억지로 지워 가게 하였더라"(마 27:32) [구레네 시몬의 아들 루포와 그의 어머니(롬 16:13)]

"골고다 즉 해골의 곳이라는 곳에 이르러 쓸개 탄 포도주를 예수께 주어 마시게 하려 하였더니 예수께서 맛보시고 마시고자 하지 아니하시더라 그들이 예수를 십자가에 못 박은 후에 그 옷을 제비 뽑아 나누고 거기 앉아 지키더라 그 머리 위에 이는 **유대인의 왕 예수**라 쓴 죄패를 붙였더라"(마 27:33~37)

십자가 위의 패 : 나사렛 예수, 유대인의 왕(요 19:19)	
영어	Jesus of Nazareth, King of the Jews
헬라어	ιησους ο ναζωραιος ο βασιλευς των ιουδαιων
히브리어	סידוהיה ךלמו ירצנה עושי
라틴어	IESVS·NAZARENVS·REX·IVDÆORVM
그리스어	*Ι Η Ο Σ Υ Σ Ο Ν Α Ζ Ω Ρ Α Ι Ο Σ Ο Β Α Σ Ι Λ Υ Σ Τ Ω Ν Ι Ο Υ Δ Α Ι Ω Ν*

⑨ 십자가에 달리심 – 제삼시

(마 27:45~56, 막 15:33~41, 눅 23:44~49, 요 19:28~30)

때가 제삼시가 되어 십자가에 못 박으니라(막 15:25)
"달린 행악자 중 하나는 비방하여 이르되 네가 그리스도가 아니냐 너와 우리를 구원하라 하되 하나는 그 사람을 꾸짖어 이르되 네가 동일한 정죄를 받고서도 하나님을 두려워하지 아니하느냐 우리는 우리가 행한 일에 상당한 보응을 받는 것이니 이에 당연하거니와 이 사람이 행한 것은 옳지 않은 것이 없느니라 하고 이르되 예수여 당신의 나라에 임하실 때에 나를 기억하소서 하니 예수께서 이르시되 내가 진실로 네게 이르노니 오늘 네가 나와 함께 낙원에 있으리라 하시니라"(눅 27:39~43, 막 14:27, 요 19:18)

십자가상 7언

1. "아버지 저들을 사하여 주옵소서 자기들이 하는 것을 알지 못함이니이다"(눅 23:34)
2. "내가 진실로 네게 이르노니 오늘 네가 나와 함께 낙원에 있으리라"(눅 23:43)
3. "여자여 보소서 아들이니이다 보라 네 어머니라"(요 19:26~27)
4. "엘리 엘리 라마 사박다니"(나의 하나님, 나의 하나님, 어찌하여 나를 버리셨나이까) (마 27:46, 막 15:34, 시 22:1)
5. "내가 목마르다"(요 19:28)
6. "다 이루었다"(요 19:30)
7. "아버지 내 영혼을 아버지 손에 부탁하나이다"(눅 23:46)

예수의 십자가 곁에는 그의 어머니, 이모, 글로바의 아내 마리아, 막달라 마리아가 있었다.(요 19:25)

⑩ 해가 빛을 잃은 시간 – 제육시

(마 27:45, 막 15:25, 36, 눅 23:44, 요 19:14)
"제육시로부터 온 땅에 어둠이 임하여 제구시까지 계속되더니"(마 27:45)

⑪ 영혼이 떠나시다 – 제구시

(마 27:46, 막 15:34, 눅 23:46, 요 19:30)

운명하실 때 마지막 말씀
마태복음 27장 46절 "나의 하나님 나의 하나님 어찌하여 나를 버리셨나이까"
마가복음 15장 34절 "나의 하나님 나의 하나님 어찌하여 나를 버리셨나이까"
누가복음 23장 46절 "아버지여 내 영혼을 아버지 손에 부탁하나이다"
요한복음 19장 30절 "다 이루었다"

히 2:14~18
"죽음을 통하여 죽음의 세력을 잡은 자 곧 마귀를 멸하셨다 신실한 대제사장이 되어 백성의 죄를 속량하려 하심이라 그가 시험을 받아 고난을 당하셨은즉 시험 받는 자들을 능히 도우실 수 있느니라"

⑫ 운명하신 후

마태복음 27장 51절 "성소 휘장이 위로부터 아래까지 찢어져 둘이 되고"
마가복음 15장 38절 "성소 휘장이 위로부터 아래까지 찢어져 둘이 되니라"
누가복음 23장 46절 "성소이 휘장이 한 가운데가 찢어지더라"
요한복음 19장 34절 "그 중 한 군인이 창으로 옆구리를 찌르니 곧 피와 물이 나오더라"

예수를 향하여 섰던 백부장이 그렇게 숨지심을 보고 이르되 "이 사람은 진실로 하나님의 아들이었도다"(막 15:39, 마 27:56)

백부장이 그 된 일을 보고 하나님께 영광을 돌려 이르되 "이 사람은 정녕 의인이었도다" 하고(눅 23:47)

⑬ 운명 후 장사되심

(요 19:38~42, 마 27:57~61, 막 15:42~47, 눅 23:50~58)

예수의 숨겨진 제자 아리마대의 부자 요셉이라 하는 사람이 빌라도에게 가서 예수의 시체를 달라 하여 시체를 가져다가 깨끗한 세마포로 싸서 바위 속에 판 자기 새 무덤에 넣어 두고 큰 돌을 굴려 무덤 문에 놓고 간다. 대제사장들과 바리새인들이 함께 빌라도에게 모여 "이 무덤을 사흘까지 굳게 지키게 하소서" 하므로 "너희에게 경비병이 있으니 가서 힘대로 굳게 지키라" 한다. 그들이 경비병과 함께 가서 돌을 인봉하고 무덤을 굳게 지킨다.

아리마대 사람 요셉 - 존경 받는 공회원, 선하고 의로운 요셉(눅 23:50, 요 19:38)
니고데모 - 예수의 시체를 가져다가 유대인의 장례법대로 몰약과 침향 섞은 것을 가져와 그 향품과 함께 세마포로 쌌더라(요 19:39~40)

4. 부활하심

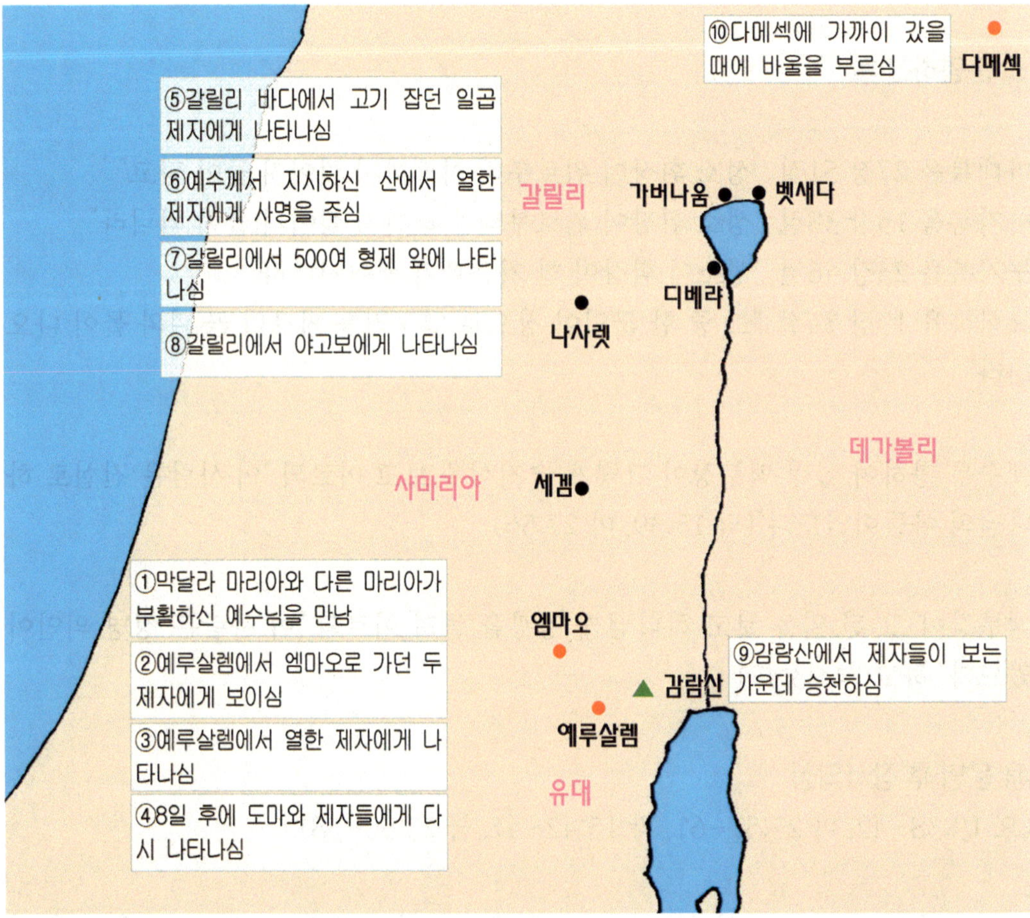

1. 살아나시다 (마 28:1~10, 막 16:1~8, 눅 24:1~12, 요 20:1~10)

마태복음 28:1~10 - 막달라 마리아와 다른 마리아

안식 후 첫날 새벽에 막달라 마리아와 다른 마리아가 무덤을 보려고 갔다가 주의 천사가 여자들에게 "너희는 무서워하지 말라 십자가에 못 박히신 예수를 너희가 찾는 줄을 내가 아노라 그가 여기 계시지 않고 그가 말씀 하시던 대로 살아나셨느니라"

이에 빨리 제자들에게 알리려고 달려갈 때에 예수께서 그들을 만나 평안하냐 하시니 여자들이 나아가 그 발을 붙잡고 경배한다.

"평안하냐"
"무서워하지 말라"
"내 형제들에게 갈릴리로 가라 하라 거기서 나를 보리라"

성경속의 마리아

1. 예수의 어머니(마 1:16)
2. 막달라 마리아(마 27:55~56, 눅 8:2)
3. 알페오의 아들 야고보와 요셉의 어머니(마 27:56, 61, 28:1)
4. 베다니의 마리아(요 12:3)
5. 글로바의 아내(요 19:25) - 3번의 마리아와 동일인물 가능
6. 마가 요한의 어머니(행 12:12)
7. 로마교회의 마리아(롬 16:6)

요한복음 20:1~10

막달라 마리아가 베드로와 예수께서 사랑하시던 제자에게 주님이 무덤에 계시지 않음을 알린다. 요한이 베드로보다 먼저 무덤을 왔으나 베드로가 무덤에 들어가 빈 무덤을 확인한다.

예수님은 사망 권세를 이기신 유일하신 그리스도이시다. 예수님의 사역가운데 이미 죽은 자를 살리신 것은 예수님께서 사망 권세를 이기신 자의 증거이다.
1. 과부의 아들 살리심(눅 7:11)
2. 야이로의 딸 살리심(마 9:18, 막 5:21, 눅 8:40~56)
3. 죽은 나사로를 살리심(요 11장)

그리고 예수님 자신도 십자가에서 죽으시고 무덤에서 죽은 자 가운데서 다시 살아나셔서 예수님은 사망 권세를 이기신 능력의 부활의 주님이시다.

2. 엠마오로 가던 두 제자에게 보이신다(눅 24:13~35, 막 16:12~13)

엠마오로 가던 두 제자가 예루살렘에서 있었던 일을 이야기 한다.
"미련하고 선지자들이 말한 모든 것을 마음에 더디 믿는 자들이여 그리스도가 이

런 고난을 받고 자기의 영광에 들어가야 할 것이 아니냐"(눅 24:25~26)
그들과 함께 떡을 나눌 때 그들의 눈이 밝아져 예수인줄 알아보나 예수는 그들에게 보이지 아니하더라
"우리에게 성경을 풀어주실 때에 우리 속에서 마음이 뜨겁지 아니하더냐"(눅 24:32)

3. 예루살렘에서 열한 제자에게 나타나심 - 안식 후 첫날 저녁

(마 28:16~20, 막 16:14~18, 눅 24:36~49, 요 20:19~23)

"너희에게 평강이 있을지어다"(눅 24:36, 요 20:19)

"성령을 받으라"(요 20:22)
"너희가 누구의 죄든지 사하면 사하여 질것이요 누구의 죄든지 그대로 두면 그대로 있으리라"(요 20:23)

"어찌하여 두려워하며 어찌하여 마음에 의심이 일어나느냐 내 손과 발을 보고 나인 줄 알라 또 나를 만져 보라 영은 살과 뼈가 없으되 너희 보는 바와 같이 나는 있느니라"(눅 24:38~39)
"여기 무슨 먹을 것이 있느냐"(눅 24:41)

4. 도마와 제자들에게 나타나심(요 20:24~29)

여드레를 지나 의심하는 도마와 다른 제자들에게 나타나신다.

"나의 주님이시여 나의 하나님이시니이다"(요 20:28)
"너는 나를 본 고로 믿느냐 보지 못하고 믿는 자들은 복되도다"(요 20:29)

5. 일곱 제자에게 나타나심(요 21:1~14) - (갈릴리 바다) 디베랴

베드로, 도마(디두모), 나다나엘(가나사람), 야고보와 요한, 다른 제자들
"그물을 배 오른편에 던지라 그리하면 잡으리라 하시니 이에 던졌더니 물고기가 많아 그물을 들 수 없더라"(요 21:6)
제자들과 함께 숯불에 구운 생선과 떡을 잡수신다.

갈릴리 바다는 디베랴 바다, 긴네렛, 게네사렛으로 불리운다.

베드로에게 사명을 주심(요 21:15~19)

"요한의 아들 시몬아 네가 이 사람들보다 나를 더 사랑하느냐"
"주님 그러하나이다 내가 주님을 사랑하는 줄 주님께서 아시나이다"
"내 어린 양을 먹이라"
"내 양을 치라"
"내 양을 먹이라"
"네가 젊어서는 스스로 띠 띠고 원하는 곳으로 다녔거니와 늙어서는 네 팔을 벌리리니 남이 네게 띠 띠우고 원하지 아니하는 곳으로 데려가리라"(요 21:18)
"나를 따르라"
"너는 나를 따르라"

6. 갈릴리 지상명령(마 28:18~20)

"하늘과 땅의 모든 권세를 내게 주셨으니 그러므로 너희는 가서 모든 민족을 제자로 삼아 아버지와 아들과 성령의 이름으로 세례를 베풀고 내가 너희에게 분부한 모든 것을 가르쳐 지키게 하라 볼지어다 내가 세상 끝날까지 너희와 항상 함께 있으리라 하시니라"

7. 갈릴리 500여 형제 앞에 나타나심 (고전 15:6)

"그 후에 오백여 형제에게 일시에 보이셨나니 그중에 지금까지 대다수는 살아 있고 어떤 사람은 잠들었으며"

그리스도의 부활(고전 15:1~11)
"그러나 이제 그리스도께서 죽은 자 가운데서 다시 살아나사 잠자는 자들의 첫 열매가 되셨도다"(고전 15:20)

8. 갈릴리에서 야고보에게 나타나심 (고전 15:7)

9. 감람산에서 제자들이 보는 가운데 하늘로 들려 올라가심

(행 1:8~11, 막 16:19~20, 눅 24:50~53)

10. 바울을 부르심 (행 9:1~19)

다메섹 여러 회당에 가져갈 공문을 가지고 위협과 살기가 등등하여 가는 사울에게 다메섹 도상에서 나타나심

"그가 고난 받으신 후에 또한 그들에게 확실한 많은 증거로 친히 살아 계심을 나타내사 사십 일 동안 그들에게 보이시며 하나님 나라의 일을 말씀하시니라"(행 1:3)

4복음서와 사도행전을 이어주는 말씀

(예수의 사역과 사도들의 사역을 이어주는 말씀)

1. 마태복음 28장 16~20절

"하늘과 땅의 모든 권세를 내게 주셨으니 그러므로 너희는 가서 모든 민족을 제자로 삼아 아버지와 아들과 성령의 이름으로 세례를 베풀고 내가 너희에게 분부한 모든 것을 가르쳐 지키게 하라 볼지어다 내가 세상 끝날까지 너희와 항상 함께 있으리라 하시니라"

2. 마가복음 16장 15~18절

"너희는 온 천하에 다니며 만민에게 복음을 전파하라 믿고 세례를 받는 사람은 구원을 얻을 것이요 믿지 않는 사람은 정죄를 받으리라 믿는 자들에게는 이런 표적이 따르리니 곧 그들이 내 이름으로 귀신을 쫓아내며 새 방언을 말하며 뱀을 집어올리며 무슨 독을 마실지라도 해를 받지 아니하며 병든 사람에게 손을 얹은즉 나으리라 하시더라"

3. 누가복음 24장 49절

"내가 내 아버지께서 약속하신 것을 너희에게 보내리니 너희는 위로부터 능력으로 입혀질 때까지 이 성에 머물라 하시니라"

4. 사도행전 1장 4~5절

"예루살렘을 떠나지 말고 내게서 들은 바 아버지께서 약속하신 것을 기다리라 요한은 물로 세례를 베풀었으나 너희는 몇 날이 못되어 성령으로 세례를 받으리라"

5. 사도행전 1장 8절

"오직 성령이 너희에게 임하시면 너희가 권능을 받고 예루살렘과 온 유대와 사마리아와 땅 끝까지 이르러 내 증인이 되리라 하시니라"

사도시대

2. 사도들의 사역

“교회의 시작”

(행 1-12장)

Step-by-Step

성경여행 신약 개관

예수시대	사도시대			
1. 예수님의 사역 (B.C. 4~A.D. 30)	2. 사도들의 사역 (A.D. 30~44)	3. 사도 바울의 사역 (A.D. 34~67)	4. 일반 사도들의 사역 (A.D. 50~90)	5. 사도 요한의 사역 (A.D. 95~100)
마(28장), 막(16장), 눅(24장), 요(21장) "복음의 시작"	행 1~12장 (사도 베드로 중심 사역) "교회의 시작"	행 13~28장 (사도 바울 중심 사역) "선교의 시작"	"공동서신" "일반서신"	"성경의 완성"
마 막 눅 요 마태 : 구약의 성취 "유대인의 왕" 마가 : 구속의 "고난의 종" 누가 : 온 인류의 "구원자" 요한 : 말씀이 육신이 되어 오신 예수님	행 1.오순절 성령강림 2.초대교회(예루살렘 교회) 3.스데반 집사 순교 4.최초 이방인 교회 (안디옥) 5.사도 야고보 순교	1차 선교여정 갈 2차 선교여정 살전 살후 3차 선교여정 고전 고후 롬 4차 선교여정 엡 골 몬 빌 딤전 딛 딤후	약 유 히 요1 벧전 요2 벧후 요3	계
4권	1권	13권	8권	1권

사도들의 역사 개관

연대	구분	선교/전쟁	사건	성경	로마·통치자
A.D. 30	유대중심		십자가 사건		로마 티베리우스 황제 (A.D. 14~37) 총독 본디오 빌라도
A.D. 34	유대중심		사울의 다메섹 회심 (행 9장)		로마 칼리 굴라 황제 (A.D 37~41)
A.D. 44	유대중심		사도 야고보 순교 (행 12장)		분봉왕 헤롯 아그립바 I세
A.D. 47	이방인 중심	바울 1차 선교 (행 13~15장)			
A.D. 50	이방인 중심	바울 2차 선교 (행 16~18장)	예루살렘회의 (행15장)	갈, 약 / 살전, 살후	
A.D. 53	이방인 중심	바울 3차 선교 (행 19~21장)		고전, 고후, 롬	로마 클라우디우스 황제 (A.D. 41~54)
A.D. 57	이방인 중심	바울 4차 선교 (행 22~28장)	(1차 감금)	엡, 골, 몬, 빌, 히	로마 네로 황제 (A.D. 54~68) 총독 벨릭스 총독 베스도 분봉왕 헤롯 아그립바 II세
A.D. 63	이방인 중심		(석방)	딤전, 딛	
A.D. 64	이방인 중심		로마의 대 화재 사건	벧전	로마 네로 황제
A.D. 66	이방인 중심	유대 전쟁	(2차 감금)	딤후	
A.D. 67	이방인 중심	유대 전쟁	바울의 순교	벧후	
A.D. 68	이방인 중심	유대 전쟁	베드로 순교	유	로마 네로황제 자살 (A.D. 54~68)
A.D. 70	이방인 중심	유대 전쟁	예루살렘 멸망 로마 티토스 장군 (통곡의 벽)		로마 베스파시우스 (A.D. 68~78)
A.D. 73	이방인 중심		마사다 전투		
A.D. 81	이방인 중심			요	로마 티토스 황제 (A.D. 79~81)
A.D. 90	이방인 중심		얌니아 종교회의 [구약 정경화]	요1, 요2, 요3	
A.D. 96	이방인 중심			계	로마 도미티아누스 황제 (A.D. 81~96)
A.D. 397	이방인 중심		카르타고종교회의 [신약 정경화]		
A.D. 1948	이방인 중심		U.N 이스라엘 독립국가 (1948. 5. 14)		루터종교개혁 A.D. 1517

사도행전(28장)

신약개관

예수시대	사도시대			
1. 예수님의 사역 (B.C. 4~A.D. 30)	2. 사도들의 사역 (A.D. 30~44)	3. 사도바울의 사역 (A.D. 34~67)	4. 일반 사도들의 사역 (A.D. 50~90)	5. 사도 요한의 사역 (A.D. 95~100)
마(28장) 막(16장) 눅(24장) 요(21장)	행 1~12장 베드로 중심사역	행 13~28장 사도바울 중심사역	약, 히, 벧전, 벧후, 유, 요1, 요2, 요3	계

4복음서 외에 또 한 권의 신약성경의 역사서는 사도행전이다. 4복음서는 말씀이 육신이 되어 오신 예수 그리스도의 생애를 기록한 역사서이다. 사도행전은 예수님이 십자가 사건 전에 약속하신 성령이 강림한 체험을 한 사도들의 사역을 기록한 역사서이다. 사도행전은 성령의 행전이고 교회의 역사가 시작되는 책이다. 예수님의 십자가 사건 후 50일이 지난 다음 오순절에 성령이 임하시고 성령에 의하여 교회가 세워지고 그 성령의 역사로 교회가 로마까지 세워져 간 역사를 기록한다.

사도행전은 크게 두 부분으로 나누어 볼 수 있다. 1장에서 12장까지는 예루살렘을 중심으로 사도 베드로와 그 외 사도들의 사역이 역사로 기록되었으며, 13장에서 28장까지는 이방인 지역(아시아, 헬라, 로마)을 중심으로 복음이 땅 끝까지 전해지는 바울사도의 사역이 기록된 역사서이다.

사도행전 기록자는 유일한 이방인 성경의 기록자인 누가이다. 누가복음과 사도행전을 데오빌로 각하에게 보내고 있어 신약성경의 두 권의 기록자로서 비중이 느껴지는 인물이다. 누가는 또한 의사로서 사도 바울의 선교 여정에도 동행하며 사도 바울을 끝까지 돌보아 준다.(행 20:5, 16:10, 28:16, 골 4:4, 몬 1:24, 딤후 4:11)
사도행전의 처음 부분은 유대인이 중심인물이었으나 뒷부분은 이방인에게도 복음이 증거되기 시작함(사도행전 1장 8절의 말씀이 성취되어 전개됨)을 기록하고 있다. 그러므로 베드로 사도는 유대인들에게 전한 '회개'와 '부활'이 중심 메시지이고, 바울은 이방인들에게 전한 '믿음'과 '부활'이 핵심 메시지이다.

사도행전은 사도행전 1장 8절의 말씀이 성취됨을 보여준다.
"오직 성령이 너희에게 임하시면 너희가 권능을 받고 예루살렘과 온 유대와 사마리아와 땅 끝까지 이르러 내 증인이 되리라"

사도행전 개관(28장)

사도들의 사역 (A.D. 30~44)	사도 바울의 사역 (A.D. 34~67)
행 1~12장 "교회의 시작" (사도 베드로 중심 사역)	행 13~28장 "선교의 시작" (사도 바울 중심 사역)
1. 오순절 성령강림 2. 초대교회(예루살렘교회) 3. 스데반 집사 순교 4. 최초 이방인교회(안디옥) 5. 야고보 순교(A.D. 44)	1차 전도여정 : 갈 2차 전도여정 : 살전, 살후 3차 전도여정 : 고전, 고후, 롬 4차 로마여정 : 엡, 골, 몬, 빌, 딤전, 딛, 딤후

사도행전의 핵심 메시지

1. 사도행전 1장 8절
"오직 성령이 너희에게 임하시면 너희가 권능을 받고 예루살렘과 온 유대와 사마리아와 땅 끝까지 이르러 내 증인이 되리라"
2.사도행전 2장 21절
"누구든지 주의 이름을 부르는 자는 구원을 받으리라"
3.사도행전 4장 12절
"다른 이로써는 구원을 받을 수 없나니 천하 사람 중에 구원을 받을 만한 다른 이름을 우리에게 주신 일이 없음이라"
4.사도행전 16장 31절
"주 예수를 믿으라 그리하면 너와 네 집이 구원을 받으리라"

사도행전(28장)

1~7장	8~12장	13~28장
예루살렘	유다와 사마리아	땅끝까지

사도시대

사도들의 사역(행 1~12장)

① 예루살렘 (행1~7장) — ② 사마리아 (8장) — ③ 다메섹 (9장) — ④ 룻다 — ⑤ 욥바 — ⑥ 가이사랴 (10장) — ⑦ 수리아안디옥 (11장) — ⑧ 예루살렘 (12장)

행1장	부활 후 40일, 승천(감람산)
	"예루살렘을 떠나지 말고 아버지께서 약속하신 성령을 기다리라" "주께서 이스라엘 나라를 회복하심이 이때니이까" "때와 시기는 아버지께서 자기 권한에 두셨으니 너희가 알바 아니요" "오직 성령이 너희에게 임하시면 너희가 권능을 받고 예루살렘과 온 유대와 사마리아와 땅 끝까지 이르러 내 증인이 되리라"(행 1:8) ▸ 제비뽑아 **맛디아를 세움**(12사도), 마가의 다락방 120명 기도
행2장	**오순절 성령강림**
	강한 바람 같은 소리, 불의 혀 같은 것이 각 사람 위에 임함, 성령 충만, 다른 언어로 말함, 천하 각국의 유대인들이 자기들의 방언을 들음
베드로의 오순절 설교	어떤 유대인들은 조롱하여 이르되 그들이 새 술에 취하였다 하더라 때가 제 삼 시니 술에 취한 것 아니다. **요엘 2:28~32** "말세에 내가 내 영을 모든 육체에 부어 주리니 너희의 자녀들은 예언할 것이요 너희의 젊은이들은 환상을 보고 너희의 늙은이들은 꿈을 꾸리라 그 때에 내가 내 영을 내 남종과 여종들에게 부어 주리니 그들이 예언할 것이요" (행 2:17) "누구든지 주의 이름을 부르는 자는 구원을 받으리라"(행 2:21) **"너희가 십자가에 못 박은 이 예수를 하나님이 주와 그리스도가 되게 하셨느니라"**(행 2:36) "형제들아 우리가 어찌할꼬"(2:37) "베드로가 이르되 너희가 **회개**하여 각각 예수 그리스도의 이름으로 **세례**를 받고 **죄 사함**을 받으라 그리하면 **성령**의 선물을 받으리니"(행 2:38)
예루살렘 교회의 시작	"그 말을 받은 사람들은 세례를 받으매 이 날에 신도의 수가 삼천이나 더하더라 그들이 사도의 가르침을 받아 서로 교제하고 떡을 떼며 오로지 기도하기를 힘쓰니라 사람마다 두려워하는데 사도들로 말미암아 기사와 표적이 많이 나타나니 믿는 사람이 다 함께 있어 모든 물건을 서로 통용하고 또 재산과 소유를 팔아 각 사람의 필요를 따라 나눠 주며 날마다 마음을 같이하여 성전에 모이기를 힘쓰고 집에서 떡을 떼며 기쁨과 순전한 마음으로 음식을 먹고 하나님을 찬미하며 또 온 백성에게 칭송을 받으니 주께서 구원 받는 사람을 날마다 더하게 하시니라"(행 2:41~47)

行3장	**성전 미문의 앉은뱅이**
	제 구 시 기도시간에 베드로와 요한이 성전으로 올라갈 때 나면서부터 앉은뱅이 된 이가 구걸하거늘 베드로가 이르되 "은과 금은 내게 없거니와 내게 있는 이것을 네게 주노니 **나사렛 예수 그리스도의 이름으로 일어나 걸으라"** "우리 개인의 권능과 경건으로 이 사람을 걷게 한 것처럼 왜 우리를 주목하느냐"
베드로의 솔로몬행각 설교	**"너희가 생명의 주를 죽였도다 그러나 하나님이 죽은 자 가운데서 그를 살리셨으니 우리가 이 일에 증인이라 그 이름을 믿으므로 그 이름이 너희가 보고 아는 이 사람을 성하게 하였나니 예수로 말미암아 난 믿음이 너희 모든 사람 앞에서 이같이 완전히 낫게 하였느니라"(행 3:15~16)**
行4장	**베드로와 요한이 공회 앞에 서다**
공회 앞에서 베드로의 설교	제사장들과 성전 맡은 자와 사두개인들이 예수의 부활을 가르치고 전하는 것을 싫어하여 그들을 가두었다. 그러나 말씀을 들은 자 중에 5천 명이나 믿게 되었다. "너희와 모든 이스라엘 백성들은 알라 너희가 십자가에 못 박고 하나님이 죽은 자 가운데서 살리신 나사렛 예수 그리스도의 이름으로 이 사람이 건강하게 되어 너희 앞에 섰느니라 이 예수는 너희 건축자들의 버린 돌로서 집 모퉁이의 머릿돌이 되었느니라 **다른 이로써는 구원을 받을 수 없나니 천하 사람 중에 구원을 받을 만한 다른 이름을 우리에게 주신 일이 없음이라** 하였더라"(행 4:12) "베드로와 요한이 대답하여 이르되 하나님 앞에서 너희의 말을 듣는 것이 하나님의 말씀을 듣는 것보다 옳은가 판단하라"(행 4:19) "구브로에서 난 레위족 사람이 있으니 이름은 요셉이라 사도들이 일컬어 **바나바**라 하니"(행 4:36) 바나바는 자기 밭을 팔아 그 값을 사도들의 발 앞에 둔다.
行5장	**아나니아와 삽비라**
	"베드로가 이르되 아나니아야 어찌하여 사단이 네 마음에 가득하여 네가 성령을 속이고 땅 값 얼마를 감추었느냐 땅이 그대로 있을 때에는 네 땅이 아니며 판 후에도 네 마음대로 할 수가 없더냐 어찌하여 이 일을 네 마음에 두었느냐 사람에게 거짓말한 것이 아니요 하나님께로다"(행 5:3~4) 베드로가 삽비라에게 "그 땅 판 값이 이것뿐이냐" "예, 이것뿐이라" 함에 그도 죽는다. 아나니아와 삽비라가 성령을 속임으로 죽자 온 교회와 이 일을 듣는 사람들이 다 크게 두려워한다.

베드로의 공회설교	사도들이 표적을 일으키고 많은 사람이 믿게 되자 대제사장과 사두개인들이 사도들을 잡아다가 옥에 가두었더라 **"사람보다 하나님께 순종하는 것이 마땅하니라"**(행 5:29) **바리새인 가말리엘**은 "이제 내가 너희에게 말하노니 이 사람들을 상관하지 말고 버려두라 이 사상과 이 소행이 사람으로부터 났으면 무너질 것이요 만일 하나님께로부터 났으면 너희가 그들을 무너뜨릴 수 없겠고 도리어 하나님을 대적하는 자가 될까 하노라"(행 5:38~39)
행6장	**일곱집사를 택함**
	헬라파 유대인들이 자기의 과부들이 매일 구제에서 빠지게 됨으로 히브리파 사람과 갈등이 생긴다. "형제들아 너희 가운데서 **성령과 지혜가 충만하여 칭찬 받는 사람** 일곱을 택하라 우리가 이 일을 그들에게 맡기고 **우리는 오로지 기도하는 일과 말씀 사역에 힘쓰리라**"(행 6:3~4) **일곱 집사 :** 스데반, 빌립, 브로고로, 니가노르, 디몬, 바메나, 니골라 **스데반 붙잡힘** 스데반이 은혜와 권능이 충만하여 큰 기사와 표적을 행한다. 거짓 증인들을 세워 모세와 하나님을 모독하였다고 증언하게 하고 나사렛 예수가 이 곳을 헐고 모세의 율법을 고치겠다 함을 들었다고 모함한다.
행7장	**스데반의 순교**
	구약 역사를 통한 설교 : 아브라함 – 이삭 – 야곱 - 요셉 – 모세의 출애굽 과정 - 시내산(금송아지 우상) - 여호수아 - 다윗 - 솔로몬(하늘은 나의 보좌요 땅은 나의 발등상) "목이 곧고 마음과 귀에 할례를 받지 못한 사람들아 너희도 너희 조상과 같이 항상 **성령을 거스르는도다** 너희 조상들이 선지자들 중의 누구를 박해하지 아니하였느냐 의인이 오시리라 예고한 자들을 그들이 죽였고 이제 너희는 **그 의인을 잡아 준 자요 살인한 자**가 되나니"(행 7:51~52) 그들이 이 말을 듣고 마음에 찔려 이를 갈 때, "보라 하늘이 열리고 인자가 하나님 우편에 서신 것을 보노라 한대 그들이 큰 소리를 지르며 귀를 막고 일제히 그에게 달려들어 성 밖으로 내치고 돌로 칠새 증인들이 옷을 벗어 **사울이라 하는 청년**의 발 앞에 두니라 그들이 돌로 스데반을 치니 스데반이 부르짖어 이르되 **주 예수여 내 영혼을 받으시옵소서**"(행 7:56~59) **"주여 이 죄를 그들에게 돌리지 마옵소서"**(행 7:60)

	스데반은 집사임에도 불구하고 사도행전에 등장하는 최초의 순교자이다. 예수님 같이 은혜와 권능이 충만하고(행 6:8) 지혜와 성령으로 말한다.(행 6:10) 또한 자신을 죽이는 자들의 죄를 용서하고(행 7:60) 자기의 영혼을 아버지 손에 부탁한 예수님 같이 '주 예수여 내 영혼을 받으시옵소서'(행 7:59)하고 자니라.
행8장	**빌립의 사마리아 사역**
	사마리아에 복음을 전함 스데반의 순교 후에 예루살렘에 있는 교회에 큰 핍박이 있으므로 사도 외에는 다 유대와 사마리아 모든 땅으로 흩어진다. 1) 빌립의 사마리아 전도 - 그 성에 큰 기쁨이 있더라(귀신, 병고침) 2) 예루살렘에서 베드로와 요한을 보내 안수하매 성령이 임함 3) 마술사 시몬은 돈으로 성령의 능력을 사려함 "이 권능을 내게도 주어 누구든지 내가 안수하는 사람은 성령을 받게 하여 주소서"(행 8:19) "내가 보니 너는 악독이 가득하며 불의에 매인 바 되었도다"(행 8:23) 시몬은 성령의 역사(영적인 일)를 돈으로(물질) 사려고 하는 죄뿐 아니라 하나님의 능력을 자기 자신의 유익을 위해 사용하려는 욕심이 죄를 낳았다.
	이사야 53장 7~8절, "그가 곤욕을 당하여 괴로울 때에도 그의 입을 열지 아니하였음이여 마치 도수장으로 끌려 가는 어린 양과 털 깎는 자 앞에서 잠잠한 양 같이 그의 입을 열지 아니하였도다 그는 곤욕과 심문을 당하고 끌려 갔으나 그 세대 중에 누가 생각하기를 그가 살아 있는 자들의 땅에서 끊어짐은 마땅히 형벌 받을 내 백성의 허물 때문이라"
예루살렘 사마리아 가이사랴	빌립의 사역 경로 : 예루살렘 ▶ 사마리아 ▶ 이디오피아 내시 ▶ 아소도 ▶ 가이사랴 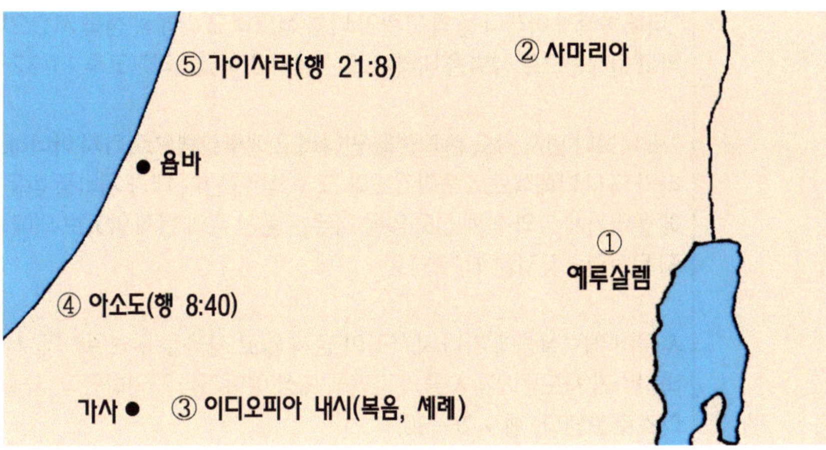

행9장	사울의 회심 - 다메섹 도상
	사울은 주의 제자들에게 위협과 살기가 등등하여 다메섹 여러 회당에서 예수 따르는 자를 체포하려고 공문을 가지고 다메섹으로 가는 길에 하늘의 빛으로 땅에 엎드려졌다. "사울아 사울아 네가 어찌하여 나를 박해하느냐" "나는 네가 박해하는 예수라" 사울은 "사흘 동안 보지 못하고 먹지도 마시지도 아니하니라"(행 9:9) 다메섹의 아나니아 환상 중에 "일어나 직가라 하는 거리로 가서 유다의 집에서 다소 사람 사울이라 하는 사람을 찾으라" **"이 사람은 내 이름을 이방인과 임금들과 이스라엘 자손들에게 전하기 위하여 택한 나의 그릇이라 그가 내 이름을 위하여 얼마나 고난을 받아야 할 것을 내가 그에게 보이리라"(행 9:15~16)** 아나니아가 사울에게 안수하자 즉시 사울의 눈에서 비늘 같은 것이 벗어져 다시 보게 된지라 이에 일어나 세례를 받고 음식을 먹으매 강건하여지니라. 즉시로 각 회당에서 예수가 하나님의 아들이심을 전파하니 다메섹에 사는 유대인들을 당혹하게 하니라 **다메섹→ 아라비아(3년)→ 다메섹→ 예루살렘(15일)→ 가이사랴→ 다소(10년)** 바울의 최초 선교지 아라비아는 홍해와 유브라데 강 사이에 위치한 곳, 지금의 요르단 도시 유적지이다. 페트라는 아라비아의 수도이고 이스마엘이 아라비아인들의 조상이다. "여러 날이 지나매 유대인들이 사울 죽이기를 공모하더니"(행 9:23) "**다메섹**에서 아레다 왕의 고관이 나를 잡으려고 다메섹 성을 지켰으나 나는 광주리를 타고 들창문으로 성벽을 내려가 그 손에서 벗어났노라"(고후 11:32~33) "또 나보다 먼저 사도 된 자들을 만나려고 예루살렘으로 가지 아니하고 **아라비아**로 갔다가 다시 **다메섹**으로 돌아갔노라 그 후 삼 년 만에 내가 게바를 방문하려고 **예루살렘**에 올라가서 그와 함께 십오 일을 머무는 동안 주의 형제 야고보 외에 다른 사도들을 보지 못하였노라" (갈 1:17~19) 사울이 예루살렘에 가나 제자들이 믿지 않고 사울을 두려워한다. 사울을 죽이려하여 바나바가 사도들에게 사울의 다메섹 도상 이야기를 증언하였다. **사울을 가이사랴에서 다소로 보낸다.**(행 9:26~30)

베드로	룻다 – 애니아의 8년 된 중풍병 고침(행 9:33~34) 욥바 – 죽은 다비다(도르가)를 살림(행 9:36~42) '다비다야 일어나라' – 많은 전도 [다비다 - 선행과 구제] 시몬 무두장이(제혁업자, 피장)의 집에서 머뭄(행 9:43) 무두질은 짐승의 가죽을 벗기고 가죽에 붙은 지방을 훑어 내어 가죽을 부드럽게 하는 일을 가리킨다. '제혁업'은 유대인 사회에서 불결한 직업으로 간주되었다. 베드로는 그 집의 옥상에서 기도하던 중 환상을 보고 복음 안에서는 이방인과 유대인의 차이가 없음을 확신하게 된다.
10장	**고넬료 가정의 구원**
고넬료 집 베드로 설교	베드로가 기도하려고 지붕 위에 올라 갔을 때 환상을 본다. 하늘에서 큰 보자기가 땅에 내려오고 그 안에 각종 부정한 짐승들이 있더라 베드로야 일어나 잡아먹으라 "주여 그럴 수 없나이다. 속되고 깨끗하지 아니한 것을 내가 결코 먹지 아니하였나이다" "하나님께서 깨끗하게 하신 것을 네가 속되다 하느냐" 가이사랴 이달리야 군대의 백부장 고넬료는 경건하여 하나님을 경외하여 구제하며 항상 기도하더라. 고넬료 집안에 모인 사람들 - 주님의 말씀을 듣기 원함 "하나님은 사람의 외모를 보지 아니하시고 각 나라 중 하나님을 경외하며 의를 행하는 사람은 다 받으시는 줄 깨달았도다"(행 10:34~35) "하나님이 나사렛 예수에게 성령과 능력을 기름 붓듯 하셨으매 그가 두루 다니시며 선한 일을 행하시고 마귀에게 눌린 모든 사람을 고치셨으니 이는 하나님이 함께 하셨음이라, 우리는 유대인의 땅과 예루살렘에서 그가 행하신 모든 일에 증인이라 그를 그들이 나무에 달아 죽였으나, 하나님이 사흘 만에 다시 살리사 나타내시되, 그를 믿는 사람들이 다 그의 이름을 힘입어 죄 사함을 받는다 하였느니라" 베드로가 이 말을 할 때에 성령이 말씀 듣는 모든 사람에게 내려오신다. 베드로와 함께 온 신자들이(행 11:12) 이방인들에게도 성령 부어주심으로 놀라니 그들이 방언을 말하며 하나님을 높이더라 예수 그리스도 이름으로 세례를 베푼다. 성령세례 받은 이유는 그들이 복음을 듣고 믿었기 때문이다.
행11장	**예루살렘 교회에 보고**
베드로	베드로가 예루살렘 교회에 고넬료 집의 일을 보고할 때 할례자들이 비난한다. '네가 무할례자의 집에 들어가 함께 먹었다'

<table>
<tr><td></td><td>“하나님이 우리가 주 예수 그리스도를 믿을 때에 주신 것과 같은 선물을 그들에게도 주셨으니 내가 누구이기에 하나님을 능히 막겠느냐 하더라 그들이 이 말을 듣고 잠잠하여 하나님께 영광을 돌려 이르되 그러면 하나님께서 이방인에게도 생명 얻는 회개를 주셨도다”(행 11:17~18)</td></tr>
<tr><td>수리아 안디옥
최초의
이방인 교회</td><td>스데반의 일로 흩어진 자들이 수리아 안디옥에서 주 예수를 전파하고 유대인과 헬라인들이 예수를 믿게 된다.
예루살렘 교회에서 바나바를 파송하고 바나바는 다소에서 사울을 데리고 간다.
[바나바는 착한 사람, 성령과 믿음이 충만한 사람(행 11:24)]
바나바와 사울이 1년간 큰 무리를 가르침
비로소 ‘그리스도인’이라 칭함을 받음
아가보의 예언 - ‘천하에 큰 흉년이 들리라’ [글라우디오 때 성취(A.D. 45~48)]
예루살렘교회에 부조를 보냄(바나바와 사울의 손에 보냄)</td></tr>
<tr><td>행12장</td><td>사도 야고보의 순교(A.D. 44)와 베드로 투옥</td></tr>
<tr><td>야고보순교</td><td>대헤롯의 손자 헤롯 아그립바1세는 교회를 박해한다.
야고보를 칼로 치고 죽임(세배대의 아들, 요한의 형제)
유대인을 기쁘게 하고자 베드로를 옥에 가두고 교회는 베드로를 위하여 간절히 기도한다.
주의 사자(천사)가 베드로를 이끌어 탈옥시키나 비몽사몽간이다.
마가 요한의 집에 계집종 로데
기도한 자들이 베드로의 풀려남을 믿지 못함

베드로가 풀려나기를 기도하면서도 베드로가 풀려나온 것을 믿지 못한다. 우리도 기도는 하면서 하나님께서 응답해 주신다는 믿음 없이 기도할 수 있다.</td></tr>
<tr><td>헤롯의 죽음</td><td>헤롯 아그립바1세의 죽음
두로와 시돈 사람들은 헤롯의 양식을 공급받음으로 “신의 소리요 사람의 소리가 아니로다”
“헤롯이 영광을 하나님께로 돌리지 아니하므로 주의 사자가 곧 치니 벌레에게 먹혀 죽으니라”(행 12:23)</td></tr>
</table>

사도시대

3. 사도 바울의 사역

"선교의 시작"

(행 13-28장)

Step-by-Step

성경여행 신약 개관

예수시대	사도시대			
1. 예수님의 사역 (B.C. 4~A.D. 30)	2. 사도들의 사역 (A.D. 30~44)	3. 사도 바울의 사역 (A.D. 34~67)	4. 일반 사도들의 사역 (A.D. 50~90)	5. 사도 요한의 사역 (A.D. 95~100)
마(28장), 막(16장), 눅(24장), 요(21장) "복음의 시작"	행 1~12장 (사도 베드로 중심 사역) "교회의 시작"	행 13~28장 (사도 바울 중심 사역) "선교의 시작"	"공동서신" "일반서신"	"성경의 완성"
마 막 눅 요 마태 : 구약의 성취 "유대인의 왕" 마가 : 구속의 "고난의 종" 누가 : 온 인류의 "구원자" 요한 : 말씀이 육신이 되어 오신 예수님	행 1.오순절 성령강림 2.초대교회(예루살렘 교회) 3.스데반 집사 순교 4.최초 이방인 교회 (안디옥) 5.사도 야고보 순교	1차 선교여정 갈 2차 선교여정 살전 살후 3차 선교여정 고전 고후 롬 4차 선교여정 엡 골 몬 빌 딤전 딛 딤후	약 유 히 요1 벧전 요2 벧후 요3	계
4권	1권	13권	8권	1권

사도 바울의 사역(행 13~28장)

사도들의 사역(행 1~12장) (A.D. 30~44)	사도 바울의 사역(행 13~28장) (A.D. 34~67)
사도 베드로 중심 사역 "교회의 시작"	사도 바울 중심 사역 "선교의 시작"

사도 바울의 선교여정(행 13~28장)

1차	2차	3차	4차
행 13~15장	행 16~18장	행 19~21장	행 22~28장
갈	살전 살후	고전 고후 롬	엡 골 몬 빌 딤전 딛 딤후
A.D. 47~49	A.D. 50~53	A.D. 54~58	A.D. 59~63

사도 바울의 1차 선교(행 13~15장)

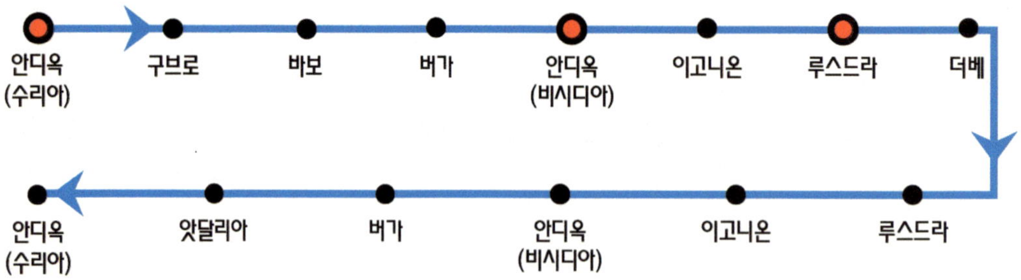

행13장	선교팀 - 바나바, 사울, 마가 요한
① 안디옥 (수리아)	주를 섬겨 금식 할 때 성령이 바나바와 사울을 따로 세움 안수 받은 전도자 - 바나바와 사울
② 살라미 (구브로)	마가 요한 수행
③ 바보 (구브로)	마술사 엘루마 – 총독 서기오 바울 회심을 방해하는 유대인 거짓 선지자 사울 – '거짓과 악행이 가득한 자, 마귀의 자식, 의의 원수, 맹인이 될 것' 총독 서기오 바울이 전도 됨
④ 버가 (밤빌리아)	밤빌리아 버가에서 바나바의 조카 '마가 요한'이 예루살렘으로 돌아감 – 바울과 마가 요한(딤후 4:11)
⑤ 안디옥 (비시디아)	**바울의 설교(행 13:16~41) – 안식일, 회당** 출애굽에서 다윗 왕까지 "다윗을 왕으로 세우시고 내 마음에 맞는 사람이라 내 뜻을 다 이루리라 하시더니 하나님이 약속하신 대로 이 사람의 후손에서 이스라엘을 위하여 구주를 세우셨으니 곧 예수라"(행 13:22~23, 삼상 13:14) 세례 요한 - 회개의 세례 선지자들이 예언한 예수를 너희가 정죄하고 죽였으나 하나님이 죽은 자 가운데서 그를 다시 살리셨다.(부활) "너는 내 아들이라 오늘 내가 너를 낳았도다"(시 2:7) 다윗은 썩음을 당하였으나 하나님께서 살리신 이는 썩지 않음 **"모세의 율법으로 너희가 의롭다 하심을 얻지 못하던 모든 일에도 이 사람을 힘입어 믿는 자마다 의롭다 하심을 얻는 이것이라"(행 13:39)** 많은 사람이 바울과 바나바를 따르고 다음 안식일도 부탁 유대인들의 시기와 비방 – "하나님의 말씀을 마땅히 먼저 너희에게 전할 것이로되 너희가 그것을 버리고 영생을 얻기에 합당하지 않은 자로 자처하기로 우리가 이방인에게로 향하노라"(행 13:46) 이방인들의 기쁨 유대인들이 귀부인들과 유력자를 선동하여 바울과 바나바를 박해하고 쫓아냄 제자들의 기쁨과 성령 충만

행14장	
⑥ **이고니온 (현, 꼰야)**	회당에서 전함 - 유대와 헬라의 허다한 무리가 믿음 많은 전도 결과 성내 무리가 나뉨 - 능욕하고 돌로 치려함
⑦ **루스드라 (루가오니아)**	**앉은뱅이 고침** – '구원 받을 만한 믿음' 바나바를 제우스로, 바울을 헤르메스로 섬기려 함(제사 – 소와 화환) 바울과 바나바 : "옷을 찢고 무리 가운데 뛰어 들어가서 소리질러 이르되 여러분이여 어찌하여 이러한 일을 하느냐 우리도 여러분과 같은 성정을 가진 사람이라 여러분에게 복음을 전하는 것은 이런 헛된 일을 버리고 천지와 바다와 그 가운데 만물을 지으시고 살아 계신 하나님께로 돌아오게 함이라"(행 14:14~15) 안디옥과 이고니온에서 온 유대인들이 충동질하여 바울을 돌로 쳐서 죽은 줄 알고 끌어 냄
⑧ **더베**	많은 제자 얻음
	더베 ➡ 루스드라 ➡ 이고니온 ➡ 안디옥(비시디아) – '믿음에 머물라 하나님의 나라에 들어가려면 많은 환난 겪음'(행 14:22), 장로 세움, 금식기도 ➡ 버가 ➡ 앗달리아 ➡ 안디옥(수리아) : 귀환 및 선교보고
행15장	**예루살렘 종교회의(A.D. 50)** **이방인의 할례 문제, 기독교 신학을 정립, 유대교와 기독교의 분리 선언**
⑨ **예루살렘**	다툼과 변론 – 모세의 법대로 할례를 받지 아니하면 능히 구원을 받지 못하리라 예루살렘교회의 지도자는 주의 형제 야고보와 베드로 1. 베드로의 증언(행 15:7~11) – 이방인들도 할례 없이 우리와 동일하게 예수의 은혜로 구원을 받는다. 2. 바울과 바나바의 증언(행 15:12) – 하나님께서 이방인에 행하신 표적과 기사 3. 야고보의 선포(행 15:17) – "내 이름으로 일컬음을 받는 모든 이방인들로 주를 찾게 하려 함이라" [암 9:11~12] 이방인 개종자들은 우상의 제물, 음행, 목매어 죽인 것, 피를 피하라
	이방인 개종자들은 우상의 제물, 음행, 목매어 죽인 것, 피를 피하라 유다와 실라가 결정된 편지를 가지고 안디옥, 수리아, 길리기아에 전한다. 바울과 바나바는 안디옥에서 말씀을 전파한다. 2차 선교 계획 때 바울과 바나바가 갈라선다.(마가 요한의 동행 여부) 바나바와 마가는 구브로로 가고 바울은 실라와 수리아와 길리기아로 떠남

갈라디아서(6장)

갈라디아서는 신약성경 27권 가운데 가장 먼저(야고보서와 더불어) 기록된 서신서이다. 4복음서보다도 먼저, 사도 바울 1차 선교여행 후 A.D. 50년 전후로 추정된다. 갈라디아 지방 교회들에 보내진 이 서신서는 사도 바울이 복음의 핵심을 기록하고 있어 '작은 로마서'라고도 불린다. 어쩌면 로마서는 갈라디아서를 보다 체계적이고 논리적인 복음서로 정리했다고도 볼 수 있다. '오직 예수 그리스도를 믿는 것이 복음이다'라는 분명한 주제를 제시한다. 그 외의 것은 도리어 '예수 그리스도의 죽음을 헛되이 하는 것이다'(갈 2:21)라고 강조하고 있다.

갈라디아서는 사도 바울의 단호하고 격한 어조로 시작된다. '우리나 혹은 하늘로부터 온 천사라도 우리가 너희에게 전한 복음 외에 다른 복음을 전하면 저주를 받을지어다'(갈 1:8) 바울은 갈라디아서를 통해 유대교와 분명하게 선을 그어 갈라서는 입장을 선언하고 있다.

"사람이 의롭게 되는 것은 율법의 행위로 말미암음이 아니요 오직 예수 그리스도를 믿음으로 말미암는 줄 알므로 우리도 그리스도 예수를 믿나니 이는 우리가 율법의 행위로써가 아니고 그리스도를 믿음으로써 의롭다 함을 얻으려 함이라 율법의 행위로써는 의롭다 함을 얻을 육체가 없느니라"(갈 2:16)

갈라디아서(6장)

<table>
<tr><th colspan="2">1~2장</th><th colspan="2">3~4장</th><th>5~6장</th></tr>
<tr><td colspan="2">복음의 권위
(다른 복음은 없다)</td><td colspan="2">복음의 진리
(율법과 믿음)</td><td>복음의 흔적
(성령의 열매)</td></tr>
<tr><td>사도권의 변증</td><td>할례자의 사도
이방인의 사도
(갈 2:8)</td><td>믿음으로 하나님의 아들
(갈 3:26)</td><td>약속의 자녀
여종의 자녀
(갈 4:31)</td><td>할례와 그리스도의 십자가</td></tr>
</table>

1. 복음의 권위(갈 1~2장)

1) 갈라디아교회의 문제점

"그리스도의 은혜로 너희를 부르신 이를 이같이 속히 떠나 다른 복음을 따르는 것을 내가 이상하게 여기노라"(갈 1:6)

"그러나 우리나 혹은 하늘로부터 온 천사라도 우리가 너희에게 전한 복음 외에 다른 복음을 전하면 저주를 받을지어다"(갈 1:8)

2) 사도 바울의 사도적 변호

"형제들아 내가 너희에게 알게 하노니 내가 전한 복음은 사람의 뜻을 따라 된 것이 아니니라 이는 내가 사람에게서 받은 것도 아니요 배운 것도 아니요 오직 예수 그리스도의 계시로 말미암은 것이라"(갈 1:11~12) - 사도들에게 배운 것이 아니다.
"그 후 삼 년 만에 내가 게바를 방문하려고 예루살렘에 올라가서 그와 함께 십오 일을 머무는 동안 주의 형제 야고보 외에 다른 사도들을 보지 못하였노라"(갈 1:18~19)

다메섹(사울회심)→ 아라비아(3년)→ 다메섹→ 예루살렘(15일)→ 가이사랴→ 다소(10년)

3) 바울의 권위

"베드로에게 역사하사 그를 할례자의 사도로 삼으신 이가 또한 내게 역사하사 나를 이방인의 사도로 삼으셨느니라 또 기둥 같이 여기는 야고보와 게바와 요한도 내게 주신 은혜를 알므로 나와 바나바에게 친교의 악수를 하였으니 우리는 이방인에게로, 그들은 할례자에게로 가게 하려 함이라"(갈 2:8~9)

4) 칭의 - '믿음으로 의롭게 됨'(갈 2:16~21)

사람이 의롭게 되는 것은 율법의 행위로 말미암음이 아니요 오직 예수 그리스도를 믿음으로 말미암는 줄 알므로 우리도 그리스도 예수를 믿나니 이는 우리가 율법의 행위로써가 아니고 그리스도를 믿음으로써 의롭다 함을 얻으려 함이라 율법의 행위로써는 의롭다 함을 얻을 육체가 없느니라(갈 2:16)

사도 바울은 구원에 있어 유대인이나 이방인이 구분이 없다는 것을 단호하게 선포한다.

내가 그리스도와 함께 십자가에 못 박혔나니 그런즉 이제는 내가 사는 것이 아니요 오직 내 안에 그리스도께서 사시는 것이라 이제 내가 육체 가운데 사는 것은 나를 사랑하사 나를 위하여 자기 자신을 버리신 하나님의 아들을 믿는 믿음 안에서 사는 것이라(갈 2:20)

2. 복음의 진리(갈 3~4장) – '율법이냐 믿음이냐'

1) 구원을 주는 믿음

"내가 너희에게서 다만 이것을 알려 하노니 너희가 성령을 받은 것이 율법의 행위로냐 혹은 듣고 믿음으로냐"(갈 3:2)

"아브라함이 하나님을 믿으매 그것을 그에게 의로 정하셨다 함과 같으니라 그런즉 믿음으로 말미암은 자들은 아브라함의 자손인 줄 알지어다"(갈 3:6~7)

"또 하나님 앞에서 아무도 율법으로 말미암아 의롭게 되지 못할 것이 분명하니 이는 **의인은 믿음으로 살리라**"(갈 3:11) [합 2:4, 롬 1:17, 히 10:38]

아브라함의 씨, 오직 한 사람을 가리켜 내 자손이라 하셨으니 곧 그리스도라 믿음은 율법(모세)보다 430년 앞서고 율법이 믿음을 폐기하지 못한다.(갈 3:16~17)

"때가 차매 하나님이 그 아들을 보내사 여자에게서 나게 하시고 율법 아래에 나게 하신 것은 율법 아래에 있는 자들을 속량하시고 우리로 아들의 명분을 얻게 하려 하심이라"(갈 4:4~5) (창 3:15, 사7:14 예언 성취)

2) 갈라디아 교회를 염려하는 바울

"나의 자녀들아 너희 속에 그리스도의 형상을 이루기까지 다시 너희를 위하여 해산하는 수고를 하노니"(갈 4:19)

3) 두 언약의 비유

"기록된 바 아브라함에게 두 아들이 있으니 하나는 여종에게서, 하나는 자유 있는 여자에게서 났다 하였으며 여종에게서는 육체를 따라 났고 자유 있는 여자에게서는 약속으로 말미암았느니라"(갈 4:22~23)

"형제들아 너희는 이삭과 같이 약속의 자녀라"(갈 4:28), "그런즉 형제들아 우리는 여종의 자녀가 아니요 자유 있는 여자의 자녀니라"(갈 4:31)

3. 복음의 흔적(갈 5~6장)

1) 성령의 열매

"그리스도 예수 안에서는 할례나 무할례나 효력이 없으되 사랑으로써 역사하는 믿음뿐이니라"(갈 5:6)

"형제들아 너희가 자유를 위하여 부르심을 입었으나 그러나 그 자유로 육체의 기회를 삼지 말고 오직 사랑으로 서로 종 노릇 하라"(갈 5:13)

"온 율법은 네 이웃 사랑하기를 네 자신 같이 하라 하신 한 말씀에서 이루어졌나니"(갈 5:14)

"네 이웃 사랑하기를 네 자신 같이하라"
(마 22:39, 막 12:31, 눅 10:27, 롬 13:9, 레 19:18, 갈 5:14, 약 2:8)

"육체의 소욕은 성령을 거스르고 성령은 육체를 거스르나니 이 둘이 서로 대적함으로 너희가 원하는 것을 하지 못하게 하려 함이니라"(갈 5:17)

육체의 일(갈 5:19~21)	성령의 열매(갈 5:22~23)
음행, 더러운 것, 호색, 우상숭배, 술수, 원수 맺는 것, 분쟁, 시기, 분냄, 당짓는 것, 분리함, 이단, 투기, 술취함, 방탕함	사랑, 희락, 화평, 오래 참음, 자비, 양선, 충성, 온유, 절제

[육체의 일과 성령은 서로 대적관계이다.]

"그리스도 예수의 사람들은 육체와 함께 그 정욕과 탐심을 십자가에 못 박았느니라"(갈 5:24)

"너희가 짐을 서로 지라 그리하여 그리스도의 법을 성취하라"(갈 6:2)

"스스로 속이지 말라 하나님은 업신여김을 받지 아니하시나니 사람이 무엇으로

심든지 그대로 거두리라"(갈 6:7)

2) 그리스도의 십자가

"그러나 내게는 우리 주 예수 그리스도의 십자가 외에 결코 자랑할 것이 없으니 그리스도로 말미암아 세상이 나를 대하여 십자가에 못 박히고 내가 또한 세상을 대하여 그러하니라"(갈 6:14)

"할례나 무할례가 아무 것도 아니로되 오직 새로 지으심을 받는 것만이 중요하니라"(갈 6:15)

"이 후로는 누구든지 나를 괴롭게 하지 말라 내가 내 몸에 예수의 흔적을 지니고 있노라"(갈 6:17)

야고보서(A.D. 50년 경) – 신약성경 가운데 갈라디아서와 함께 가장 먼저 기록된 책으로 평가 받는다. 이방인 기독교인에 대한 언급이 야고보서에 없는 것으로 보아 이방인 전도 이전에 기록된 책으로 보인다.

사도 바울의 선교여정(행 13~28장)

1차	2차	3차	4차
행 13~15장	행 16~18장	행 19~21장	행 22~28장
갈	살전 살후	고전 고후 롬	엡 골 몬 빌 딤전 딛 딤후
A.D. 47~49	A.D. 50~53	A.D. 54~58	A.D. 59~63

사도 바울의 2차 선교(행 16~18장)

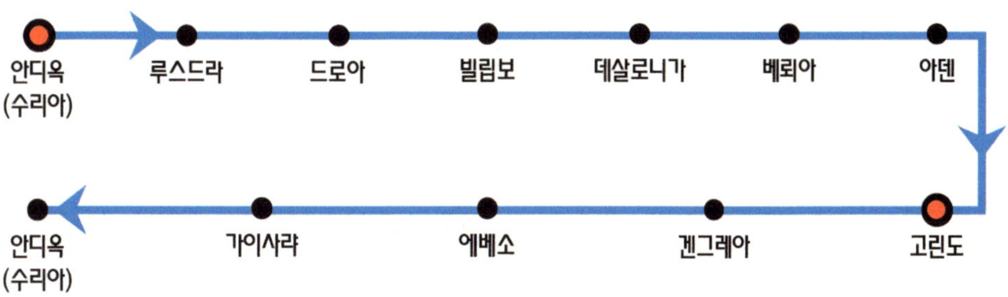

행16장	**선교팀 : 바울, 실라, 디모데, 누가, 아굴라, 브리스길라**
	'마가 요한'을 동행하는 것이 문제가 되어 바울과 바나바는 갈라선다. 불행한 사건 같으나 전도팀이 두 개로 생긴 결과다.
① 안디옥	안디옥(수리아) ➡ 더베 ➡ 루스드라
② 루스드라	**디모데 합류** - 모친은 유대 여자 '유니게', 외조모 '로이스', 부친은 헬라인, 유대인 회당에 들어갈 수 있도록 의식적 **할례 행함**
③ 드로아	비두니아로 가고자 애쓰되 예수의 영이 허락하지 않음 무시아를 지나 드로아에서 환상 - **"마게도냐로 와서 우리를 도우라"**(행 16:9) 누가 합류(행 20:5, 28:16, 골 4:14, 몬 1:24)
④ 빌립보	마게도냐의 첫 성이요 로마의 식민지 - 퇴역 장교와 귀족들의 자주색 옷 ① **루디아 구원** - 두아디라 성의 자색 옷감 장사 ② **바울과 실라가 갇히다** - **점치는 귀신들린 여종을 고침** 귀신들린 여종이 여러 날 쫓아다니며 "이 사람들은 지극히 높은 하나님의 종으로서 구원의 길을 너희에게 전하는 자라" 하므로 바울이 귀신을 쫓아내자 그 주인이 수익의 소망이 끊어진 것을 보고 바울과 실라를 고발한다. '옷을 벗기고 매로 치라' 많이 맞은 후에 옥에 갇히나 **한 밤중에 바울과 실라가 기도**하고 **하나님을 찬송**할 때에 큰 지진이 나서 옥터가 움직이고 문이 곧 다 열리며 모든 사람의 매인 것이 벗어진다. 간수장 - "내가 어떻게 하여야 구원을 얻으리이까?" **"주 예수를 믿으라 그리하면 너와 네 집이 구원을 얻으리라"**(행 16:31) 이에 온 가족에게 복음을 전하고 온 집이 세례를 받고 하나님을 믿음으로 크게 기뻐한다. 다음날 아침, 상관이 '풀어 놓으라' 함에 로마 시민권자임을 밝힌다. 루디아의 집으로 감
행17장	**데살로니가는 마게도냐의 수도 - 인구가 많고 여러 종족들이 공존**
⑤ 데살로니가	세 안식일에 회당 - '예수가 곧 그리스도라' 전함 - 경건한 헬라인과 귀부인들이 믿음 유대인들이 시기함 - 야손과 그 형제들을 고소 - 천하를 어지럽게 하는 자 '가이사 외에 다른 임금 예수라 하는 이가 있다 하더이다'(행 17:6~7)
⑥ 베뢰아	**밤에 바울과 실라를 베뢰아로 보냄** - 데살로니가에 더 머물고 싶었으나 떠나가게 됨(살전 2:17) - 베뢰아 사람들은 **날마다 말씀을 상고함** 믿는 사람이 많고 또 헬라의 귀부인과 남자가 적지 않음 데살로니가에 있는 유대인들이 쫓아 와서 무리를 움직여 소동하게 함 형제들이 바울을 배에 태워 아덴으로 보냄 - **실라와 디모데는 그곳에 머뭄**

⑦ 아덴 (아테네)	우상과 철학이 가득한 곳 - 바울이 격분함 회당에서 전도 - 예수와 부활 전함 **아레오바고**(아덴의 고등 재판소)**에서 바울이 설교함**(행 17:22~31) 부활에 대한 설교 "우리가 하나님을 힘입어 살며 기동하며 존재하느니라" 두 부류 생김 - 아레오바고 관리와 많은 사람들이 믿음
행18장	**아굴라와 브리스길라 만남, 데살로니가전・후서 기록**
⑧ 고린도	상업과 해운업이 발달하여 많은 사람들의 왕래함 매춘이 성행하여 성적으로 문란한 도시 ① '아굴라' 와 '브리스길라' 만남 - 함께 천막 만드는 일 (글라우디오의 유대인 로마 추방령 - 글라우디오는 로마의 4대 황제, 양아들 네로, 유대인과 기독교인의 분쟁시 기독교인들을 추방) ② 안식일에 회당에서 강론하고 유대인과 헬라인 권면 ③ 실라와 디모데 합류(행 18:5) ④ 디도 유스도의 집에 거함(회당 옆) – 회당장 그리스보와 온 집안이 주를 믿고 수많은 고린도 사람도 믿고 세례를 받음 "밤에 주께서 환상 가운데 바울에게 말씀하시되 두려워하지 말며 침묵하지 말고 말하라 내가 너와 함께 있으매 어떤 사람도 너를 대적하여 해롭게 할 자가 없을 것이니 이는 이 성중에 내 백성이 많음이라"(행 18:9~10) 고린도교회 개척 – 고린도에서 1년 6개월을 머물며 고린도교회 사역 갈리오가 아가야 총독 되었을 때에 유대인들이 바울을 대적하여 법정으로 데리고 가나 갈리오가 상관치 않자 회당장 소스데네를 때림 데살로니가전서 기록 데살로니가후서 기록
⑨ 겐그레아	바울이 일찍이 서원한 것이 있었으므로 머리를 깎음
⑩ 에베소	바울의 에베소 전도 "만일 하나님의 뜻이면 너희에게 돌아오리라"(행18:21) 브리스길라와 아굴라는 에베소에 남김 아볼로 : 알렉산드리아 출생인 아볼로는 유대인으로 에베소에 온다. 언변이 좋고 성경에 능통한 자이다. 그가 예수의 도를 전하나 요한의 세례만 알므로 브리스길라와 아굴라가 아볼로를 가르친다. 아볼로가 아가야(고린도교회)로 건너가 '예수는 그리스도라' 힘 있게 증언하므로 그의 말이 유대인의 말을 이긴다.
⑪ 가이사랴	교회의 안부를 물은 후에 안디옥으로 내려감
⑪ 안디옥	얼마 있다 떠나 '갈라디아' 와 '브루기아' 땅을 차례로 다니며 모든 제자를 굳건하게 함

데살로니가전서(5장)

데살로니가는 마게도냐의 수도이다. 데살로니가는 항구 도시로 상업과 무역이 활발하며 바울의 중요한 선교 요충지이다. 바울의 2차 선교 여정 중 세 안식일에(행 17:2) 성경을 가지고 '그리스도의 죽음과 부활'에 대한 강론을 계기로 데살로니가 교회가 세워진다. 많은 헬라인과 귀부인들이 믿게 되자 유대인들이 시기하여 크게 소동을 일으키므로 바울은 데살로니가에 더 머물지 못하고 베뢰아로 떠나게 된다.

바울은 데살로니가의 여린 성도들을 영적으로 걱정한다. 바울이 고린도에 머무는 동안 디모데가 데살로니가 소식을 전한다.(행 18:5) '데살로니가 교회가 시련 중에도 확고부동한 신앙을 지킨다'는 좋은 소식에 바울은 위로를 받고 감사와 격려의 편지를 데살로니가에 보낸다. 또 한 가지, 데살로니가교회가 재림에 대해 잘못된 이해를 가지고 있으므로 이를 바로잡는다.(살전 4:13~18)
'예수를 믿다가 재림 전에 죽게 되면 주님의 재림에 참여되지 못한다'고 염려하는 성도들에게 그리스도의 재림을 바르게 설명하여 위로할 뿐 아니라 임박한 그리스도의 재림을 생각하고 일상생활을 등한시 하는 자들을 책망한다.

하나님을 기쁘시게 하는 생활에 대해 가르치고(4장), 5장 23절의 가르침을 우리에게 남긴다. "평강의 하나님이 친히 너희를 온전히 거룩하게 하시고 또 너희의 온 영과 혼과 몸이 우리 주 예수 그리스도께서 강림하실 때에 흠 없게 보전되기를 원하노라"

데살로니가전서(5장)

1~3장	4~5장
바울의 사역(회상)	거룩한 삶

1. 바울의 사역 회상(살전 1~3장)

1) 인사와 칭찬(살전 1장)

“너희의 믿음의 역사와 사랑의 수고와 우리 주 예수 그리스도에 대한 소망의 인내를 우리 하나님 아버지 앞에서 끊임없이 기억함이니”(살전 1:3)

“너희는 많은 환난 가운데서 성령의 기쁨으로 말씀을 받아 우리와 주를 본받은 자가 되었으니 그러므로 너희가 마게도냐와 아가야에 있는 모든 믿는 자의 본이 되었느니라”(살전 1:6~7)

2) 데살로니가에서 바울의 사역 회상(살전 2~3장)

“너희가 아는 바와 같이 우리가 먼저 빌립보에서 고난과 능욕을 당하였으나 우리 하나님을 힘입어 많은 싸움 중에 하나님의 복음을 너희에게 전하였노라”(살전 2:2)

“형제들아 우리의 수고와 애쓴 것을 너희가 기억하리니 너희 아무에게도 폐를 끼치지 아니하려고 밤낮으로 일하면서 너희에게 하나님의 복음을 전하였노라”(살전 2:9)

“이러므로 우리가 하나님께 끊임없이 감사함은 너희가 우리에게 들은 바 하나님의 말씀을 받을 때에 사람의 말로 받지 아니하고 하나님의 말씀으로 받음이니 진실로 그러하도다 이 말씀이 또한 너희 믿는 자 가운데에서 역사하느니라”(살전 2:13)

“형제들아 우리가 잠시 너희를 떠난 것은 얼굴이요 마음은 아니니 너희 얼굴 보기를 열정으로 더욱 힘썼노라 그러므로 나 바울은 한번 두번 너희에게 가고자 하였으나 사단이 우리를 막았도다”(살전 2:17~18)

“너희는 우리의 영광이요 기쁨이니라”(살전 2:20)
“우리 형제 곧 그리스도의 복음을 전하는 하나님의 일꾼인 디모데를 보내노니 이는 너희를 굳건하게 하고 너희 믿음에 대하여 위로함으로 아무도 이 여러 환난 중에 흔들리지 않게 하려 함이라 우리가 이것을 위하여 세움 받은 줄을 너희가 친히 알리라”(살전 3:2~3)

2. 거룩한 삶(살전 4~5장) – 하나님을 기쁘시게 하는 거룩한 삶

"하나님의 뜻은 이것이니 너희의 거룩함이라 곧 음란을 버리고"(살전 4:3)

"형제 사랑에 관하여는 너희에게 쓸 것이 없음은 너희들 자신이 하나님의 가르치심을 받아 서로 사랑함이라"(살전 4:9)

"또 너희에게 명한 것 같이 조용히 자기 일을 하고 너희 손으로 일하기를 힘쓰라"(살전 4:11)

주의 강림과 죽은 자의 부활(살전 4:13~18)

"형제들아 자는 자들에 관하여는 너희가 알지 못함을 우리가 원하지 아니하노니 이는 소망 없는 다른 이와 같이 슬퍼하지 않게 하려 함이라"(살전 4:13)

"주께서 호령과 천사장의 소리와 하나님의 나팔 소리로 친히 하늘로부터 강림하시리니 그리스도 안에서 죽은 자들이 먼저 일어나고 그 후에 우리 살아 남은 자들도 그들과 함께 구름 속으로 끌어 올려 공중에서 주를 영접하게 하시리니 그리하여 우리가 항상 주와 함께 있으리라"(살전 4:16~17)

"주의 날이 밤에 도둑 같이 이를 줄을 너희 자신이 자세히 알기 때문이라"(살전 5:2)

"형제들아 너희는 어둠에 있지 아니하매 그 날이 도둑 같이 너희에게 임하지 못하리니 너희는 다 빛의 아들이요 낮의 아들이라 우리가 밤이나 어둠에 속하지 아니하나니 그러므로 우리는 다른 이들과 같이 자지 말고 오직 깨어 정신을 차릴지라"(살전 5:4~6)

"항상 기뻐하라
쉬지 말고 기도하라
범사에 감사하라
이것이 그리스도 예수 안에서
너희를 향하신 하나님의 뜻이니라"(살전 5:16~18)

데살로니가후서(3장)

바울이 고린도에서 데살로니가 성도들에게 보낸 첫 번째 서신서 후 수주일 안에 (혹은 수개월) 두 번째 데살로니가에 보낸 서신서이다. 데살로니가전서에서 주님의 재림에 관해 적어 보냈을 때 그 곳의 몇 사람은 예수의 재림이 가까웠다하여 아무 일도 하지 않고 일상생활에도 충실하지 않고 있었다. '주님의 재림이 저들을 악에서 해방시킬 것이다'라며 게으르고 들떠 있었다. 그러나 그리스도의 재림은 오히려 그리스도인들이 자기에게 주어진 일을 충성되게 하고 깨어 준비하고 있다가 주님이 오실 때 슬기로운 다섯 처녀와 같이 주님을 맞이할 수 있어야 한다는 가르침을 적은 서신서이다.

데살로니가후서(3장)

1장	2장	3장
인사와 "칭찬"	미혹되지 말라 "주의"	게으름 "경계"

1. 칭찬(1장)

"그러므로 너희가 견디고 있는 모든 박해와 환난 중에서 너희 인내와 믿음으로 말미암아 하나님의 여러 교회에서 우리가 친히 자랑하노라"(살후 1:4)

2. 주의(2장)

"영으로나 또는 말로나 또는 우리에게서 받았다 하는 편지로나 주의 날이 이르렀다고 해서 쉽게 마음이 흔들리거나 두려워하거나 하지 말아야 한다는 것이라 누가 어떻게 하여도 너희가 미혹되지 말라 먼저 배교하는 일이 있고 저 불법의 사람 곧 멸망의 아들이 나타나기 전에는 그 날이 이르지 아니하리니"(살후 2:2~3)

"이러므로 하나님이 미혹의 역사를 그들에게 보내사 거짓 것을 믿게 하심은 진리

를 믿지 않고 불의를 좋아하는 모든 자들로 하여금 심판을 받게 하려 하심이라"(살전 2:11~12)

3. 경계(3장)

"형제들아 우리 주 예수 그리스도의 이름으로 너희를 명하노니 게으르게 행하고 우리에게서 받은 전통대로 행하지 아니하는 모든 형제에게서 떠나라"(살후 3:6)

"어떻게 우리를 본받아야 할지를 너희가 스스로 아나니 우리가 너희 가운데서 무질서하게 행하지 아니하며 누구에게서든지 음식을 값없이 먹지 않고 오직 수고하고 애써 주야로 일함은 너희 아무에게도 폐를 끼치지 아니하려 함이니"(살후 3:7~8)

"너희에게 명하기를 누구든지 일하기 싫어하거든 먹지도 말게 하라"(살후 3:10)

"이런 자들에게 우리가 명하고 주 예수 그리스도 안에서 권하기를 조용히 일하여 자기 양식을 먹으라 하노라"(살후 3:12)

사도 바울의 선교여정(행 13~28장)

1차	2차	3차	4차
행 13~15장	행 16~18장	행 19~21장	행 22~28장
갈	살전 살후	고전 고후 롬	엡 골 몬 빌 딤전 딛 딤후
A.D. 47~49	A.D. 50~53	A.D. 54~58	A.D. 59~63

사도 바울의 3차 선교(행 19~21장)

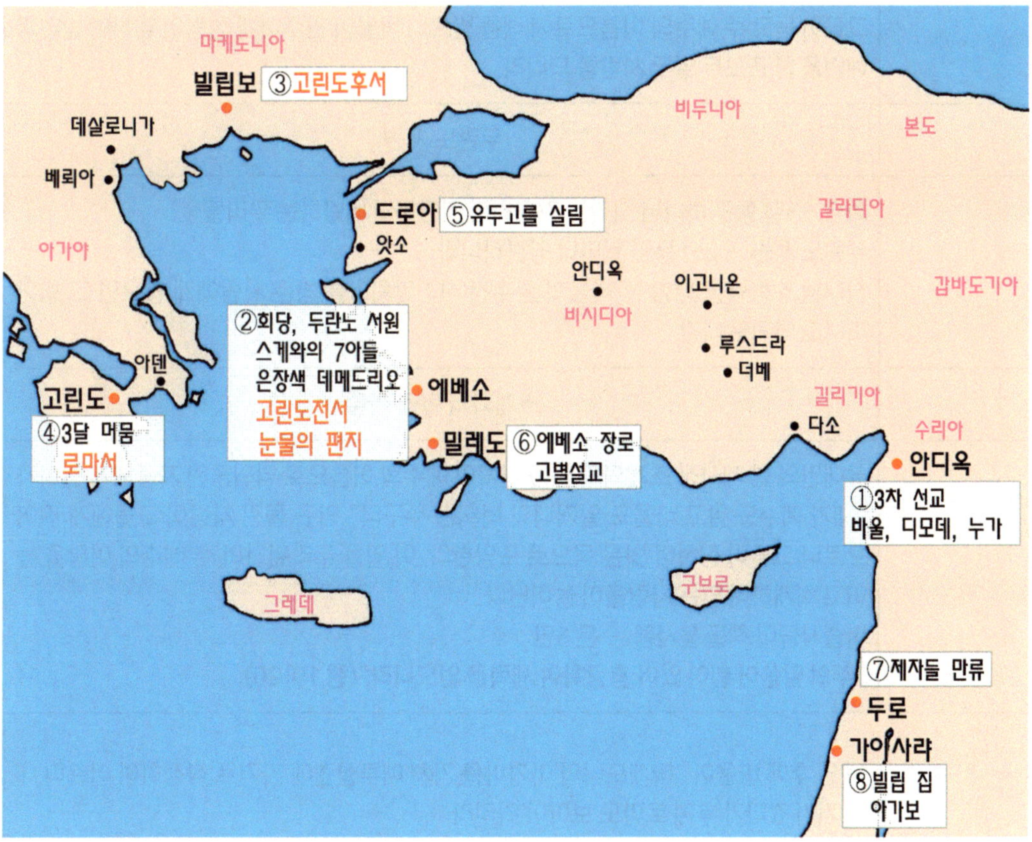

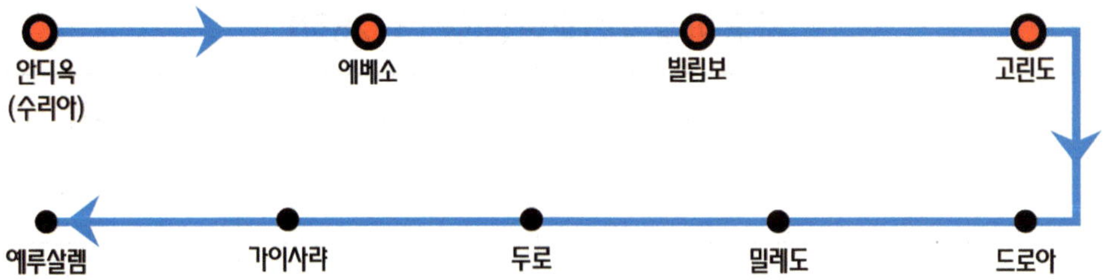

행19장	선교팀 : 바울, 디모데, 누가
① 안디옥 (수리아)	수리아 안디옥 ➡ 에베소 아볼로가 고린도에 있을 때에 바울이 에베소 방문
② 에베소	**"너희가 믿을 때에 성령을 받았느냐"** "요한이 회개의 세례를 베풀며 백성에게 말하되 내 뒤에 오시는 이를 믿으라 하였으니 이는 곧 예수라" 그들이 듣고 주 예수의 이름으로 세례를 받으니 바울이 안수하매 성령이 임하여 방언과 예언을 하고 모두 열두 사람쯤 되니라
	두란노 서원
	회당 – 3달 동안 하나님 나라를 강론하며 권면하되 비방하는 무리들 두란노 서원 - 2년 동안 날마다 강론하니라 하나님의 능력을 행함 - 바울의 손수건이나 앞치마를 병든 사람에게 얹으면 그 병이 떠나고 악귀도 나감
	스게와의 일곱 아들
	유대인의 한 제사장 **스게와의 일곱** 아들이 예수의 이름으로 악귀들린 자들에게 명하자 "내가 예수도 알고 바울도 알거니와 너희는 누구냐" 악귀 들린 사람이 그들에게 뛰어오르니 그들이 상하여 벗은 몸으로 도망한다. 이 일을 두려워하며 주 예수의 이름을 높이고 회개하며 믿는 사람들이 늘어난다. 마술사들이 책을 불사름 - 은 5만 **"주의 말씀이 힘이 있어 흥왕하여 세력을 얻으니라"(행 19:20)**
	이 일 후에 바울이 "마게도냐와 아가야를 거쳐 예루살렘에 가기로 작정하여 이르되 내가 거기 갔다가 후에 로마도 보아야 하리라" **디모데와 에라스도를 마게도냐로 보냄**

	은장색 데메드리오
	은장색 데메드리오 소동 - 아데미 신상으로 많은 벌이를 하던 데메드리오가 여러분도 알거니와 우리의 풍족한 생활이 이 생업에 있었는데 우리의 이 영업이 천하여질 위험이 있을 뿐 아니라 큰 여신 아데미의 신전도 무시 당하게 되고 온 아시아와 천하가 위하는 그의 위엄도 떨어질까 하노라(행 19:25~27) **연극장 소동** - 바울의 일행 가이오(마게도냐 사람)와 아리스다고(더베)가 붙잡힘 **서기장** - 신전의 물건을 도둑질하지도 아니하였고 우리 여신을 비방하지도 아니한 이 사람들을 너희가 붙잡아 왔으니 만일 데메드리오와 그와 함께 있는 직공들이 누구에게 고발할 것이 있으면 재판 날도 있고 총독들도 있으니 피차 고소할 것이요 만일 그 외에 무엇을 원하면 정식으로 민회에서 결정할지라며 무리를 진정시킨다.
에베소 고린도전서 기록	고린도교회 글로에 집(고전 1:11) - 고린도교회 내 파당 문제 보고 고린도교회에 디모데 파송(고전 4:17, 16:10~11) **고린도전서 기록** 에베소에서 오순절까지 머물게 된다.(고전 16:8)
눈물의 편지	고린도전서를 보낸 후 바울은 짧은 일정 동안 고린도교회(2차)를 다녀온 것으로 보인다.(고후2:1) 고린도전서는 A.D. 55년경에 기록된 것으로 보고 있다. 또 하나의 편지가 디도 편에 고린도 교회에 보내졌는데(고후 7:6) 큰 눌림과 걱정이 있어 많은 눈물로 쓴 심각한 편지가 있었다.(고후 2:4, 7:8) 눈물의 편지를 보는 견해(고후 2:4, 7:8) 1. 고린도전서를 눈물의 편지로 보는 견해도 있으나 고린도전서의 내용과 크게 공감이 느껴지지 않는다. 2. 다른 견해는 고린도후서 10~13장까지의 부분이라고 주장한다. 고린도후서와 함께 편집되었다고 보는 것이다. 고린도전서는 사도 바울이 친필로 적은 서신서이다. 격한 감정으로 편지를 시작하여 고린도 교회 내의 분파 문제를 마음 아파함이 전해진다.
행20장	
③ 빌립보 고린도후서 기록	디도 만남(고후 7:5~16) - 눈물의 편지를 들고 간 디도를 만나 고린도교회 소식을 들음 **고린도후서 기록**

④ 고린도 로마서 기록	3달 머뭄(행20:2~3) – 바울의 고린도 3차 방문 **로마서 기록** 로마서 16장 23절 – 가이오(고전 1:4, 행 19:29), 고린도 재무관 에라스도와 그의 형제 구아도도 문안 유대인들이 바울을 해하려고 공모하므로 배를 타고 수리아로 가지 않고 마게도냐를 거쳐 돌아간다. 선교 일행 7명 - 소바더, 아리스다고, 세군도, 가이오, 디모데, 두기고, 드로비모(행 20:4)
빌립보	무교절 후 출발
⑤ 드로아	7일 머뭄 유두고 살림 – 3층에서 떨어져 죽으나 그 위에 엎드려 다시 살림 "사람들이 살아난 청년을 데리고 가서 적지 않게 위로를 받았더라"(행 20:12)
앗소	걸어서 앗소에 이름 일행 합류 후 배로 이동(행 20:4)
	밀레도 – 고별설교
⑥ 밀레도	에베소를 지나 밀레도(오순절 안에 예루살렘에 이르고자) 에베소 장로들을 청함 - 고별설교 **고별설교** : 모든 겸손과 눈물로 섬겼다. 유대인과 헬라인들에게 하나님께 대한 회개와 우리 주 예수 그리스도께 대한 믿음을 증언하였다. "이제 나는 성령에 매여 예루살렘으로 가는데 거기서 무슨 일을 당할는지 알지 못하노라 오직 성령이 각 성에서 내게 증언하여 결박과 환난이 나를 기다린다 하시나"(행 20:22~23) "내가 달려갈 길과 주 예수께 받은 사명 곧 하나님의 은혜의 복음을 증언하는 일을 마치려 함에는 나의 생명조차 조금도 귀한 것으로 여기지 아니하노라"(행 20:24) 사역의 결백성 "이제는 여러분이 다 내 얼굴을 다시 보지 못할 줄 아노라" 3년 동안 밤낮 사역하였고, 금, 은, 의복을 탐하지 않음 자비량선교 "이 손으로 나와 내 동행들이 쓰는 것을 충당" 약한 사람을 도움(시간과 재정)

	"주는 것이 받는 것보다 복이 있다"(행 20:35) 에베소 장로들과 고별(행 20:36~38) "무릎을 꿇고 그 모든 사람들과 함께 기도하니 다 크게 울며 바울의 목을 안고 입을 맞춘 후 전송하니라"
행21장	
⑦ **두로**	7일 머묾 제자들의 만류(예루살렘에 들어가지 말라)
⑧ **가이사랴**	빌립 집사의 예언하는 네 딸 아가보 선지자 : "바울의 띠를 가져다가 자기 수족을 잡아매고 말하기를 성령이 말씀하시되 예루살렘에서 유대인들이 이같이 이 띠 임자를 결박하여 이방인의 손에 넘겨 주리라"(행 21:11) 바울 : "여러분이 어찌하여 울어 내 마음을 상하게 하느냐 **나는 주 예수의 이름을 위하여 결박 당할 뿐 아니라 예루살렘에서 죽을 것도 각오하였노라"(행 21:13)**

고린도전서(16장)

고린도는 아가야 지방의 수도이다. 자유인보다 노예가 더 많았던 부유한 상업도시이다. 지리적으로는 그리스 본토에서 펠로폰네소스 반도를 이어주고 에게 해와 아드리아 해를 짧은 거리로 연결하는 통로 역할을 했다. 펠로폰네소스 반도를 돌아가야 하는 먼 항로를 고린도를 통해 육로로 이동하다가 후에는 고린도 운하를 만들어 수로를 통해 상업상의 길목을 열어 지중해에서 아드리아 해로 지름길 역할을 하는 중요한 상업적 도시역할을 했다.
상업이 활발하여 부요하고 풍성한 도시이다 보니 호색과 신전 매춘으로도 유명한 도시이다. 사랑의 여신 아프로디테의 신전과 수천 명의 매춘부들이 고린도 시의 도덕적이고 성적인 타락을 가져왔다. 고린도라는 의미도 '방탕하다'의 뜻이 담긴 이름이다. 사도바울은 2차 선교 여정 중에 고린도교회를 개척하고 1년 6개월 동안 목회한다.(행 18장) 주께서 환상을 통하여 '이 성 중에 내 백성이 많음이라'고 말씀하시며 고린도에 머무를 것을 말씀하셨다.(행 18:9~10) 이때에 로마에서 추방당하여 온 브리스길라와 아굴라가 동역자가 된다.(글라우디오 4세 A.D. 49 추방령 - 유대인과 기독교인의 분쟁시 기독교인 추방)

고린도전서는 바울의 3차 선교 여정 가운데 3년 동안 에베소에 머물 때 보내진다. 고린도의 글로에가 보낸 사람이 고린도 교회 내의 분쟁 문제를 보고하자 바울은 즉시 디모데를 고린도에 파송하여 그로 고린도의 상황을 바로 잡게 했다.(고전 4:17)

<table>
<tr><th colspan="10">고린도전서(16장)</th></tr>
<tr><th colspan="2">교회 내의 문제(1~6장)</th><th colspan="8">문제에 대한 답변(7~16장)</th></tr>
<tr><th>1~4장</th><th>5~6장</th><th colspan="3">7~11장</th><th>12장</th><th>13장</th><th>14장</th><th>15장</th><th>16장</th></tr>
<tr><td rowspan="3">교회 분쟁</td><td rowspan="3">음행과 근친상간</td><td>7장</td><td>8~10장</td><td>11장</td><td rowspan="2">성령의 은사</td><td rowspan="2">사랑</td><td rowspan="2">방언과 예언</td><td rowspan="2">그리스도의 부활과 몸의 부활</td><td rowspan="2">연보와 끝 인사</td></tr>
<tr><td>결혼</td><td>우상의 제물</td><td>공공 예배</td></tr>
<tr><td colspan="3">개인의 성결</td><td colspan="5">공동체 질서</td></tr>
</table>

1. 교회 내의 문제(고전 1~6장)

1) 분쟁에 대한 책망(고전 1~4장)

" 너희가 각각 이르되 나는 바울에게, 나는 아볼로에게, 나는 게바에게, 나는 그리스도에게 속한 자라 한다는 것이니 **그리스도께서 어찌 나뉘었느냐 바울이 너희를 위하여 십자가에 못 박혔으며 바울의 이름으로 너희가 세례를 받았느냐"**(고전 1:12~13)

"십자가의 도가 멸망하는 자들에게는 미련한 것이요 구원을 받는 우리에게는 하나님의 능력이라" (고전 1:18)

"유대인은 표적을 구하고 헬라인은 지혜를 찾으나 우리는 십자가에 못 박힌 그리스도를 전하니 유대인에게는 거리끼는 것이요 이방인에게는 미련한 것이로되 오직 부르심을 받은 자들에게는 유대인이나 헬라인이나 그리스도는 하나님의 능력이요 하나님의 지혜니라"(고전 1:22~24)

"내가 너희 가운데 거할 때에 약하고 두려워하고 심히 떨었노라"(고전 2:3)

"오직 하나님이 성령으로 이것을 우리에게 보이셨으니 성령은 모든 것 곧 하나님의 깊은 것까지도 통달하시느니라"(고전 2:10)

"그런즉 아볼로는 무엇이며 바울은 무엇이냐 그들은 주께서 각각 주신 대로 너희로 하여금 믿게 한 사역자들이니라"(고전 3:5)

"나는 심었고 아볼로는 물을 주었으되 오직 하나님께서 자라나게 하셨나니 그런즉 심는 이나 물 주는 이는 아무 것도 아니로되 오직 자라게 하시는 이는 하나님뿐이니라 심는 이와 물 주는 이는 한가지이나 각각 자기가 일한 대로 자기의 상을 받으리라 우리는 하나님의 동역자들이요 너희는 하나님의 밭이요 하나님의 집이니라"(고전 3:6~9)

"너희는 너희가 하나님의 성전인 것과 하나님의 성령이 너희 안에 계시는 것을 알지 못하느냐"(고전 3:16)

"사람이 마땅히 우리를 그리스도의 일꾼이요 하나님의 비밀을 맡은 자로 여길지어다 그리고 맡은 자들에게 구할 것은 충성이니라"(고전 4:1~2)

2) 고린도교회 내의 음행(고전 5장)

"너희 중에 심지어 음행이 있다 함을 들으니 그런 음행은 이방인 중에서도 없는 것이라 누가 그 아버지의 아내를 취하였다 하는도다 그리하고도 너희가 오히려 교만하여져서 어찌하여 통한히 여기지 아니하고 그 일 행한 자를 너희 중에서 쫓아내지 아니하였느냐"(고전 5:1~2)

"너희는 누룩 없는 자인데 새 덩어리가 되기 위하여 묵은 누룩을 내버리라 **우리의 유월절 양 곧 그리스도께서 희생되셨느니라"(고전 5:7)**

"이제 내가 너희에게 쓴 것은 만일 어떤 형제라 일컫는 자가 음행하거나 탐욕을 부리거나 우상 숭배를 하거나 모욕하거나 술 취하거나 속여 빼앗거든 사귀지도 말고 그런 자와는 함께 먹지도 말라 함이라 밖에 있는 사람들을 판단하는 것이야 내게 무슨 상관이 있으리요마는 교회 안에 있는 사람들이야 너희가 판단하지 아니하랴"(고전 5:11~12)

3) 음행을 경고함(고전 6장)

"불의한 자가 하나님의 나라를 유업으로 받지 못할 줄을 알지 못하느냐"(고전 6:9)

"모든 것이 내게 가하나 다 유익한 것이 아니요 모든 것이 내게 가하나 내가 무엇에든지 얽매이지 아니하리라"(고전 6:12)

"주와 합하는 자는 한 영이니라 음행을 피하라 사람이 범하는 죄마다 몸 밖에 있거니와 음행하는 자는 자기 몸에 죄를 범하느니라 너희 몸은 너희가 하나님께로부터 받은 바 너희 가운데 계신 성령의 전인 줄을 알지 못하느냐 너희는 너희 자신의 것이 아니라 값으로 산 것이 되었으니 그런즉 너희 몸으로 하나님께 영광을 돌리라"(고전 6:17~20)

2. 문제에 대한 답변

1) 개인성결(7~11장)

(1) 결혼(고전 7장)
"음행을 피하기 위하여 남자마다 자기 아내를 두고 여자마다 자기 남편을 두라" (고전 7:2)

"만일 절제할 수 없거든 결혼하라 정욕이 불 같이 타는 것보다 결혼하는 것이 나으니라"(고전 7:9)

"너희는 값으로 사신 것이니 사람들의 종이 되지 말라"(고전 7:23)

(2) 우상의 제물(고전 8~11장)
"우상의 제물에 대하여는 우리가 다 지식이 있는 줄을 아나 지식은 교만하게 하며 사랑은 덕을 세우나니"(고전 8:1)

"그런즉 너희의 자유가 믿음이 약한 자들에게 걸려 넘어지게 하는 것이 되지 않도록 조심하라"(고전 8:9)

(3) 사도의 권리(고전 9장)
"내가 복음을 전할지라도 자랑할 것이 없음은 내가 부득불 할 일임이라 만일 복음을 전하지 아니하면 내게 화가 있을 것이로다"(고전 9:16)

"내가 내 몸을 쳐 복종하게 함은 내가 남에게 전파한 후에 자신이 도리어 버림을 당할까 두려워함이로다"(고전 9:27)

(4) 우상숭배를 피하라(고전 10장)
"다 같은 신령한 음료를 마셨으니 이는 그들을 따르는 신령한 반석으로부터 마셨으매 그 반석은 곧 그리스도시라"(고전 10:4)

"그런즉 선 줄로 생각하는 자는 넘어질까 조심하라"(고전 10:12)

"사람이 감당할 시험 밖에는 너희가 당한 것이 없나니 오직 하나님은 미쁘사 너희가 감당하지 못할 시험 당함을 허락하지 아니하시고 시험 당할 즈음에 또한 피할 길을 내사 너희로 능히 감당하게 하시느니라"(고전 10:13)

"그런즉 내 사랑하는 자들아 우상 숭배하는 일을 피하라"(고전 10:14)

"무릇 이방인이 제사하는 것은 귀신에게 하는 것이요 하나님께 제사하는 것이 아니니 나는 너희가 귀신과 교제하는 자가 되기를 원하지 아니하노라"(고전 10:20)

"그런즉 너희가 먹든지 마시든지 무엇을 하든지 다 하나님의 영광을 위하여 하라"(고전 10:31)

(5) 공공예배(고전 11장)

"내가 그리스도를 본받는 자가 된 것 같이 너희는 나를 본받는 자가 되라"(고전 11:1)

"그러나 나는 너희가 알기를 원하노니 각 남자의 머리는 그리스도요 여자의 머리는 남자요 그리스도의 머리는 하나님이시라"(고전 11:3)

(6) 성만찬 제정(11장 23~29절)

"내가 너희에게 전한 것은 주께 받은 것이니 곧 주 예수께서 잡히시던 밤에 떡을 가지사 축사하시고 떼어 이르시되 이것은 너희를 위하는 내 몸이니 이것을 행하여 나를 기념하라 하시고 식후에 또한 그와 같이 잔을 가지시고 이르시되 이 잔은 내 피로 세운 새 언약이니 이것을 행하여 마실 때마다 나를 기념하라 하셨으니 너희가 이 떡을 먹으며 이 잔을 마실 때마다 주의 죽으심을 그가 오실 때까지 전하는 것이니라"(고전 11:23~26)

"그러므로 누구든지 주의 떡이나 잔을 합당하지 않게 먹고 마시는 자는 주의 몸과 피에 대하여 죄를 짓는 것이니라"(고전 11:27)

"사람이 자기를 살피고 그 후에야 이 떡을 먹고 이 잔을 마실지니 주의 몸을 분별하지 못하고 먹고 마시는 자는 자기의 죄를 먹고 마시는 것이니라"(고전 11:28~29)

2) 성령의 은사(고전 12장)

"그러므로 내가 너희에게 알리노니 하나님의 영으로 말하는 자는 누구든지 예수를 저주할 자라 하지 아니하고 또 성령으로 아니하고는 누구든지 예수를 주시라 할 수 없느니라 은사는 여러 가지나 성령은 같고 직분은 여러 가지나 주는 같으며 또 사역은 여러 가지나 모든 것을 모든 사람 가운데서 이루시는 하나님은 같으니 각 사람에게 성령을 나타내심은 유익하게 하려 하심이라"(고전 12:3~7)

9가지 성령의 은사(고전 12:8~10)

계시의 은사	권능의 은사	발성의 은사
지혜의 말씀	병 고치는 은사	방언
지식의 말씀	능력 행함	방언 통역
믿음	예언함	영분별

에베소서 4:11~12 - 사도, 선지자, 복음 전하는 자, 목사, 교사
"그가 어떤 사람은 사도로, 어떤 사람은 선지자로, 어떤 사람은 복음 전하는 자로, 어떤 사람은 목사와 교사로 삼으셨으니 이는 성도를 온전하게 하여 봉사의 일을 하게 하며 그리스도의 몸을 세우려 하심이라"

"하나님이 교회 중에 몇을 세우셨으니 첫째는 사도요 둘째는 선지자요 셋째는 교사요 그 다음은 능력을 행하는 자요 그 다음은 병 고치는 은사와 서로 돕는 것과 다스리는 것과 각종 방언을 말하는 것이라"(고전 12:28)

3) 사랑(고전 13장) : 더욱 큰 성령의 은사 "사랑"

은사의 본질은 사랑이다. 사랑이 없으면 일시적 은사의 나타남과 커다란 희생은 의미가 없음을 강조한다.

(1) 사랑의 필요성(고전 13:1~3) : "내가 사람의 방언과 천사의 말을 할지라도 사랑이 없으면 소리

나는 구리와 울리는 꽹과리가 되고 내가 예언하는 능력이 있어 모든 비밀과 모든 지식을 알고 또 산을 옮길 만한 모든 믿음이 있을지라도 사랑이 없으면 내가 아무 것도 아니요 내가 내게 있는 모든 것으로 구제하고 또 내 몸을 불사르게 내줄지라도 사랑이 없으면 내게 아무 유익이 없느니라"

(2) 사랑의 특성(고전 13:4~7) : "사랑은 오래 참고 사랑은 온유하며 시기하지 아니하며 사랑은 자랑하지 아니하며 교만하지 아니하며 무례히 행하지 아니하며 자기의 유익을 구하지 아니하며 성내지 아니하며 악한 것을 생각하지 아니하며 불의를 기뻐하지 아니하며 진리와 함께 기뻐하고 모든 것을 참으며 모든 것을 믿으며 모든 것을 바라며 모든 것을 견디느니라"

(3) 사랑의 영원성(고전 13:8~13) : "사랑은 언제까지나 떨어지지 아니하되 예언도 폐하고 방언도 그치고 지식도 폐하리라 우리는 부분적으로 알고 부분적으로 예언하니 온전한 것이 올 때에는 부분적으로 하던 것이 폐하리라 내가 어렸을 때에는 말하는 것이 어린 아이와 같고 깨닫는 것이 어린 아이와 같고 생각하는 것이 어린 아이와 같다가 장성한 사람이 되어서는 어린 아이의 일을 버렸노라 우리가 지금은 거울로 보는 것 같이 희미하나 그 때에는 얼굴과 얼굴을 대하여 볼 것이요 지금은 내가 부분적으로 아나 그 때에는 주께서 나를 아신 것 같이 내가 온전히 알리라 그런즉 믿음, 소망, 사랑, 이 세 가지는 항상 있을 것인데 그 중의 제일은 사랑이라"

4) 방언과 예언(고전 14장)

"방언을 말하는 자는 자기의 덕을 세우고 예언하는 자는 교회의 덕을 세우나니"(고전 14:4)

"형제들아 지혜에는 아이가 되지 말고 악에는 어린 아이가 되라 지혜에는 장성한 사람이 되라"(고전 14:20)

"그러므로 방언은 믿는 자들을 위하지 아니하고 믿지 아니하는 자들을 위하는 표적이나 예언은 믿지 아니하는 자들을 위하지 않고 믿는 자들을 위함이니라"(고전 14:22)

"그런즉 내 형제들아 예언하기를 사모하며 방언 말하기를 금하지 말라"(고전 14:39)

5) 그리스도의 부활(고전 15장)

“장사 지낸 바 되셨다가 성경대로 사흘 만에 다시 살아나사 게바에게 보이시고 후에 열두 제자에게와 그 후에 오백여 형제에게 일시에 보이셨나니 그 중에 지금까지 대다수는 살아 있고 어떤 사람은 잠들었으며 그 후에 야고보에게 보이셨으며 그 후에 모든 사도에게와 맨 나중에 만삭되지 못하여 난 자 같은 내게도 보이셨느니라”(고전 15:4~8)

“그러나 이제 그리스도께서 죽은 자 가운데서 다시 살아나사 잠자는 자들의 첫 열매가 되셨도다”(고전 15:20)

몸의 부활

“나팔 소리가 나매 죽은 자들이 썩지 아니할 것으로 다시 살아나고 우리도 변화되리라 이 썩을 것이 반드시 썩지 아니할 것을 입겠고 이 죽을 것이 죽지 아니함을 입으리로다”(고전 15:52~53)

6) 연보와 끝인사(고전 16장)

“매주 첫날에 너희 각 사람이 수입에 따라 모아 두어서 내가 갈 때에 연보를 하지 않게 하라”(고전 16:2) 고린도에 도착하면 사도 바울은 고린도에 머물기를 바라고 있다.(고전 16:7)

“내가 오순절까지 에베소에 머물려 함은 대적하는 자가 많음이라”(고전 16:8)

“만일 누구든지 주를 사랑하지 아니하면 저주를 받을지어다 우리 주여 오시옵소서”(고전 16:22)

디모데를 고린도교회에 보냄(고전 16:10)
아볼로는 고린도교회로 돌아갈 뜻이 없음을 전한다.(고전 16:12)

고린도후서(13장)

고린도 교인 중에는 바울이 고린도교회에 보낸 첫 번째 편지에서 몇 가지 조건들을 오해하고 바울을 몹시 비판하고 악하게 행하는 사람이 있었다.(고후 2:5~11) 바울은 이 상황을 해결해 보려고 급하게 잠깐 고린도를 다녀온다.(고후 12:14, 13:1)

고린도교회 공동체 안에 바울의 사도성에 대한 의문이 제시 되었다. 육신에 따라 행하는 자이다(고후 10:2), 유약하고 어눌하게 말한다(고후 10:10, 11:6), 봉급을 받지 않는다(고후 11:7), 12사도 중에 있지 않다, 복음을 온전히 이해하지 못한다(고후 11:5, 12:11~12), 추천서가 없다(고후 3:1)는 등 여러 가지 이유로 사도성에 대한 의심과 비판이 나왔다.
바울은 에베소에서 놀람과 걱정으로 눈물의 편지를 써서 디도 편에 고린도에 보낸다. 그 후 바울은 서둘러 마게도냐로 가서 빌립보에서 고린도로 보냈던 디도를 만난다. 디도에게서 고린도교회의 형편을 듣고 안심하는 마음으로 두 번째 고린도 교회에 보내는 편지(고린도후서)를 디도 편에 보낸다.

고린도전서가 교회 내의 문제와 개인의 성결에 대해 기록했다면 고린도후서는 교훈이나 교회의 질서보다는 사도 바울의 개인적인 점을 다루었다는 점에서 아주 다르다. 다른 어떤 서신서보다 자신의 감정과 사적인 것을 드러낸 서신서이다.

바울은 자신의 사도성을 변호한다. 이는 자신을 자랑하기 위함이 아니요 자신이 전하는 복음이 훼손 되는 것을 변호하기 위한 것이다. 그의 변호는 진정한 변호이다. 사도로서의 자랑은 복음을 위한 참 자랑이다. "내 은혜가 네게 족하도다 이는 내 능력이 약한 데서 온전하여짐이라" "내가 그리스도를 위하여 약한 것들과 능욕과 궁핍과 박해와 곤고를 기뻐하노니 이는 내가 약한 그 때에 강함이라"(고후 12:9~10) 이와 같이 고린도후서는 사도 바울의 신앙고백서와 같다.

고린도후서(13장)

1~5장	6~9장	10~13장
위로	권면	사도성 변호

1. 위로(고후 1~5장)

"찬송하리로다 그는 우리 주 예수 그리스도의 하나님이시요 자비의 아버지시요 모든 위로의 하나님이시며 우리의 모든 환난 중에서 우리를 위로하사 우리로 하여금 하나님께 받는 위로로써 모든 환난 중에 있는 자들을 능히 위로하게 하시는 이시로다 그리스도의 고난이 우리에게 넘친 것 같이 우리가 받는 위로도 그리스도로 말미암아 넘치는도다"(고후 1:3~5)

"형제들아 우리가 아시아에서 당한 환난을 너희가 모르기를 원하지 아니하노니 힘에 겹도록 심한 고난을 당하여 살 소망까지 끊어지고 우리는 우리 자신이 사형 선고를 받은 줄 알았으니 이는 우리로 자기를 의지하지 말고 오직 죽은 자를 다시 살리시는 하나님만 의지하게 하심이라"(고후 1:8~9)

[바울의 고난의 결과는 자기를 의지하지 않고 하나님만 의지하게 하려함이다.]

"우리가 세상에서 특별히 너희에 대하여 하나님의 거룩함과 진실함으로 행하되 육체의 지혜로 하지 아니하고 하나님의 은혜로 행함은 우리 양심이 증언하는 바니 이것이 우리의 자랑이라"(고후 1:12)

[바울의 자랑은 육체의 지혜가 아니라 하나님의 은혜이다.]

"내가 마음에 큰 눌림과 걱정이 있어 많은 눈물로 너희에게 썼노니 이는 너희로 근심하게 하려 한 것이 아니요 오직 내가 너희를 향하여 넘치는 사랑이 있음을 너희로 알게 하려 함이라"(고후 2:4) [눈물의 편지]

"우리는 구원 받는 자들에게나 망하는 자들에게나 하나님 앞에서 그리스도의 향기니 이 사람에게는 사망으로부터 사망에 이르는 냄새요 저 사람에게는 생명으로부터 생명에 이르는 냄새라"(고후 2:15~16)

"너희는 우리의 편지라 우리 마음에 썼고 뭇 사람이 알고 읽는 바라 너희는 우리로 말미암아 나타난 그리스도의 편지니 이는 먹으로 쓴 것이 아니요 오직 살아 계신 하나님의 영으로 쓴 것이며 또 돌판에 쓴 것이 아니요 오직 육의 마음판에 쓴 것이라"(고후 3:2~3)

"우리는 우리를 전파하는 것이 아니라 오직 그리스도 예수의 주 되신 것과 또 예수를 위하여 우리가 너희의 종 된 것을 전파함이라"(고후 4:5)

"우리가 이 보배를 질그릇에 가졌으니 이는 심히 큰 능력은 하나님께 있고 우리에게 있지 아니함을 알게 하려 함이라 우리가 사방으로 우겨쌈을 당하여도 싸이지 아니하며 답답한 일을 당하여도 낙심하지 아니하며 박해를 받아도 버린 바 되지 아니하며 거꾸러뜨림을 당하여도 망하지 아니하고 우리가 항상 예수의 죽음을 몸에 짊어짐은 예수의 생명이 또한 우리 몸에 나타나게 하려 함이라"(고후 4:7~10)

"그러므로 우리가 낙심하지 아니하노니 우리의 겉사람은 낡아지나 우리의 속사람은 날로 새로워지도다 우리가 잠시 받는 환난의 경한 것이 지극히 크고 영원한 영광의 중한 것을 우리에게 이루게 함이니 우리가 주목하는 것은 보이는 것이 아니요 보이지 않는 것이니 보이는 것은 잠깐이요 보이지 않는 것은 영원함이라"(고후 4:16~18)

"만일 땅에 있는 우리의 장막 집이 무너지면 하나님께서 지으신 집 곧 손으로 지은 것이 아니요 하늘에 있는 영원한 집이 우리에게 있는 줄 아느니라"(고후 5:1)

"이는 우리가 믿음으로 행하고 보는 것으로 행하지 아니함이로라"(고후 5:7)

"그런즉 누구든지 그리스도 안에 있으면 새로운 피조물이라 이전 것은 지나갔으니 보라 새 것이 되었도다"(고후 5:17)

2. 권면(고후 6~9장)

"근심하는 자 같으나 항상 기뻐하고 가난한 자 같으나 많은 사람을 부요하게 하고 아무 것도 없는 자 같으나 모든 것을 가진 자로다"(고후 6:10)

"내가 자녀에게 말하듯 하노니 보답하는 것으로 너희도 마음을 넓히라"(고후 6:13)

(1) 불신자와 함께하지 말라(고후 6:14~18)

"너희는 믿지 않는 자와 멍에를 함께 메지 말라 의와 불법이 어찌 함께 하며 빛과 어둠이 어찌 사귀며 그리스도와 벨리알이 어찌 조화되며 믿는 자와 믿지 않는 자가 어찌 상관하며 하나님의 성전과 우상이 어찌 일치가 되리요 우리는 살아 계신 하나님의 성전이라 이와 같이 하나님께서 이르시되 내가 그들 가운데 거하며 두루 행하여 나는 그들의 하나님이 되고 그들은 나의 백성이 되리라"(고후 6:14~16)

"그런즉 사랑하는 자들아 이 약속을 가진 우리는 하나님을 두려워하는 가운데서 거룩함을 온전히 이루어 육과 영의 온갖 더러운 것에서 자신을 깨끗하게 하자"(고후 7:1)

"하나님의 뜻대로 하는 근심은 후회할 것이 없는 구원에 이르게 하는 회개를 이루는 것이요 세상 근심은 사망을 이루는 것이니라"(고후 7:10)

(2) 마게도냐 교회의 모범적인 헌금(고후 8:1~15)

마게도냐 교회는 "환난의 많은 시련 가운데서 그들의 넘치는 기쁨과 극심한 가난이 그들의 풍성한 연보를 넘치도록 하게 하였느니라"(고후 8:2)

"오직 너희는 믿음과 말과 지식과 모든 간절함과 우리를 사랑하는 이 모든 일에 풍성한 것 같이 이 은혜에도 풍성하게 할지니라"(고후 8:7)

"우리 주 예수 그리스도의 은혜를 너희가 알거니와 부요하신 이로서 너희를 위하여 가난하게 되심은 그의 가난함으로 말미암아 너희를 부요하게 하려 하심이라" (고후 8:9)

마게도냐는 환난가운데서도 기쁘게 풍성한 연보를 준비한다. 고린도교회는 믿음과 지식 이 모든 일에 풍성함으로 모범적인 헌금을 드리라 격려한다. 이 거액의 연보를 바울의 동역자인 디도편에 예루살렘교회에 전달한다.(고후 8:20) 그러나 고린도교회는 마게도냐교회보다 헌금을 준비하지 않아 믿던 것에 부끄러움을 당할까 두려워함이라 말씀한다.(고후 9:4)

(3) **디도와 그의 동역자들**(고후 8:16~24)
"디도로 말하면 나의 동료요 너희를 위한 나의 동역자요 우리 형제들로 말하면 여러 교회의 사자들이요 그리스도의 영광이니라"(고후 8:23)

"디도"는 바울의 동역자로 바울서신 고후, 갈, 딤후, 디도서에 언급 되어있다.
① 억지로 할례를 받게 하지 않음(갈 2:3) - 예루살렘 종교회의
② 나의 참 아들 된 디도(딛 1:4)
③ 교회를 세우도록 바울이 디도를 그레데에 남겨둠(딛 1:5)
④ 디도는 달마디아로 갔고(딤후 4:10)

"이것이 곧 적게 심는 자는 적게 거두고 많이 심는 자는 많이 거둔다 하는 말이로다"(고후 9:6)
"각각 그 마음에 정한 대로 할 것이요 인색함으로나 억지로 하지 말지니 하나님은 즐겨 내는 자를 사랑하시느니라"(고후 9:7)

"심는 자에게 씨와 먹을 양식을 주시는 이가 너희 심을 것을 주사 풍성하게 하시고 너희 의의 열매를 더하게 하시리니"(고후 9:10)

3. 사도성 변호(고후 10~13장) - 눈물의 편지로 보는 견해

고린도교회의 바울의 대적자들은 바울이 편지에는 힘이 있으나 육체적으로 연약하고 그 말도 시원하지 않다고 바울의 사도성을 비판했다.(고후 10:10)

"우리의 싸우는 무기는 육신에 속한 것이 아니요 오직 어떤 견고한 진도 무너뜨리는 하나님의 능력이라 모든 이론을 무너뜨리며 하나님 아는 것을 대적하여 높아진 것을 다 무너뜨리고 모든 생각을 사로잡아 그리스도에게 복종하게 하니"(고후 10:4~5)

"너희는 외모만 보는도다"(고후 10:7)

"내가 너희를 높이려고 나를 낮추어 하나님의 복음을 값없이 너희에게 전함으로 죄를 지었느냐"(고후 11:7)
(1) **거짓 사도들**(11:14~15) - "이것은 이상한 일이 아니니라 사단도 자기를 광명의

천사로 가장하나니 그러므로 사단의 일꾼들도 자기를 의의 일꾼으로 가장하는 것이 또한 대단한 일이 아니니라 그들의 마지막은 그 행위대로 되리라"

(2) 복음을 위한 바울의 고난(11:16~33)

바울의 정체성(11:16~23) – 바울의 자랑은 참 자랑이다
① 그들이 히브리인이냐 나도 그러하며
② 그들이 이스라엘인이냐 나도 그러하며
③ 그들이 아브라함의 후손이냐 나도 그러하며
④ 그들이 그리스도의 일꾼이냐 정신 없는 말을 하거니와 나는 더욱 그러하도다

바울의 고난(11:23~27) – 바울의 가장 사적인 내용을 써서 그의 사도성을 변호
내가 수고를 넘치도록 하고 옥에 갇히기도 더 많이 하고 매도 수없이 맞고 여러 번 죽을 뻔하였으니
① 유대인들에게 사십에서 하나 감한 매를 다섯 번 맞았으며
② 세 번 태장으로 맞고
③ 한 번 돌로 맞고
④ 세 번 파선하고
⑤ 일 주야를 깊은 바다에서 지냈으며
⑥ 여러 번 여행하면서 강의 위험과
⑦ 강도의 위험과
⑧ 동족의 위험과
⑨ 이방인의 위험과
⑩ 시내의 위험과
⑪ 광야의 위험과
⑫ 바다의 위험과
⑬ 거짓 형제 중의 위험을 당하고 ⑭또 수고하며 애쓰고 여러 번 자지 못하고 주리며 목마르고 여러 번 굶고 춥고 헐벗었노라

바울의 남은 고난과 자랑(11:28~30)
"이 외의 일은 고사하고 아직도 날마다 내 속에 눌리는 일이 있으니 곧 모든 교회를 위하여 염려하는 것이라 누가 약하면 내가 약하지 아니하며 누가 실족하게 되면 내가 애타지 아니하더냐 내가 부득불 자랑할진대 내가 약한 것을 자랑하리라"

(3) 주의 환상과 계시(12장)

"무익하나마 내가 부득불 자랑하노니 주의 환상과 계시를 말하리라 내가 그리스도 안에 있는 한 사람을 아노니 그는 십사 년 전에 셋째 하늘에 이끌려 간 자라" (고후 12:1~2) [A.D. 42 – 사도바울의 다메섹 회심(A.D. 34) 후 다소(A.D. 37~47)에 머물렀던 시간]

"여러 계시를 받은 것이 지극히 크므로 너무 자만하지 않게 하시려고 내 육체에 가시 곧 사단의 사자를 주셨으니 이는 나를 쳐서 너무 자만하지 않게 하려 하심이라"(고후 12:7)

"내 은혜가 네게 족하도다 이는 내 능력이 약한 데서 온전하여짐이라 하신지라 그러므로 도리어 크게 기뻐함으로 나의 여러 약한 것들에 대하여 자랑하리니 이는 그리스도의 능력이 내게 머물게 하려 함이라 그러므로 내가 그리스도를 위하여 약한 것들과 능욕과 궁핍과 박해와 곤고를 기뻐하노니 이는 내가 약한 그 때에 강함이라"(고후 12:9~10)

"사도의 표가 된 것은 내가 너희 가운데서 모든 참음과 표적과 기사와 능력을 행한 것이라"(고후 12:12)

"내가 구하는 것은 너희의 재물이 아니요 오직 너희니라"(고후 12:14)

"내가 이제 세 번째 너희에게 가리니"(고후 13:1)

"너희는 믿음 안에 있는가 너희 자신을 시험하고 너희 자신을 확증하라 예수 그리스도께서 너희 안에 계신 줄을 너희가 스스로 알지 못하느냐 그렇지 않으면 너희는 버림 받은 자니라"(고후 13:5)

"마지막으로 말하노니 형제들아 기뻐하라 온전하게 되며 위로를 받으며 마음을 같이하며 평안할지어다 또 사랑과 평강의 하나님이 너희와 함께 계시리라 거룩하게 입맞춤으로 서로 문안하라"(고후 13:11)

로마서(16장)

바울의 지금까지의 서신서들(갈, 살전, 살후, 고전, 고후)과는 달리 로마서는 바울이 여러번 가고자 했으나 길이 막혀 아직 가보지 못한 로마교회의 성도들에게 보낸 서신서이다. 로마교회는 유대인 개종자들만 아니라 이방인이 섞여 있었다.(롬 1:13)

로마교회는 정확히 누가 언제 시작했는지는 밝혀지지 않았으나 추정해 볼 수 있다. 지중해 연안의 여러 도시에서 이주해 온 성도들, 또는 베드로, 바울의 순회 전도 때의 개종한 사람들, 그리고 성경적 근거로는 사도행전 2장 10절의 오순절에 로마에서 예루살렘에 온 유대인과 유대교 개종자들이 오순절 성령강림과 그리스도의 복음을 듣고 로마로 돌아간 후 성도들이 시작한 교회로 추정할 수 있다. 사도 바울은 2차 선교여행 때 고린도에서 아굴라와 브리스길라를 만나 함께 동역했다. 이 부부는 로마 황제 글라우디오 때 로마에서 추방당해 고린도에 정착하고 있었다. 이 추방령은 A.D. 49년 때 일어난 일이라 로마교회는 이미 그 이전에 세워진 교회이다. 바울은 아굴라와 브리스길라 부부로부터 로마교회의 상황을 전해 들었던 것이다.

로마서는 바울이 세 번째 고린도교회를 방문했을 때(바울 3차 선교) 고린도에서 로마교회의 성도들에게 로마 방문에 대한 의지를 밝혔고 또한 그 당시 땅 끝이라고 생각하는 로마의 서쪽 서바나에 갈 계획과 로마교회의 물질적 후원도 기대한다고 쓰고 있다.(롬 15:23~24)
로마서는 겐그레아교회의 자매 뵈뵈 편에 보내진다.(롬 16:1) 로마서를 기록할 당시는 바울의 3차 선교여정의 마무리 단계이다.(A.D. 57) 따라서 복음에 대한 이해가 성숙해졌고 복음을 가장 논리적이고 체계적으로 정리하고 있어서 로마서에는 기독교 교리와 신학적 논리가 가장 잘 정리되어 있다.

로마서의 주제는 '구원'과 '예수 그리스도'이다. 예수 그리스도를 보내신 하나님은 의롭다는 것이다. 구원은 우리의 행함이 아니라 믿음으로 얻는다는 메시지가 갈리디아서와 로마서가 닮은 서신서가 되게 한다.
로마서의 요절은 로마서 1장 16~17절이다. "내가 복음을 부끄러워하지 아니하노니 이 복음은 모든 믿는 자에게 구원을 주시는 하나님의 능력이 됨이라 먼저는 유대인에게요 그리고 헬라인에게로다 복음에는 하나님의 의가 나타나서 믿음으로 믿음에 이르게 하나니 기록된 바 오직 의인은 믿음으로 말미암아 살리라"(합 2:4, 롬 1:17, 갈 3:11, 히 10:38)

로마서(16장)

1~5장	6~8장	9~11장	12~16장
구원(칭의)	새 생명(성화)	이스라엘의 구속	성도의 삶(새 생활)

1. 구원 "칭의"(롬 1~5장)

[칭의 : 모든 인간은 죄인이지만 믿음으로 의롭다함을 얻음]

1장 : 복음은 예수 그리스도이다

복음은 하나님이 선지자들을 통하여 그의 아들에 관하여 성경에 미리 약속하신 것이다.
그의 아들에 관하여 말하면 육신으로는 다윗의 혈통에서 나셨고 성결의 영으로는 죽은 자들 가운데서 부활하사 능력으로 하나님의 아들로 선포되셨으니 곧 우리 주 예수 그리스도시니라(롬 1:2~4)

"형제들아 내가 여러 번 너희에게 가고자 한 것을 너희가 모르기를 원하지 아니하노니 이는 너희 중에서도 다른 이방인 중에서와 같이 열매를 맺게 하려 함이로되 지금까지 길이 막혔도다"(롬 1:13)

"내가 복음을 부끄러워하지 아니하노니 이 복음은 모든 믿는 자에게 구원을 주시는 하나님의 능력이 됨이라 먼저는 유대인에게요 그리고 헬라인에게로다"(롬 1:16)

"복음에는 하나님의 의가 나타나서 믿음으로 믿음에 이르게 하나니 기록된 바 오직 의인은 믿음으로 말미암아 살리라 함과 같으니라"(롬 1:17)

이방인의 죄 (1:18~32)		
종교적인 죄(1:18~25)	성적인 죄(1:26~27)	도덕적인 죄(1:28~32)

1) 이방인의 죄(롬 1:18~32)

(1) 종교적(영적)인 죄(롬 1:18~25)

"하나님을 알되 하나님을 영화롭게도 아니하며 감사하지도 아니하고 오히려 그 생각이 허망하여지며 미련한 마음이 어두워졌나니 스스로 지혜 있다 하나 어리석게 되어 썩어지지 아니하는 하나님의 영광을 썩어질 사람과 새와 짐승과 기어다니는 동물 모양의 우상으로 바꾸었느니라 그러므로 하나님께서 그들을 마음의 정욕대로 더러움에 내버려 두사 그들의 몸을 서로 욕되게 하게 하셨으니 이는 그들이 하나님의 진리를 거짓 것으로 바꾸어 피조물을 조물주보다 더 경배하고 섬김이라 주는 곧 영원히 찬송할 이시로다 아멘"(롬 1:21~25)

(2) 성적인 죄(롬 1:26~27)

"이 때문에 하나님께서 그들을 부끄러운 욕심에 내버려 두셨으니 곧 그들의 여자들도 순리대로 쓸 것을 바꾸어 역리로 쓰며 그와 같이 남자들도 순리대로 여자 쓰기를 버리고 서로 향하여 음욕이 불 일듯 하매 남자가 남자와 더불어 부끄러운 일을 행하여 그들의 그릇됨에 상당한 보응을 그들 자신이 받았느니라"(롬 1:26~27)

(3)도덕적인 죄(롬 1:28~32)

"또한 그들이 마음에 하나님 두기를 싫어하매 하나님께서 그들을 그 상실한 마음대로 내버려 두사 합당하지 못한 일을 하게 하셨으니 곧 모든 불의, 추악, 탐욕, 악의가 가득한 자요 시기, 살인, 분쟁, 사기, 악독이 가득한 자요 수군수군하는 자요 비방하는 자요 하나님께서 미워하시는 자요 능욕하는 자요 교만한 자요 자랑하는 자요 악을 도모하는 자요 부모를 거역하는 자요 우매한 자요 배약하는 자요 무정한 자요 무자비한 자라 그들이 이같은 일을 행하는 자는 사형에 해당한다고 하나님께서 정하심을 알고도 자기들만 행할 뿐 아니라 또한 그런 일을 행하는 자들을 옳다 하느니라"(롬 1:28~32)

2장 : 하나님의 심판의 원칙

"다만 네 고집과 회개하지 아니한 마음을 따라 진노의 날 곧 하나님의 의로우신 심판이 나타나는 그 날에 임할 진노를 네게 쌓는도다 하나님께서 각 사람에게 그 행한 대로 보응하시되 참고 선을 행하여 영광과 존귀와 썩지 아니함을 구하는 자에게는 영생으로 하시고 오직 당을 지어 진리를 따르지 아니하고 불의를 따르는 자에게는 진노와 분노로 하시리라"(롬 2:5~8)

"무릇 율법 없이 범죄한 자는 또한 율법 없이 망하고 무릇 율법이 있고 범죄한 자는 율법으로 말미암아 심판을 받으리라"(롬 2:12)

유대인의 죄(롬2:17~3:8)	
율법을 행하지 않는 유대인(롬 2:17~24)	유대인의 형식적 할례(롬 2:25~3:8)

2) 유대인의 죄(롬 2:17~3:8)

(1) 율법을 행하지 않는 유대인(롬 2:17~24)
"율법을 자랑하는 네가 율법을 범함으로 하나님을 욕되게 하느냐 기록된 바와 같이 하나님의 이름이 너희 때문에 이방인 중에서 모독을 받는도다"(롬 2:23~24)

(2)유대인의 형식적 할례(롬 2:25~3:8)
"무릇 표면적 유대인이 유대인이 아니요 표면적 육신의 할례가 할례가 아니니라"
(롬 2:26)
마음의 할례(신 10:16)

3장 : 모든 사람이 죄 아래 있다

모든 사람이 다 죄 아래 있다(롬 3:9~31)	
모든 사람의 죄악(롬 3:9~17)	하나님의 의(롬 3:18~31)

"그런즉 유대인의 나음이 무엇이며 할례의 유익이 무엇이냐"(롬 3:1)

3) 모든 사람이 다 죄 아래 있다(롬 3:9~31)

(1) 모든 사람의 죄악(롬 3:9~17)

"그러면 어떠하냐 우리는 나으냐 결코 아니라 유대인이나 헬라인이나 다 죄 아래에 있다고 우리가 이미 선언하였느니라 기록된 바 **의인은 없나니 하나도 없으며** 깨닫는 자도 없고 하나님을 찾는 자도 없고 다 치우쳐 함께 무익하게 되고 선을 행하는 자는 없나니 하나도 없도다 그들의 목구멍은 열린 무덤이요 그 혀로는 속임을 일삼으며 그 입술에는 독사의 독이 있고 그 입에는 저주와 악독이 가득하고 그 발은 피 흘리는 데 빠른지라 파멸과 고생이 그 길에 있어 평강의 길을 알지 못하였고 그들의 눈 앞에 하나님을 두려워함이 없느니라 함과 같으니라"(롬 3:9~17)

(2) 하나님의 의(롬 3:18~31)

"곧 예수 그리스도를 믿음으로 말미암아 모든 믿는 자에게 미치는 하나님의 의니 차별이 없느니라 **모든 사람이 죄를 범하였으매 하나님의 영광에 이르지 못하더니 그리스도 예수 안에 있는 속량으로 말미암아 하나님의 은혜로 값 없이 의롭다 하심을 얻은 자 되었느니라"**(롬 3:22~24)

"그러므로 사람이 의롭다 하심을 얻는 것은 율법의 행위에 있지 않고 믿음으로 되는 줄 우리가 인정하노라"(롬 3:28)

4장 : 믿음으로 의롭다 하심을 얻은 아브라함

"성경이 무엇을 말하느냐 아브라함이 하나님을 믿으매 그것이 그에게 의로 여겨진 바 되었느니라"(롬 4:3)

"아브라함에게는 그 믿음이 의로 여겨졌다 하노라 그런즉 그것이 어떻게 여겨졌느냐 할례시냐 무할례시냐 할례시가 아니요 무할례시니라"(롬 4:9~10)

"믿음이 없어 하나님의 약속을 의심하지 않고 믿음으로 견고하여져서 하나님께 영광을 돌리며"(롬 4:20)

"예수는 우리가 범죄한 것 때문에 내줌이 되고 또한 우리를 의롭다 하시기 위하여 살아나셨느니라"(롬 4:25)

5장 : 의롭다 하심을 받은 우리의 삶

"그러므로 우리가 믿음으로 의롭다 하심을 받았으니 우리 주 예수 그리스도로 말미암아 하나님과 화평을 누리자"(롬 5:1)

"다만 이뿐 아니라 우리가 환난 중에도 즐거워하나니 이는 환난은 인내를, 인내는 연단을, 연단은 소망을 이루는 줄 앎이로다"(롬 5:3~4)

"우리가 아직 죄인 되었을 때에 그리스도께서 우리를 위하여 죽으심으로 하나님께서 우리에 대한 자기의 사랑을 확증하셨느니라"(롬 5:8)

아담과 예수그리스도(롬 5:12~21)
"한 사람이 순종하지 아니함으로 많은 사람이 죄인 된 것 같이 한 사람이 순종하심으로 많은 사람이 의인이 되리라"(롬 5:19)

2. 새 생명 "성화"(롬 6~8장)

6장 : 그리스도와 함께 죽고 함께 산다

"이와 같이 너희도 너희 자신을 죄에 대하여는 죽은 자요 그리스도 예수 안에서 하나님께 대하여는 살아 있는 자로 여길지어다"(롬 6:11)

"그러나 이제는 너희가 죄로부터 해방되고 하나님께 종이 되어 거룩함에 이르는 열매를 맺었으니 그 마지막은 영생이라"(롬 6:22)

"죄의 삯은 사망이요 하나님의 은사는 그리스도 예수 우리 주 안에 있는 영생이니라"(롬 6:23)

7장 : 혼인 관계로 비유된 율법과 죄

"만일 그 남편이 죽으면 남편의 법에서 벗어나느니라"(2절), "그러므로 내 형제들아 너희도 그리스도의 몸으로 말미암아 율법에 대하여 죽임을 당하였으니"(4절), "이제는 우리가 얽매였던 것에 대하여 죽었으므로 율법에서 벗어났으니 이러므로 우리가 영의 새로운 것으로 섬길 것이요 율법 조문의 묵은 것으로 아니할지니라"(6절)

"오호라 나는 곤고한 사람이로다 이 사망의 몸에서 누가 나를 건져내랴"(롬 7:24)

"우리 주 예수 그리스도로 말미암아 하나님께 감사하리로다 그런즉 내 자신이 마음으로는 하나님의 법을 육신으로는 죄의 법을 섬기노라"(롬 7:25)

8장 : 생명의 성령의 법

"그러므로 이제 그리스도 예수 안에 있는 자에게는 결코 정죄함이 없나니 이는 그리스도 예수 안에 있는 생명의 성령의 법이 죄와 사망의 법에서 너를 해방하였음이라"(롬 8:1~2)

"육신의 생각은 사망이요 영의 생각은 생명과 평안이니라 육신의 생각은 하나님과 원수가 되나니 이는 하나님의 법에 굴복하지 아니할 뿐 아니라 할 수도 없음이라 육신에 있는 자들은 하나님을 기쁘시게 할 수 없느니라"(롬 8:6~8)

"그러므로 형제들아 우리가 빚진 자로되 육신에게 져서 육신대로 살 것이 아니니라 너희가 육신대로 살면 반드시 죽을 것이로되 영으로써 몸의 행실을 죽이면 살리니 무릇 하나님의 영으로 인도함을 받는 사람은 곧 하나님의 아들이라"(롬 8:12~14)

① 도우시는 성령(롬 8:16~30)

"성령이 친히 우리의 영과 더불어 우리가 하나님의 자녀인 것을 증언하시나니 자녀이면 또한 상속자 곧 하나님의 상속자요 그리스도와 함께 한 상속자니 우리가 그와 함께 영광을 받기 위하여 고난도 함께 받아야 할 것이니라 생각하건대 현재의 고난은 장차 우리에게 나타날 영광과 비교할 수 없도다"(롬 8:16~18)

"이와 같이 성령도 우리의 연약함을 도우시나니 우리는 마땅히 기도할 바를 알지 못하나 오직 성령이 말할 수 없는 탄식으로 우리를 위하여 친히 간구하시느니라"(롬 8:26)

"우리가 알거니와 하나님을 사랑하는 자 곧 그의 뜻대로 부르심을 입은 자들에게는 모든 것이 합력하여 선을 이루느니라"(롬 8:28)

② 하나님의 사랑 예수 그리스도(롬 8:31~39)

"그런즉 이 일에 대하여 우리가 무슨 말 하리요 만일 하나님이 우리를 위하시면 누가 우리를 대적하리요 자기 아들을 아끼지 아니하시고 우리 모든 사람을 위하여 내주신 이가 어찌 그 아들과 함께 모든 것을 우리에게 주시지 아니하겠느냐"(롬 8:31~32)

"누가 우리를 그리스도의 사랑에서 끊으리요 환난이나 곤고나 박해나 기근이나 적신이나 위험이나 칼이랴"(롬 8:35)

"내가 확신하노니 사망이나 생명이나 천사들이나 권세자들이나 현재 일이나 장래 일이나 능력이나 높음이나 깊음이나 다른 어떤 피조물이라도 우리를 우리 주 그리스도 예수 안에 있는 하나님의 사랑에서 끊을 수 없으리라"(롬 8:38~39)

3. 이스라엘의 구속(롬 9~11장)

9장 : 하나님의 주권적 선택

(1) 하나님의 백성 선택(9:4~8)

"이스라엘에게서 난 그들이 다 이스라엘이 아니요 또한 아브라함의 씨가 다 그의 자녀가 아니라 오직 이삭으로부터 난 자라야 네 씨라 불리리라 하셨으니 곧 육신의 자녀가 하나님의 자녀가 아니요 오직 약속의 자녀가 씨로 여기심을 받느니라"(롬 9:6~8)

(2) 하나님의 절대 주권(9:19~29)

"이 사람아 네가 누구이기에 감히 하나님께 반문하느냐 지음을 받은 물건이 지은 자에게 어찌 나를 이같이 만들었느냐 말하겠느냐"(롬 9:20)

"또 이사야가 이스라엘에 관하여 외치되 이스라엘 자손들의 수가 비록 바다의 모래 같을지라도 남은 자만 구원을 받으리니"(롬 9:27) [이사야 10장 22절 인용]

(3) 믿음에서 난 의(9:30~33)

"그런즉 우리가 무슨 말을 하리요 의를 따르지 아니한 이방인들이 의를 얻었으니 곧 믿음에서 난 의요 의의 법을 따라간 이스라엘은 율법에 이르지 못하였으니 어찌 그러하냐 이는 그들이 믿음을 의지하지 않고 행위를 의지함이라 부딪칠 돌에 부딪쳤느니라 기록된 바 보라 내가 걸림돌과 거치는 바위를 시온에 두노니 그를 믿는 자는 부끄러움을 당하지 아니하리라 함과 같으니라"(롬 9:30~33)

이방인을 부르실 것을 호세아를 통해 예언하심
"호세아의 글에도 이르기를 내가 내 백성 아닌 자를 내 백성이라, 사랑하지 아니한 자를 사랑한 자라 부르리라"(롬 9:27) [호세아 2장 23절 인용]

10장 : 이스라엘의 구원을 원하는 바울

"형제들아 내 마음에 원하는 바와 하나님께 구하는 바는 이스라엘을 위함이니 곧 그들로 구원을 받게 함이라 내가 증언하노니 그들이 하나님께 열심이 있으나 올바른 지식을 따른 것이 아니니라 하나님의 의를 모르고 자기 의를 세우려고 힘써 하나님의 의에 복종하지 아니하였느니라 그리스도는 모든 믿는 자에게 의를 이루기 위하여 율법의 마침이 되시니라"(롬 10:1~4)

"네가 만일 네 입으로 예수를 주로 시인하며 또 하나님께서 그를 죽은 자 가운데서 살리신 것을 네 마음에 믿으면 구원을 받으리라"(롬 10:9)

"사람이 마음으로 믿어 의에 이르고 입으로 시인하여 구원에 이르느니라"(롬 10:10)

"누구든지 주의 이름을 부르는 자는 구원을 받으리라"(롬 10:13) [욜 2:32, 행 2:21]

"그러므로 믿음은 들음에서 나며 들음은 그리스도의 말씀으로 말미암았느니라"(롬 10:17)

복음에 순종치 아니한 이스라엘(10:16~21)
"그러나 그들이 다 복음을 순종하지 아니하였도다 이사야가 이르되 주여 우리가 전한 것을 누가 믿었나이까 하였으니 그러므로 믿음은 들음에서 나며 들음은 그리스도의 말씀으로 말미암았느니라"(롬 10:16~17)

11장 : 이스라엘의 남은 자

(1) 이스라엘의 남은 자(11:1~12)
"그러므로 내가 말하노니 하나님이 자기 백성을 버리셨느냐 그럴 수 없느니라 나도 이스라엘인이요 아브라함의 씨에서 난 자요 베냐민 지파라"(롬 1:1)

엘리야에게 하나님께서 말씀하시기를 "내가 나를 위하여 바알에게 무릎을 꿇지 아니한 사람 칠천 명을 남겨 두었다 하셨으니 그런즉 이와 같이 지금도 은혜로 택하심을 따라 남은 자가 있느니라"(롬 11:4~5) [왕상 19장 18절 인용]

(2) 이방인의 구원(11:13~24)

"또 한 가지 얼마가 꺾이었는데 돌감람나무인 네가 그들 중에 접붙임이 되어 참감람나무 뿌리의 진액을 함께 받는 자가 되었은즉 그 가지들을 향하여 자랑하지 말라 자랑할지라도 네가 뿌리를 보전하는 것이 아니요 뿌리가 너를 보전하는 것이니라"(롬 11:17~18)

"옳도다 그들은 믿지 아니하므로 꺾이고 너는 믿으므로 섰느니라 높은 마음을 품지 말고 도리어 두려워하라 하나님이 원 가지들도 아끼지 아니하셨은즉 너도 아끼지 아니하시리라"(롬 11:20~21)

[이방인들에게 구원받은 것에 대해 자랑하지 말고 겸손하라 교만하지 말라 - 믿게 된 이방인]

(3) 이스라엘 구원(11:25~36)

"복음으로 하면 그들이 너희로 말미암아 원수 된 자요 택하심으로 하면 조상들로 말미암아 사랑을 입은 자라 하나님의 은사와 부르심에는 후회하심이 없느니라"(롬 11:28~29)

이스라엘의 구원에 대한 예언(사 59:20~21)

"여호와의 말씀이니라 구속자가 시온에 임하며 야곱의 자손 가운데에서 죄과를 떠나는 자에게 임하리라 여호와께서 이르시되 내가 그들과 세운 나의 언약이 이러하니 곧 네 위에 있는 나의 영과 네 입에 둔 나의 말이 이제부터 영원하도록 네 입에서와 네 후손의 입에서와 네 후손의 후손의 입에서 떠나지 아니하리라 하시니라 여호와의 말씀이니라"

4. 성도의 삶(롬 12~16장)

(1) 성도의 삶이 산 제사(롬 12:1~2)

"그러므로 형제들아 내가 하나님의 모든 자비하심으로 너희를 권하노니 너희 몸을 하나님이 기뻐하시는 거룩한 산 제물로 드리라 이는 너희가 드릴 영적 예배니라 너희는 이 세대를 본받지 말고 오직 마음을 새롭게 함으로 변화를 받아 하나님의 선하시고 기뻐하시고 온전하신 뜻이 무엇인지 분별하도록 하라"(롬 12:1~2)

(2) 믿음의 분량대로 지혜롭게 생각하라(롬 12:3~13)

"내게 주신 은혜로 말미암아 너희 각 사람에게 말하노니 마땅히 생각할 그 이상의 생각을 품지 말고 오직 하나님께서 각 사람에게 나누어 주신 믿음의 분량대로 지혜롭게 생각하라"(롬 12:3)

"사랑에는 거짓이 없나니 악을 미워하고 선에 속하라"(롬 12:9)

(3) 그리스도인의 사회생활(롬 12:14~21)

"너희를 박해하는 자를 축복하라 축복하고 저주하지 말라"(롬 12:14)

"즐거워하는 자들과 함께 즐거워하고 우는 자들과 함께 울라"(롬 12:15)

"서로 마음을 같이하며 높은 데 마음을 두지 말고 도리어 낮은 데 처하며 스스로 지혜 있는 체 하지 말라"(롬 12:16)

"아무에게도 악을 악으로 갚지 말고 모든 사람 앞에서 선한 일을 도모하라"(롬 12:17)

"할 수 있거든 너희로서는 모든 사람과 더불어 화목하라"(롬 12:18)

"내 사랑하는 자들아 너희가 친히 원수를 갚지 말고 하나님의 진노하심에 맡기라 기록되었으되 원수 갚는 것이 내게 있으니 내가 갚으리라고 주께서 말씀하시니라"(롬 12:19)

"네 원수가 주리거든 먹이고 목마르거든 마시게 하라 그리함으로 네가 숯불을 그 머리에 쌓아 놓으리라"(롬 12:20)

"악에게 지지 말고 선으로 악을 이기라"(롬 12:21)

13장 : 권세에 대한 복종

(1) 권세들에게 복종하라(롬 13:1~7)
"각 사람은 위에 있는 권세들에게 복종하라 권세는 하나님으로부터 나지 않음이 없나니 모든 권세는 다 하나님께서 정하신 바라 그러므로 권세를 거스르는 자는 하나님의 명을 거스름이니 거스르는 자들은 심판을 자취하리라"(롬 13:1~2)

"그러므로 복종하지 아니할 수 없으니 진노 때문에 할 것이 아니라 양심을 따라 할 것이라"(롬 13:5)

"모든 자에게 줄 것을 주되 조세를 받을 자에게 조세를 바치고 관세를 받을 자에게 관세를 바치고 두려워할 자를 두려워하며 존경할 자를 존경하라"(롬 13:7)

(2) 사랑은 율법의 완성이다(롬 13:8~10)
"피차 사랑의 빚 외에는 아무에게든지 아무 빚도 지지 말라 남을 사랑하는 자는 율법을 다 이루었느니라 간음하지 말라, 살인하지 말라, 도둑질하지 말라, 탐내지 말라 한 것과 그 외에 다른 계명이 있을지라도 네 이웃을 네 자신과 같이 사랑하라 하신 그 말씀 가운데 다 들었느니라 사랑은 이웃에게 악을 행하지 아니하나니 그러므로 사랑은 율법의 완성이니라"(롬 13:8~10)

(3) 성도의 경건생활(롬 13:11~14)
"자다가 깰 때가 벌써 되었으니 이는 이제 우리의 구원이 처음 믿을 때보다 가까웠음이라 밤이 깊고 낮이 가까웠으니 그러므로 우리가 어둠의 일을 벗고 빛의 갑옷을 입자 낮에와 같이 단정히 행하고 방탕하거나 술 취하지 말며 음란하거나 호색하지 말며 다투거나 시기하지 말고 오직 주 예수 그리스도로 옷 입고 정욕을 위하여 육신의 일을 도모하지 말라"(롬 13:11~14)

14장 : 신앙의 형제들에 대한 성도의 태도

(1)형제를 비판하지 말라(롬 14:1~12)
"어떤 사람은 모든 것을 먹을 만한 믿음이 있고 믿음이 연약한 자는 채소만 먹느

니라"(롬 14:2)

"우리가 살아도 주를 위하여 살고 죽어도 주를 위하여 죽나니 그러므로 사나 죽으나 우리가 주의 것이로다"(롬 14:8)

"네가 어찌하여 네 형제를 비판하느냐 어찌하여 네 형제를 업신여기느냐 우리가 다 하나님의 심판대 앞에 서리라"(롬 14:10)

(2) 형제를 근심하게 하지 말라(롬 14:13~23)
"만일 음식으로 말미암아 네 형제가 근심하게 되면 이는 네가 사랑으로 행하지 아니함이라 그리스도께서 대신하여 죽으신 형제를 네 음식으로 망하게 하지 말라"(롬 14:15)

"하나님의 나라는 먹는 것과 마시는 것이 아니요 오직 성령 안에 있는 의와 평강과 희락이라"(롬 14:17)

"의심하고 먹는 자는 정죄되었나니 이는 믿음을 따라 하지 아니하였기 때문이라 믿음을 따라 하지 아니하는 것은 다 죄니라"(롬 14:23)

15장 : 약한 형제를 도우라

(1) 선을 이루고 덕을 세우라(롬 15:1~13)
"우리 각 사람이 이웃을 기쁘게 하되 선을 이루고 덕을 세우도록 할지니라"(롬 15:2)

"그러므로 그리스도께서 우리를 받아 하나님께 영광을 돌리심과 같이 너희도 서로 받으라"(롬 15:7)

(2) 복음의 제사장 직분(롬 15:14~21)
"이 은혜는 곧 나로 이방인을 위하여 그리스도 예수의 일꾼이 되어 하나님의 복음의 제사장 직분을 하게 하사 이방인을 제물로 드리는 것이 성령 안에서 거룩하게

되어 받으실 만하게 하려 하심이라"(롬 15:16)

"또 내가 그리스도의 이름을 부르는 곳에는 복음을 전하지 않기를 힘썼노니 이는 남의 터 위에 건축하지 아니하려 함이라"(롬 15:20) [사도 바울의 사역의 원칙]

(3) 로마를 향한 바울의 계획(롬 15:22~33) [고린도에서 기록]

"그러므로 또한 내가 너희에게 가려 하던 것이 여러 번 막혔더니 이제는 이 지방에 일할 곳이 없고 또 여러 해 전부터 언제든지 서바나로 갈 때에 너희에게 가기를 바라고 있었으니 이는 지나가는 길에 너희를 보고 먼저 너희와 사귐으로 얼마간 기쁨을 가진 후에 너희가 그리로 보내주기를 바람이라"(롬 15:22~24)

예루살렘 성도를 위해 마게도냐와 아가야 사람들이 헌금을 모았다(롬 15:25~33). "이방인들이 그들의 영적인 것을 나눠 가졌으면 육적인 것으로 그들을 섬기는 것이 마땅하니라"(롬 15:27) -바울은 이 일을 마치고 로마에 들렀다가 서버나로 갈 계획을 말한다.

16장 : 인사

바울의 동역자들의 인사(롬 16:8~12)
또 주 안에서 내 사랑하는 암블리아에게 문안하라
그리스도 안에서 우리의 동역자인 우르바노와 나의 사랑하는 스다구에게 문안하라
그리스도 안에서 인정함을 받은 아벨레에게 문안하라
아리스도불로의 권속에게 문안하라
내 친척 헤로디온에게 문안하라
나깃수의 가족 중 주 안에 있는 자들에게 문안하라
주 안에서 수고한 드루배나와 드루보사에게 문안하라
주 안에서 많이 수고하고 사랑하는 버시에게 문안하라

겐그레아 교회의 뵈뵈 : 바울의 로마서를 로마 교회에 전달하고 나의 보호자이다.
브리스길라와 아굴라 : 나의 동역자, 목숨을 내놓고 도움
"그들은 내 목숨을 위하여 자기들의 목까지도 내놓았나니 나뿐 아니라 이방인의 모든 교회도 그들에게 감사하느니라"(롬 16:3~4)
에배네도 : 아시아의 그리스도의 첫 열매
마리아 : 로마에서 많은 수고를 함
안드로니고와 유니아 : 바울의 친척, 바울과 함께 갇힘, 먼저 그리스도 안에 있는 자

루포와 그의 어머니 : 루포의 어머니는 나의 어머니
"주 안에서 택하심을 입은 루포와 그의 어머니에게 문안하라 그의 어머니는 곧 내 어머니니라"(롬 16:13)

동역자 디모데와 나의 친척 누기오와 야손과 소시바더가 너희에게 문안(롬 16:21)
친척 누기오, 야손, 소시바더가 문안함
로마서를 대필하는 자 더디오(롬 16:22)
고린도 교회의 집사 가이오 : "나와 온 교회를 돌보아 주는 가이오도 너희에게 문안하고 이 성의 재무관 에라스도와 형제 구아도도 너희에게 문안하느니라"(롬 16:23)
재무관 에라스도와 그의 형제 구아도

끝 인사(롬 16:27)

"지혜로우신 하나님께 예수 그리스도로 말미암아 영광이 세세무궁하도록 있을지어다 아멘"

사도 바울의 선교여정(행 13~28장)

1차	2차	3차	4차
행 13~15장	행 16~18장	행 19~21장	행 22~28장
갈	살전 살후	고전 고후 롬	엡 골 몬 빌 딤전 딛 딤후
A.D. 47~49	A.D. 50~53	A.D. 54~58	A.D. 59~63

사도 바울의 4차 선교(행 22~28장)

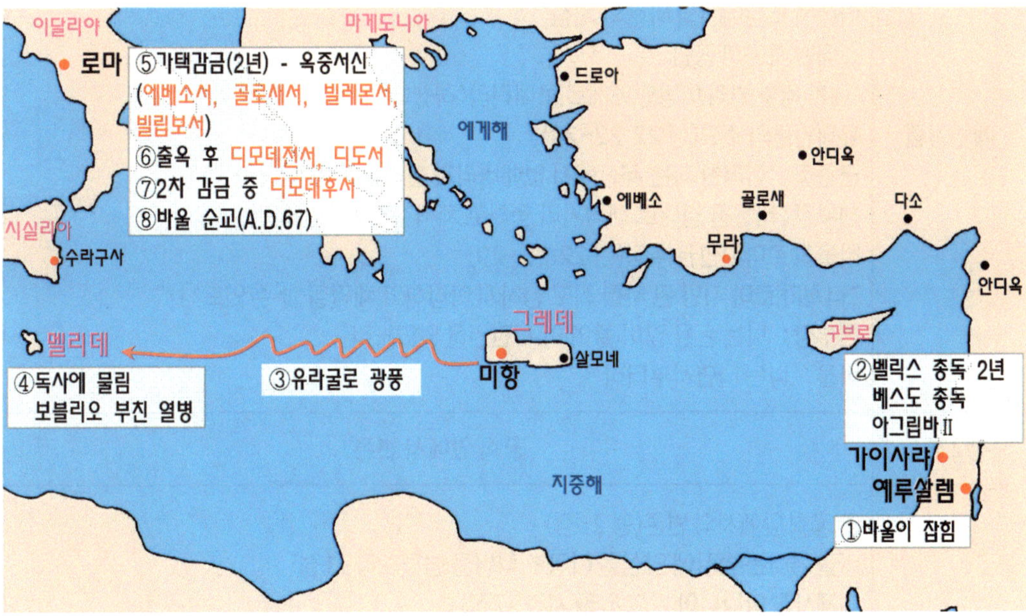

行21장	야고보, 아시아 유대인들, 천부장
예루살렘	① 야고보(행 21:17~26) : 예루살렘 교회 지도자, 바울의 선교보고, '유대인들을 위해 결례를 행하고 머리를 깎으라' [민 6:13~21 나실인의 서원 기한이 끝날 때 머리를 깍음] ② **아시아 유대인들**(행 21:27~32) : 아시아로부터 온 유대인들이 고발, 이방인을 성전에 데리고 들어갔다 소동하며 죽이려 함 ③ 천부장(행 21:33~40) : '바울을 잡아 두 쇠사슬로 결박하라' 바울 : '나는 유대인이라 소읍이 아닌 길리기아 다소 시의 시민이니'
行22장	**백성들 앞에서 바울의 변론**
예루살렘	④ 백성들 앞에서 변론과 이방인 사역 간증(행 22:1~21) 바울의 변론 – '나는 유대인, 길리기아 다소 출신, 가말리엘의 문하생, 율법의 엄한 교훈, 하나님께 대하여 열심이 있는 자' 다메섹 도상에서의 바울의 회심 스데반 죽음의 증인 '내가 너를 멀리 이방인에게로 보내리라' 하셨다 **유대인들의 소요(행 22:22~24)** **군중들 : '이러한 자는 세상에서 없애버리자 살려둘 자가 아니라'** 하매 천부장 : 바울을 영내로 데려가라 명하고 채찍질하며 심문하라 함 바울의 로마시민권 주장(행 22:25~29) "너희가 로마 시민 된 자를 죄도 정하지 아니하고 채찍질 할 수 있느냐?" 천부장 : '나는 돈을 많이 들여 이 시민권을 얻었노라' 바울 : '나는 나면서부터라'
行23장	**공회 앞에서 변론**
예루살렘	⑤ 공회 앞에서의 변론(행 23장) 바울 : '나는 범사에 양심을 따라 하나님을 섬겼노라'(1절) **대제사장 아나니아 : '그 입을 치라'(2절)** 바울 : '회칠한 담이여 하나님이 너를 치시리로다 네가 나를 율법대로 심판한다고 앉아서 율법을 어기고 나를 치라 하느냐'(3절) 백성들 : '하나님의 대제사장을 네가 욕하느냐'(4절) 바울 : '나는 그가 대제사장인 줄 알지 못하였노라'(5절) **바리새인과 사두개인들의 분쟁** 바울 : 바울이 그 중 일부는 사두개인이요 다른 일부는 바리새인인 줄 알고 '여러분 형제들아 나는 바리새인이요 또 바리새인의 아들이라 죽은 자의 소망 곧 부활로 말미암아 내가 심문을 받노라'(6절) (그 말을 한즉 바리새인과 사두개인 사이에 다툼이 생겨 무리가 나누어짐)

	사두개인은 '부활도 없고 천사도 없고 영도 없다' 한다. 바리새인은 '다 있다' 한다. '우리가 이 사람을 보니 악한 것이 없도다'(9절) "그 날 밤에 주께서 바울 곁에 서서 이르시되 담대하라 네가 예루살렘에서 나의 일을 증언한 것 같이 로마에서도 증언하여야 하리라"(행 23:11)
40명의 동맹	바울을 죽이기로 공모(행 23:12~13) - 공회 "바울을 죽이기 전에는 먹지도 아니하고 마시지도 아니하겠다"
	가이사랴(행 23:23~26장)
가이사랴 호송	⑥ 벨릭스 총독 밤 제3시, 가이사랴로 호송(보병 200명, 기병 70명, 창병 200명 = 470명) 루시아 천부장 - 총독 벨릭스에게 편지 함 '그들의 율법 문제에 관한 것 뿐이요 한 가지도 죽이거나 결박할 사유가 없다' 한다.
행24장	**벨릭스 총독**
가이사랴	**대제사장 아나니아의 고소** : 어떤 장로들과 변호사 더둘로와 함께 총독 앞에서 바울을 고발한다. '우리가 보니 이 사람은 전염병 같은 자라 천하에 흩어진 유대인을 다 소요하게 하는 자요 나사렛 이단의 우두머리라'(5절) 바울 : '오직 내가 그들 가운데 서서 외치기를 내가 죽은 자의 부활에 대하여 오늘 너희 앞에 심문을 받는다고 한 이 한 소리만 있을 따름이니이다'(21절) 벨릭스와 그 아내 유대 여자 드루실라에게 '의와 절제와 장차 오는 심판을 강론하니' 벨릭스가 두려워하면서도 또 바울에게서 돈을 받을까 하여 더 자주 불러 같이 이야기하고자 한다.
행25장	**베스도 총독 - 이태가 지난 후**
가이사랴	⑦ 베스도 총독 : 2년 후에 베스도가 부임한다. 부임한 지 3일 후 예루살렘을 방문하니 이에 대제사장들과 유대인들이 바울을 고소 - '가이사랴에서 고발하라' 바울 : '유대인의 율법이나 성전이나 가이사에게나 내가 도무지 죄를 범하지 아니하였노라'(8절), '내가 가이사에게 상소하노라'(11절)
행26장	**아그립바 II, 바울의 회심 간증**
	⑧ 아그립바 II 왕과 버니게(헤롯 아그립바 1세의 큰 딸, 드루실라의 언니) 바울 : '당신이 유대인의 모든 풍속과 문제를 아심이니이다'(3절) (바리새인, 다메섹 회심, 그리스도가 고난을 받으실 것과 죽은 자 가운데서 먼저 다시 살아나사 이스라엘과 이방인들에게 빛을 전하리라) 베스도 : '바울아 네가 미쳤도다 네 많은 학문이 너를 미치게 한다'

	바울 : 왕께서는 이 일을 아시기로 내가 왕께 담대히 말하노니 이 일에 하나라도 아시지 못함이 없는 줄 믿나이다 아그립바 왕이여 선지자를 믿으시나이까 믿으시는 줄 아나이다 아그립바 : 네가 적은 말로 나를 권하여 그리스도인이 되게 하려 하는도다 바울 : 말이 적으나 많으나 당신뿐만 아니라 오늘 내 말을 듣는 모든 사람도 다 이렇게 결박된 것 외에는 나와 같이 되기를 하나님께 원하나이다 왕과 총독과 버니게와 그 함께 앉은 사람들 : 이 사람은 사형이나 결박을 당할 만한 행위가 없다 이에 아그립바가 베스도에게 이르되 이 사람이 만일 가이사에게 상소하지 아니하였더라면 석방될 수 있을 뻔하였다 하니라(행 26:30~32)
행27장	**로마로 가는 여정**
	'우리가 배를 타고 이달리야에 가기로 작정되매 바울과 다른 죄수 몇 사람을 아구스도 대의 백부장 율리오란 사람에게 맡기니'(행 27:1) 백부장 율리오 - 바울과 누가와 아리스다고(데살로니가인 - 행 19:29, 행 27:2)
그레데 해안 유라굴로 광풍	때가 겨울철이라 항해하기가 위태한지라 바울 : 내가 보니 이번 항해가 화물과 배만 아니라 우리 생명에도 타격과 많은 손해를 끼치리라(27:10) 백부장이 선장과 선주의 말을 바울의 말보다 더 믿더라 그레데 항구 – 남풍이 순하게 불매 그들이 뜻을 이룬 줄 알고 닻을 감아 그레데 해변을 끼고 항해하더니 **유라굴로 광풍** – 얼마 안 되어 섬 가운데로부터 유라굴로라는 광풍이 크게 일어나니 우리가 풍랑으로 심히 애쓰다가 이튿날 사공들이 짐을 바다에 풀어 버리고 사흘째 되는 날에 배의 기구를 그들의 손으로 내버리니라 여러날 동안 해도 별도 보이지 아니하고 큰 풍랑이 그대로 있으매 구원의 여망마저 없어졌더라(27:20) 바울 : 내가 너희를 권하노니 이제는 안심하라 너희 중 아무도 생명에는 아무런 손상이 없겠고 오직 배뿐이리라 내가 속한 바 곧 내가 섬기는 하나님의 사자가 어제 밤에 내 곁에 서서 말하되 바울아 두려워하지 말라 네가 가이사 앞에 서야 하겠고 또 하나님께서 너와 함께 항해하는 자를 다 네게 주셨다 하였으니 그러므로 여러분이여 안심하라 나는 내게 말씀하신 그대로 되리라고 하나님을 믿노라(27:22~25) 바울 : (14일째 먹지 못하고 주림 - 아드리아 해) 음식 먹기를 권하노니 이것이 너희의 구원을 위하는 것이요 너희 중 머리카락 하나도 잃을 자가 없으리라 하고 떡을 가져다가 모든 사람 앞에서 하나님께 축사하고 떼어 먹기를 시작하매(생존자 276명)

행28장	멜리데 섬에 도착 - 살인자에서 신이 되는 바울
멜리데	① 바울이 독사에 손을 물리나 상함이 없다 - 그를 신이라 함 비가오고 날이 차 원주민들이 불을 피움, 독사가 바울의 손을 물음, (원주민들이 이 짐승이 그 손에 매달려 있음을 보고) '진실로 이 사람은 살인한 자로다 바다에서는 구조를 받았으나 공의가 그를 살지 못하게 함이로다' (바울이 그 짐승을 불에 떨어 버리매 조금도 상함이 없더라) 원주민들 : (그들은 그가 붓든지 혹은 갑자기 쓰러져 죽을 줄로 기다렸다가 오래 기다려도 그에게 아무 이상이 없음을 보고 돌이켜 생각하여 말하되) '그를 신이라 하더라' ②보블리오의 부친의 열병 치유 보블리오의 부친이 열병과 이질에 걸려 누워 있거늘 바울이 들어가서 기도하고 그에게 안수하여 낫게 하니 이러므로 섬 가운데 다른 병든 사람들이 와서 고침을 받다 이에 후한 예로 대접하고 떠날 때에 우리 쓸 것을 배에 실어 줌
수라구사	수라구사에 배를 대고 3일을 머문다.(수라구사 - 시실리아 섬의 항구) 압비오 광장에서 형제들의 환영을 받음(바울이 그들을 보고 하나님께 감사하고 담대한 마음을 얻음)
	로마도착(행 28:16~31)
바울의 로마 선교	가택감금 – 바울에게 자기를 지키는 한 군인과 함께 따로 있게 허락함(2년) 많은 사람들이 바울을 찾아옴에 바울이 하나님 나라를 증언함, 그 말을 믿는 사람들도 있고 믿지 않는 사람도 있음, 바울이 선지자 이사야를 통하여 너희 조상들에게 하신 말씀이 옳도다(사 6:9~10) "이 백성에게 이르기를 너희가 듣기는 들어도 깨닫지 못할 것이요 보기는 보아도 알지 못하리라 하여 이 백성의 마음을 둔하게 하며 그들의 귀가 막히고 그들의 눈이 감기게 하라 염려하건대 그들이 눈으로 보고 귀로 듣고 마음으로 깨닫고 다시 돌아와 고침을 받을까 하노라"(사 42:1, 42:6, 49:6) "그런즉 하나님의 이 구원이 이방인에게로 보내어진 줄 알라 그들은 그것을 들으리라 하더라"(행 28:28) "하나님의 나라를 전파하며 주 예수 그리스도에 관한 모든 것을 담대하게 거침없이 가르치더라"(행 28:31)
옥중서신	에베소서, 골로새서, 빌레몬서, 빌립보서
목회서신	디모데전서, 디도서, 디모데후서

사도 바울의 선교와 순교

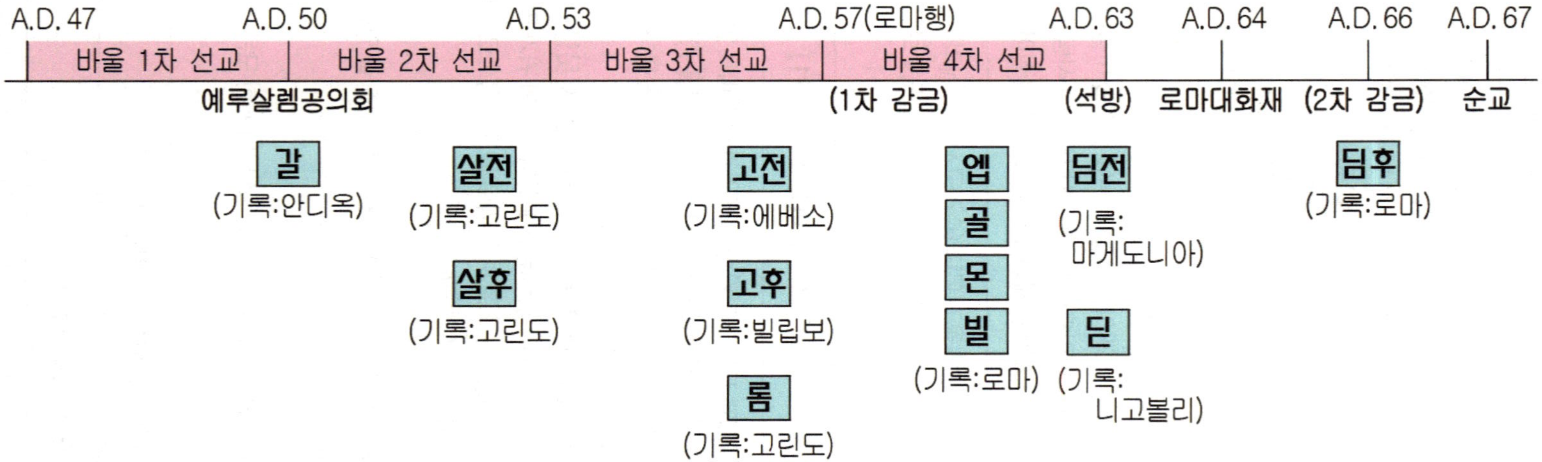

A.D. 47
A.D. 50
A.D. 53
A.D. 57(로마행)
A.D. 63
A.D. 64
A.D. 66
A.D. 67
바울 1차 선교
바울 2차 선교
바울 3차 선교
바울 4차 선교
예루살렘공의회
(1차 감금)
(석방)
로마대화재
(2차 감금)
순교
갈
(기록:안디옥)
살전
(기록:고린도)
살후
(기록:고린도)
고전
(기록:에베소)
고후
(기록:빌립보)
롬
(기록:고린도)
엡
골
몬
빌
(기록:로마)
딤전
(기록:
마게도니아)
딛
(기록:
니고볼리)
딤후
(기록:로마)

에베소서(6장)

에베소는 당시 아시아의 수도 역할을 하던 주요한 기독교의 3대 도시(예루살렘, 안디옥, 에베소)로 꼽히는 항구도시이다. 사도행전 19장을 통해서도 알 수 있듯이 이곳은 유명한 아데미 여신의 신전이 있었던 곳이라 우상숭배와 마술로도 영향을 받고 있었다. 바울은 2차 선교여행 때 브리스길라와 아굴라와 함께 에베소 교회를 설립했고 3차 선교 때는 거의 3년을 정착하며 에베소 도시 전체에 복음으로 큰 영향을 미쳤다. 요한계시록 2장에서도 언급되는 일곱 교회 중의 하나였다. 처음 사랑을 잃어버려 책망을 받는 교회이다.

에베소서는 에베소교회를 담임하고 있는 디모데에게 사도 바울이 보낸 서신서이다. 에베소서는 바울이 로마에 1차 구금되어있을 당시에 에베소서, 빌립보서, 빌레몬서, 골로새서를 기록하였고, 두기고(아시아 사람) 편에 에베소서, 골로새서, 빌레몬서 3통의 편지를 아시아에 보내게 된다.

두기고에 관한 성경의 기록
사도행전 20장 4절 - 마게도냐와 헬라의 헌금을 예루살렘에 전하는 일
에베소서 6장 21절 - 사랑을 받는 형제, 주님의 진실한 일꾼
골로새서 4장 1절 - 사랑 받는 형제, 신실한 일꾼, 주안에서 함께 종이 된 자

에베소서는 교회라는 한 주제가 두드러진다. 서신서의 최고봉이라는 별칭은 에베소서에 드러난 예수 그리스도의 위대함 때문이다. 예수그리스도는 교회의 신비함이요 교회의 비밀로 잘 나타나고 있기 때문이다. 처음 믿는 자가 아닌 신앙을 가지고 있는 성도들에게 교회는 그리스도의 몸이요 하나님의 신비한 경륜이 드러나는 곳이라는 보다 깊은 영적 지식과 생명이라는 메시지를 전한다. 에베소서의 목적은 주 예수 그리스도의 은혜를 예정하신 하나님을 찬송하게 하기 위함이다.(엡 1:3, 1:6, 1:14)

에베소서(6장)

1~3장	4~6장
교회는 그리스도의 몸	그리스도인의 삶(씨름)

1. 교회는 그리스도의 몸(엡 1~3장)

1장 : 그리스도는 교회의 머리다

"우리는 그리스도 안에서 그의 은혜의 풍성함을 따라 그의 피로 말미암아 속량 곧 죄 사함을 받았느니라"(엡 1:7) [구원자가 되신 예수 그리스도]

"또 만물을 그의 발 아래에 복종하게 하시고 그를 만물 위에 교회의 머리로 삼으셨느니라"(엡 1:22) [예수 그리스도께서 교회에 대한 주권과 그의 지위를 강조]

"교회는 그의 몸이니 만물 안에서 만물을 충만하게 하시는 이의 충만함이니라"(엡 1:23) [교회는 그리스도의 몸이니 성령을 통해 그리스도로 충만함이라]

2장 : 그리스도는 십자가로 하나님과 화평을 이룸

"너희는 그 은혜에 의하여 믿음으로 말미암아 구원을 받았으니 이것은 너희에게서 난 것이 아니요 하나님의 선물이라 행위에서 난 것이 아니니 이는 누구든지 자랑하지 못하게 함이라"(엡 2:8~9)

"또 십자가로 이 둘을 한 몸으로 하나님과 화목하게 하려 하심이라 원수 된 것을 십자가로 소멸하시고"(엡 2:16)

"그러므로 이제부터 너희는 외인도 아니요 나그네도 아니요 오직 성도들과 동일한 시민이요 하나님의 권속이라"(엡 2:19)

3장 : 그리스도는 삶의 풍성함이다

바울은 하나님의 은혜의 경륜을 깨달았고 또한 그리스도의 비밀을 깨달았다.
"이는 이방인들이 복음으로 말미암아 그리스도 예수 안에서 함께 상속자가 되고 함께 지체가 되고 함께 약속에 참여하는 자가 됨이라"(엡 3:6)
"모든 성도 중에 지극히 작은 자보다 더 작은 나에게 이 은혜를 주신 것은 측량할 수 없는 그리스도의 풍성함을 이방인에게 전하게 하시고 영원부터 만물을 창조하

신 하나님 속에 감추어졌던 비밀의 경륜이 어떠한 것을 드러내게 하려 하심이라" (엡 3:8~9)

바울의 기도(엡 3:14~19) : "그의 영광의 풍성함을 따라 그의 성령으로 말미암아 너희 속사람을 능력으로 강건하게 하시오며 믿음으로 말미암아 그리스도께서 너희 마음에 계시게 하시옵고 너희가 사랑 가운데서 뿌리가 박히고 터가 굳어져서 능히 모든 성도와 함께 지식에 넘치는 그리스도의 사랑을 알고 그 너비와 길이와 높이와 깊이가 어떠함을 깨달아 하나님의 모든 충만하신 것으로 너희에게 충만하게 하시기를 구하노라"(엡 3:16~19)

2. 그리스도인의 삶(엡 4~6장)

4장 : 성령이 교회가 하나되게 하신다

"몸이 하나요 성령도 한 분이시니 이와 같이 너희가 부르심의 한 소망 안에서 부르심을 받았느니라 주도 한 분이시요 믿음도 하나요 세례도 하나요 하나님도 한 분이시니 곧 만유의 아버지시라"(엡 4:4~6)

4장 7~16절, 은사의 다양성
어떤 사람은 사도로, 어떤 사람은 선지자로, 어떤 사람은 복음 전하는 자로, 어떤 사람은 목사와 교사로 삼으셨으니 이는 성도의 봉사를 통해 그리스도의 몸(교회)을 세우려 함이라

4장 13절, 하나 됨이 가지는 진정한 목적
"우리가 다 하나님의 아들을 믿는 것과 아는 일에 하나가 되어 온전한 사람을 이루어 그리스도의 장성한 분량이 충만한 데까지 이르리니"

4장 17~24절, 진리의 새 사람을 입으라
"진리가 예수 안에 있는 것 같이 너희가 참으로 그에게서 듣고 또한 그 안에서 가르침을 받았을진대 너희는 유혹의 욕심을 따라 썩어져 가는 구습을 따르는 옛 사람을 벗어 버리고 오직 너희의 심령이 새롭게 되어 하나님을 따라 의와 진리의 거

룩함으로 지으심을 받은 새 사람을 입으라"

5장 : 사랑의 삶

5장 1~14절, 빛의 자녀로서 그리스도인의 삶을 살라
'그리스도께서 너희를 사랑하심 같이 사랑 가운데서 행하라. 감사하는 말을 하라. 음해하는 자, 더러운 자, 탐하는 자, 우상 숭배자와 함께하지 말라.

[빛의 열매 : 착함, 의로움, 진실함]

5장 15~21절, 지혜 있는 자같이 행하라
"세월을 아끼라 때가 악하니라 그러므로 어리석은 자가 되지 말고 오직 주의 뜻이 무엇인가 이해하라 술 취하지 말라 이는 방탕한 것이니 오직 성령으로 충만함을 받으라 시와 찬송과 신령한 노래들로 서로 화답하며 너희의 마음으로 주께 노래하며 찬송하며 범사에 우리 주 예수 그리스도의 이름으로 항상 아버지 하나님께 감사하며 그리스도를 경외함으로 피차 복종하라"

5장 22~33절, 아내와 남편(부부 생활의 가르침)
"아내들이여 자기 남편에게 복종하기를 주께 하듯 하라 이는 남편이 아내의 머리 됨이 그리스도께서 교회의 머리 됨과 같음이니 그가 바로 몸의 구주시니라"(엡 5:22~23)

"남편들아 아내 사랑하기를 그리스도께서 교회를 사랑하시고 그 교회를 위하여 자신을 주심 같이 하라"(엡 5:25)

아내가 남편보다 열등하거나 남편이 여성 위에 창조되지 않았다. 남편은 희생적인 사랑으로 책임 있는 지도자의 위치에 있다. 아내도 남편의 지도력을 받아들여야 하고 남편에게 기득권을 행사하려는 노력은 하지 말아야 한다.

"너희도 각각 자기의 아내 사랑하기를 자신 같이 하고 아내도 자기 남편을 존경하라"(엡 5:33)

6장 : 성도의 삶

6장 1~4절, 자녀와 부모
"자녀들아 주 안에서 너희 부모에게 순종하라 이것이 옳으니라"(엡 6:1)
"아비들아 너희 자녀를 노엽게 하지 말고 오직 주의 교훈과 훈계로 양육하라"(엡 6:4)
6장 5~9절, 종과 상전

종은 그리스도의 종들처럼 하나님 앞에서 주인을 섬길 것
상전은 하나님을 믿는 신앙으로 종을 인격적으로 대할 것

"종들아 두려워하고 떨며 성실한 마음으로 육체의 상전에게 순종하기를 그리스도께 하듯 하라"(엡 6:5)

"상전들아 너희도 그들에게 이와 같이 하고 위협을 그치라 이는 그들과 너희의 상전이 하늘에 계시고 그에게는 사람을 외모로 취하는 일이 없는 줄 너희가 앎이라"(엡 6:9)

6장 10~20절, 성도의 영적 싸움

"우리의 씨름은 혈과 육을 상대하는 것이 아니요 통치자들과 권세들과 이 어둠의 세상 주관자들과 하늘에 있는 악의 영들을 상대함이라"(엡 6:12)

전신갑주(엡 6:13~17) : "그러므로 하나님의 전신 갑주를 취하라 이는 악한 날에 너희가 능히 대적하고 모든 일을 행한 후에 서기 위함이라 그런즉 서서 진리로 너희 허리 띠를 띠고 의의 호심경을 붙이고 평안의 복음이 준비한 것으로 신을 신고 모든 것 위에 믿음의 방패를 가지고 이로써 능히 악한 자의 모든 불화살을 소멸하고 구원의 투구와 **성령의 검 곧 하나님의 말씀을 가지라"**

진리의 허리 띠, 의의 호심경, 평안의 복음의 신, 믿음의 방패 그리고 구원의 투구는 수비하는 전투복장인 반면에 성령의 검 곧 하나님의 말씀은 마귀를 대적하여 물리치는 공격의 무기이다.

"모든 기도와 간구를 하되 항상 성령 안에서 기도하고 이를 위하여 깨어 구하기를 항상 힘쓰며 여러 성도를 위하여 구하라"(엡 6:18)

마귀를 대적하는 영적 싸움을 할 때 전신갑주를 갖추고 기도하는 것이 승리의 비결이다.

"또 나를 위하여 구할 것은 내게 말씀을 주사 나로 입을 열어 복음의 비밀을 담대히 알리게 하옵소서 할 것이니"(엡 6:19) [사도 바울의 전도의 사명과 열정이 드러남]

골로새서(4장)

골로새는 에베소에서 내륙으로 약160km(100마일) 떨어진 곳이며 라오디게아와 히에라볼리에 가까운 도시이다. 바울 3차 선교 때에 에베소에서 거의 3년을 사역할 즘에 전도된 바울의 제자 에바브라가 세운 교회이다.(골 1:7)
교회로 모인 장소는 빌레몬의 집이다.(몬 1:2) 골로새서는 로마에서 옥중에 있던 바울이 두기고 편에 보낸 3편의 편지 가운데 하나이다. 에바브라는 자신이 해결 할 수 없는 골로새 교회의 문제를 가지고 로마까지 바울을 찾아온 것이다.(몬 1:23) 골로새 교회의 문제는 거짓 선생들이 가르치는 이단의 사상이었다. 율법주의, 천사경배, 금욕주의 등이 혼합된 이단이다. 이 이론은 근본적으로 육은 악하다고 주장하여 결국 그리스도의 신성을 약화시켰다. 골로새에서 강조되는 것은 바울의 기독론을 설명한 부분이다.(골 1:14~22) '그의 사랑의 아들의 나라로 옮기셨으니'(골 1:13)로 시작하여 계속 그리스도의 신성을 설명하고 '그 안에는 신성의 모든 충만이 육체로 거하시고'(골 2:9)라는 말씀으로 요약된다.

속량(골 1:14) : "그 아들 안에서 우리가 속량 곧 죄 사함을 얻었도다"

하나님과 화목(골 1:20~22) : "그의 십자가의 피로 화평을 이루사 … 그의 죽음으로 화목하게 하사 …"

부활(골 3:1) : "그러므로 너희가 그리스도와 함께 다시 살리심을 받았으면 위의 것을 찾으라 거기는 그리스도께서 하나님 우편에 앉아 계시느니라"

본서의 주제는 '그리스도는 만유시요 만유 안에 계시니라'(골 3:11)
그리스도만이 주님이시며 교회의 머리가 되심을 가르친다. 중심주제는 그리스도의 탁월성과 충족성이다.

골로새서(4장)

1장	2장	3~4장
그리스도의 탁월성	골로새 교회의 문제	그리스도 안의 새 사람

1. 그리스도의 탁월성(1장)

"이와 같이 우리와 함께 종 된 사랑하는 에바브라에게 너희가 배웠나니 그는 너희를 위한 그리스도의 신실한 일꾼이요 성령 안에서 너희 사랑을 우리에게 알린 자니라"(골 1:7~8)

그리스도의 탁월성(골 1:9~23)

> **"그 아들(그리스도) 안에서 우리가 속량 곧 죄 사함을 얻었도다 그는 보이지 아니하는 하나님의 형상이시요** 모든 피조물보다 먼저 나신 이시니 만물이 그에게서 창조되되 하늘과 땅에서 보이는 것들과 보이지 않는 것들과 혹은 왕권들이나 주권들이나 통치자들이나 권세들이나 만물이 다 그로 말미암고 그를 위하여 창조되었고 또한 그가 만물보다 먼저 계시고 만물이 그 안에 함께 섰느니라" (골 1:14~17)

"**그(그리스도)는 몸인 교회의 머리시라** 그가 근본이시요 죽은 자들 가운데서 먼저 나신 이시니 이는 친히 만물의 으뜸이 되려 하심이요 아버지께서는 모든 충만으로 예수 안에 거하게 하시고"(골 1:18~19)

"그의 십자가의 피로 화평을 이루사 만물 곧 땅에 있는 것들이나 하늘에 있는 것들이 그로 말미암아 자기와 화목하게 되기를 기뻐하심이라"(골 1:20)

"전에 악한 행실로 멀리 떠나 마음으로 원수가 되었던 너희를 이제는 그의 육체의 죽음으로 말미암아 화목하게 하사 너희를 거룩하고 흠 없고 책망할 것이 없는 자로 그 앞에 세우고자 하셨으니"(골 1:21~22)

바울의 사역(골 1:24~29)
"나는 이제 너희를 위하여 받는 괴로움을 기뻐하고 그리스도의 남은 고난을 그의 몸된 교회를 위하여 내 육체에 채우노라"(골 1:24)

"하나님이 그들로 하여금 이 비밀의 영광이 이방인 가운데 얼마나 풍성한지를 알게 하려 하심이라 이 비밀은 너희 안에 계신 그리스도시니 곧 영광의 소망이니라" (골 1:27)

2. 골로새 교회의 문제(2장)

"내가 이것을 말함은 아무도 교묘한 말로 너희를 속이지 못하게 하려 함이니"(골 2:4)

"누가 철학과 헛된 속임수로 너희를 사로잡을까 주의하라 이것은 사람의 전통과 세상의 초등학문을 따름이요 그리스도를 따름이 아니니라"(골 2:8)

"그(그리스도) 안에는 신성의 모든 충만이 육체로 거하시고"(골 2:9)

거짓 교사들이 교묘한 말로 기만적인 방법으로 그리스도를 폄하하고 기독교의 기본을 부정하는 거짓 영성에 속지 말라고 경계한다.

"또 그 안에서 너희가 손으로 하지 아니한 할례를 받았으니 곧 육의 몸을 벗는 것이요 그리스도의 할례니라"(골 2:11)

그리스도인이 된 성도는 예수 그리스도와 하나됨을 통하여 주님의 경험에 참여한다. 그리스도는 율법 의식의 완성이시다.

"아무도 꾸며낸 겸손과 천사 숭배를 이유로 너희를 정죄하지 못하게 하라 그가 그 본 것에 의지하여 그 육신의 생각을 따라 헛되이 과장하고 머리를 붙들지 아니하는지라 온 몸이 머리로 말미암아 마디와 힘줄로 공급함을 받고 연합하여 하나님이 자라게 하시므로 자라느니라"(골 2:18~19)

골로새의 거짓 선생들은 자신들 만이 구원의 신비한 비밀을 알고 있다고 자랑하였다. 그리고 금욕주의를 통하여 이전 높은 수준의 지식에 이른다고 가르쳤다. 이러한 가르침들은 그리스도의 구원과 은혜를 헛되게 하여 복음을 부인하는 결과이다.

3. 그리스도 안의 새 사람(3~4장)

“그러므로 너희가 그리스도와 함께 다시 살리심을 받았으면 위의 것을 찾으라 거기는 그리스도께서 하나님 우편에 앉아 계시느니라”(골 3:1)

“그러므로 땅에 있는 지체를 죽이라 곧 음란과 부정과 사욕과 악한 정욕과 탐심이니 탐심은 우상 숭배니라”(골 3:5)

“이제는 너희가 이 모든 것을 벗어 버리라 곧 분함과 노여움과 악의와 비방과 너희 입의 부끄러운 말이라”(골 3:8)

“새 사람을 입었으니 이는 자기를 창조하신 이의 형상을 따라 지식에까지 새롭게 하심을 입은 자니라”(골 3:10)

“오직 그리스도는 만유시요 만유 안에 계시니라(But Christ is all, and is in all.)”(골 3:11)

새 사람의 모습(골 3:12~17)
① 긍휼과 자비와 겸손과 온유와 오래 참음을 옷 입고
② 누가 누구에게 불만이 있거든 서로 용납하여 피차 용서하라
③ 이 모든 것 위에 사랑을 더하라
④ 그리스도의 평강이 너희 마음을 주장하게 하라
⑤ 너희는 또한 감사하는 자가 되라
⑥ 그리스도의 모든 지혜로 피차 가르치며 권면하라
⑦ 시와 찬송과 신령한 노래를 부르며 감사하는 마음으로 하나님을 찬양하라
⑧ 말에나 일에나 다 주 예수의 이름으로 하라
⑨ 예수를 힘입어 하나님 아버지께 감사하라

[성도들의 믿음의 완성은 사랑이고 믿음의 정도는 감사로 나타난다.]

그리스도의 가정(골 3:18~25, 엡 5장, 6장)
① 아내들아 남편에게 복종하라
② 남편들아 아내를 사랑하며 괴롭게 하지 말라
③ 자녀들아 모든 일에 부모에게 순종하라

④ 아비들아 너희 자녀를 노엽게 하지 말라
⑤ 종들아 모든 일에 육신의 상전들에게 순종하라
⑥ 상전들아 의와 공평을 종들에게 베풀라(골 4:1)
"너희 말을 항상 은혜 가운데서 소금으로 맛을 냄과 같이 하라 그리하면 각 사람에게 마땅히 대답할 것을 알리라"(골 4:6)

끝인사(갈 4:7~18; 골 4:7~18)

① 두기고 : 사랑받는 형제, 신실한 일꾼, 주 안에서 함께 종된 자
② 오네시모 : 신실하고 사랑 받는 자, 너희에게서 온 사람, 갇힌 중에서 낳은 아들(몬 1:10)
③ 아리스다고 : 함께 갇힌 자
④ 마가 : 바나바의 생질, 그를 영접하라
⑤ 에바브라 : 너희에게서 온 자, 그리스도 예수의 종, 항상 너희를 위하여 애써 기도하여 너희로 하나님의 모든 뜻 가운데서 완전하고 확신 있게 서기를 구함, 라오디게아에 있는 자들과 히에라볼리에 있는 자들을 위하여 많이 수고 함, 골로새교회의 지도자
⑥ 누가 : 사랑을 받는 의사, 누가복음과 사도행전의 기록자, 너희에게 문안하느니라
⑦ 아킵보 : 주 안에서 받은 직분을 삼가 이루라, 골로새교회의 직분 자

빌레몬서(1장)

빌레몬서는 바울이 로마에 감금되어 있을 때 기록한 옥중서신 4권 중의 한권이다. 바울 서신 가운데 가장 짧아 1장으로 되어 있다. 이 편지는 오네시모라는 도망친 노예를 로마에서 전도하여 바울의 친구이자 오네시모의 상전인 빌레몬에게 보낸 개인적인 서신서이다.

빌레몬은 골로새 교회의 지도자이고 그 가정에서 예배를 드릴 정도로 큰 집에 사는 부유한 자이다. 그의 노예 중 하나인 오네시모는 주인의 재산에 해를 입히고 로마로 도망친 것이 분명하다.(18절) 로마에서 오네시모는 감옥에 갇힌 바울을 만나게 되었고 그리스도께 돌아왔다.(10절)

당시 로마법에 따르면 주인은 노예의 생사권을 갖고 있었다. 그래서 바울은 두기고 편에 보낼 편지 골로새서를 적으며 짧게 친구인 빌레몬에게도 간략한 서신을 써서 오네시모를 함께 보내며 그를 종으로 영접하지 말고 그리스도를 믿는 형제로 대해 달라고 부탁한다. 이 서신서를 통해 주인과 종의 관계를 그리스도 안에서 형제라고 하는 새 관점을 열어준다. 기독교적 사랑에 호소한다. 빌레몬이 바울이 전하는 복음을 듣고 구원을 받았으므로 빌레몬도 바울에게 빚진 자임을 상기시킨다.(19절)

빌레몬서(1장)

1~7절	8~22절	23~25절
빌레몬의 믿음의 교제	오네시모를 위한 부탁	끝인사

"주 예수와 및 모든 성도에 대한 네 사랑과 믿음이 있음을 들음이니"(몬 1:5)

"형제여 성도들의 마음이 너로 말미암아 평안함을 얻었으니 내가 너의 사랑으로 많은 기쁨과 위로를 받았노라"(몬 1:7)

"갇힌 중에서 낳은 아들 오네시모를 위하여 네게 간구하노라"(몬 1:10)

"이 후로는 종과 같이 대하지 아니하고 종 이상으로 곧 사랑 받는 형제로 둘 자라 내게 특별히 그러하거든 하물며 육신과 주 안에서 상관된 네게랴"(몬 1:16)

"나 바울이 친필로 쓰노니 내가 갚으려니와 네가 이 외에 네 자신이 내게 빚진 것은 내가 말하지 아니하노라"(몬 1:19)

빌립보서(4장)

빌립보교회는 바울의 2차 선교여정 가운데 세워진 마게도냐의 최초의 교회이다. 로마의 식민지로서 로마의 퇴역장교와 병사들의 거주지로 지정된 정치적 도시였지만 유대인의 회당은 없었다. 최초의 마게도냐의 신자는 루디아 자색 옷감 장사였고, 바울과 실라가 귀신들려 점치는 여종 하나를 고쳐준 이유로 옥에 갇히게 되었을 때 간수와 그 온 가족이 믿게 되어 마침내 빌립보교회가 시작되었다.

빌립보서는 바울이 로마의 감옥에 갇혀 죽음을 바라보는 상황속에서 이 서신서를 기록하였다.(A.D. 61년경) 빌립보 교인들은 사랑으로 바울을 대하여 바울이 빌립보를 떠나 데살로니가로 갔을 때도 두 번씩이나 바울이 쓸 것을 보냈다.(빌 4:16) 지금 바울이 로마에 갇혀있을 때에도 에바브로디도 편에 돈을 보내고 그로 하여금 바울을 시중들게 했다.(빌 2:25, 4:18) 그런데 에바브로디도가 병들어 거의 죽게 되었다가 회복되어 급히 그를 빌립보에 돌려보낼 때 본 서신서를 써서 그의 편에 보내게 된다.(빌 2:25~28)

빌립보교회는 바울이 마게도냐와 아가야 지방의 선교를 시작하도록 시작부터 선교에 대한 강한 열정을 보이며 바울의 사역을 끝까지 도운 교회이다. 바울에게는 어떤 교회보다도 가까운 교제를 나눈 교회이고 그들의 후원과 지지에 대해 감사하고 있었다.

빌립보서는 그리스도인의 기쁨의 본질에 관해 적고 있다. 환경의 형통함과 무관하게 고통이나 핍박, 갇혀있는 적대적인 상황에서도 참으로 기뻐할 수 있는 그리스도인의 기쁨의 본질을 담고 있다. 죽기까지 복종하신 예수님의 십자가 죽음을 교훈으로 그리스도의 대속적 사랑을 깨닫는 것이요, 그리스도인들은 하나님 앞에서 그리스도를 믿는 믿음으로 의롭게 된다는 메시지이다.(빌 3:9)

빌립보서(4장)

1장	2장	3장	4장
바울과 빌립보 교회 (고난의 기쁨)	그리스도의 겸손 (사역의 기쁨)	잘못에 대한 경고 (예수 안에서 기쁨)	권면 (감사의 기쁨)

1장 : 바울과 빌립보 교회(고난의 기쁨)

"내가 예수 그리스도의 심장으로 너희 무리를 얼마나 사모하는지 하나님이 내 증인이시니라"(빌 1:8)

바울의 매임과 복음전파(빌 1:12~30) : 바울의 매임이 오히려 로마 시위대와 주변사람들을 전도하는 좋은 기회가 되었고 로마의 형제들에게 담대히 하나님 말씀을 전하게 되었다. 잘못된 동기에서 복음을 전파하나 그리스도가 전하여 지는 것에 대해 기뻐한다.(빌 1:12~14)

"이는 내게 사는 것이 그리스도니 죽는 것도 유익함이라"(빌 1:21)

"이것이(고난이) 그들에게는 멸망의 증거요 너희에게는 구원의 증거니 이는 하나님께로부터 난 것이라"(빌 1:28)

"그리스도를 위하여 너희에게 은혜를 주신 것은 다만 그를 믿을 뿐 아니라 또한 그를 위하여 고난도 받게 하려 하심이라"(빌 1:29)

바울은 매인 것에 대해 기뻐하고 있다. 이것으로 말미암아 그리스도의 복음이 담대히 전해지기 때문이다. 사는 이유도 죽는 이유도 그리스도께 가까이 가는 것이기 때문이다.

2장 : 그리스도의 겸손(사역의 기쁨)

"마음을 같이하여 같은 사랑을 가지고 뜻을 합하며 한마음을 품어 아무 일에든지 다툼이나 허영으로 하지 말고 오직 겸손한 마음으로 각각 자기보다 남을 낫게 여기고 각각 자기 일을 돌볼뿐더러 또한 각각 다른 사람들의 일을 돌보아 나의 기쁨을 충만하게 하라"(빌 2:3~4)

"너희 안에 이 마음을 품으라 곧 그리스도 예수의 마음이니 그는 근본 하나님의 본체시나 하나님과 동등됨을 취할 것으로 여기지 아니하시고 오히려 자기를 비워 종의 형체를 가지사 사람들과 같이 되셨고 사람의 모양으로 나타나사 자기를 낮추시고 죽기까지 복종하셨으니 곧 십자가에 죽으심이라"(빌 2:5~8)

"생명의 말씀을 밝혀 나의 달음질이 헛되지 아니하고 수고도 헛되지 아니함으로 그리스도의 날에 내가 자랑할 것이 있게 하려 함이라 만일 너희 믿음의 제물과 섬김 위에 내가 나를 전제로 드릴지라도 나는 기뻐하고 너희 무리와 함께 기뻐하리니 이와 같이 너희도 기뻐하고 나와 함께 기뻐하라"(빌 2:16~18)

디모데와 에바브로디도(빌 2:19~30) - 동역자들에 대한 바울의 칭찬

디모데(빌 2:19~24) - 너희 사정을 앎으로 안위 받으려 함, 빌립보에 보냄, 자식이 아비에게 함같이 복음을 위해 수고함

"나도 속히 가게 될 것을 주 안에서 확신하노라"(빌 2:24) 바울이 빌립보서를 써 보내고 얼마 있지 않아 빌립보 교회를 방문하여 그의 확신이 현실이 되었다

에바브로디도 - 빌립보에 돌려보냄, 나의 형제요 함께 수고하고 군사된 자, 나의 쓸 것을 돕는 자, 너희를 간절히 사모하는 자, 병들어 죽게 되었으나 하나님의 긍휼로 나음, 기쁨으로 영접하고 존귀하게 여길 것, 그리스도를 위하여 자기 목숨을 돌보지 아니함(빌 2:25~30)

3장 : 빌립보 교회 잘못에 대한 경고(예수 안에서의 기쁨)

1) 유대주의자들에 대한 경고(빌 3:1~16)

"개들을 삼가고 행악하는 자들을 삼가고 몸을 상해하는 일을 삼가라"(빌 3:2)

율법을 지켜야 구원을 받는다는 유대주의자들은 바울이 전한 믿음으로 구원 받는다는 가르침을 방해하였다. 이방인들을 개라고 부르는 자들을 풍자적으로 표현하고 있다.

바울은 자신이 8일 만에 할례 받은 것과 이스라엘 족속이요 히브리인으로 교회를 핍박하던 베냐민 지파요 바리새인이었고 율법의 의로는 흠이 없는 자라 말한다.(빌 3:4~11)

"그러나 무엇이든지 내게 유익하던 것을 내가 그리스도를 위하여 다 해로 여길뿐더러 또한 모든 것을 해로 여김은 내 주 그리스도 예수를 아는 지식이 가장 고상하

기 때문이라 내가 그를 위하여 모든 것을 잃어버리고 배설물로 여김은 그리스도를 얻고 그 안에서 발견되려 함이니 내가 가진 의는 율법에서 난 것이 아니요 오직 그리스도를 믿음으로 말미암은 것이니 곧 믿음으로 하나님께로부터 난 의라"(빌 3:7~9) [그리스도 예수 안에서의 기쁨]

"형제들아 나는 아직 내가 잡은 줄로 여기지 아니하고 오직 한 일 즉 뒤에 있는 것은 잊어버리고 앞에 있는 것을 잡으려고 푯대를 향하여 그리스도 예수 안에서 하나님이 위에서 부르신 부름의 상을 위하여 달려가노라"(빌 3:13~14) [바울의 영적 달음질]

2) 하늘의 시민권자(빌 3:17~21)

십자가의 원수들(빌 3:19) – '멸망으로 마침, 그들의 배가 그들의 신, 부끄러움이 그들의 영광, 땅의 일을 생각하는 자'

우리의 시민권은 하늘에 있는지라(빌 3:20~21) – '거기로부터 구원하는 자 곧 주 예수 그리스도를 기다리노니 우리의 낮은 몸을 자기 영광의 몸의 형체와 같이 변하게 하시리라'

4장 : 바울의 권고(감사의 기쁨)

"주 안에서 항상 기뻐하라 내가 다시 말하노니 기뻐하라"(빌 4:4)

"아무 것도 염려하지 말고 다만 모든 일에 기도와 간구로, 너희 구할 것을 감사함으로 하나님께 아뢰라 그리하면 모든 지각에 뛰어난 하나님의 평강이 그리스도 예수 안에서 너희 마음과 생각을 지키시리라"(빌 4:6~7)

바울은 그리스도인들이 모든 상황에서 기뻐할 수 있으며 참된 기쁨은 주 안에서 있기 때문이라고 말한다. 어떤 상황이 임할지라도 환경이 아닌 그리스도의 임재 안에서 하나님의 평강이 있어 감사할 수 있다고 권면한다. 바울의 이 말씀과 권면은 데살로니가전서 5장 16~18절 말씀과 동일한 메시지이다. 죽기까지 십자가를 지시고 죽으신 예수 그리스도가 말씀의 증언자이다.

디모데전서(6장)

사도 바울이 디모데에게 보내는 첫 번째 서신서이다. 바울이 로마에 감금되어 있다가(미결수) A.D. 63년 경에 석방되어 에베소를 방문한다. 그 후에 얼마 지나지 않아 디모데를 에베소 교회의 책임자로 맡겨두고 에베소를 떠난다. 디모데전서는 사도 바울이 마게도냐에서 에베소교회를 담임하는 디모데에게 보낸 목회서신서이다.(딤전 1:3)

디모데는 유대인 어머니와 헬라인 아버지 사이에서 루스드라에서 태어난다.(행 16:1~2, 20:4) 루스드라는 바울이 1차 선교여정에서 엄청난 박해를 받은 곳이다. 이때에 디모데의 외조모 로이스와 어머니 유니게, 그리고 디모데는 아마 이때에 예수 그리스도를 영접했을 것이다.(딤후 3:11) 바울은 디모데의 외조모 로이스와 어머니 유니게의 믿음이 디모데 안에 있다고 그들을 칭찬한다. 디모데는 바울의 2차 선교여행 때부터 바울이 로마에 감금되어 있을 때까지 항상 함께 하였다. 바울이 디모데를 참 아들(딤전 1:2)과 같이 여겼다. 또한 디모데를 파송하여 마게도냐로(행 19:22), 고린도로(고전 16:10), 에베소로(딤전 1:3) 보낸다.

디모데가 목회하고 있는 에베소 교회는 망령되고 허탄한 신화와 금욕주의가 들어와 미혹하고 형식적인 경건을 주장하는 거짓 교사들이 있었다.(딤전 1:4, 4:1~7) 바울은 디모데에게 참된 신앙적인 경건을 권하며 연소하였으므로 더욱 말과 행실과 사랑과 믿음과 정절에 있어 본이 되라고 권한다.(딤전 4:12)
목회 서신서인 디모데전서와 디도서는 공통적으로 교회 제직 선택에 관하여 언급하고 있다. 디모데전서를 통해 바울은 디모데에게 거짓 교훈을 가르치는 자들을 경계하고 바른 교훈을 가르치라고 권면한다. 교회 직분자를 세우는 지금의 교회들에게도 적용되는 교훈들이다.

본 서신서는 대화체로 되어 있고, 개인적 어조로 쓰였으며, 즉흥적으로 상대편에게 대화하고 있어 내용을 확연히 정리하기가 쉽지 않다.

디모데전서(6장)

1~2장		3~4장		5~6장	
은혜와 기도		경건의 연단		지도자 자질	
1장	2장	3장	4장	5장	6장
개인적인 권면	교회예배	감독과 집사	거짓 교사	성도들	목회자 자질

1장-2장 은혜와 기도

1장 : 개인적인 권면

디모데를 에베소에 머물게 한 이유는
"어떤 사람들을 명하여 다른 교훈을 가르치지 말며 신화와 끝없는 족보에 몰두하지 말게 하려 함이라 이런 것은 믿음 안에 있는 하나님의 경륜을 이룸보다 도리어 변론을 내는 것이라"(딤전 1:3~4)

"사람들이 이에서 벗어나 헛된 말에 빠져 율법의 선생이 되려 하나 자기가 말하는 것이나 자기가 확증하는 것도 깨닫지 못하는도다"(딤전 1:6~7)

"미쁘다 모든 사람이 받을 만한 이 말이여 그리스도 예수께서 죄인을 구원하시려고 세상에 임하셨다 하였도다 죄인 중에 내가 괴수니라"(딤전 1:15)

2장 : 교회 예배

"그러므로 내가 첫째로 권하노니 모든 사람을 위하여 간구와 기도와 도고와 감사를 하되 임금들과 높은 지위에 있는 모든 사람을 위하여 하라 이는 우리가 모든 경건과 단정함으로 고요하고 평안한 생활을 하려 함이라"(딤전 2:1~2)

"하나님은 한 분이시요 또 하나님과 사람 사이에 중보자도 한 분이시니 곧 사람이

신 그리스도 예수라"(딤전 2:5)

"그러므로 각처에서 남자들이 분노와 다툼이 없이 거룩한 손을 들어 기도하기를 원하노라"(딤전 2:8)

"또 이와 같이 여자들도 단정하게 옷을 입으며 소박함과 정절로써 자기를 단장하고 땋은 머리와 금이나 진주나 값진 옷으로 하지 말고 오직 선행으로 하기를 원하노라 이것이 하나님을 경외한다 하는 자들에게 마땅한 것이니라 여자는 일체 순종함으로 조용히 배우라"(딤전 2:9~11)

3-4장 경건과 연단

3장 : 감독과 집사의 자격(경건)

1) 감독의 자격 - 15가지 조건(3:1~7)
"그러므로 감독은 ① 책망할 것이 없으며 ② 한 아내의 남편이 되며 ③ 절제하며 ④ 신중하며 ⑤ 단정하며 ⑥ 나그네를 대접하며 ⑦ 가르치기를 잘하며 ⑧ 술을 즐기지 아니하며 ⑨ 구타하지 아니하며 ⑩ 오직 관용하며 ⑪ 다투지 아니하며 ⑫ 돈을 사랑하지 아니하며 ⑬ 자기 집을 잘 다스려 자녀들로 모든 공손함으로 복종하게 하는 자라야 할지며 (사람이 자기 집을 다스릴 줄 알지 못하면 어찌 하나님의 교회를 돌보리요) ⑭ 새로 입교한 자도 말지니 교만하여져서 마귀를 정죄하는 그 정죄에 빠질까 함이요 또한 ⑮ 외인에게서도 선한 증거를 얻은 자라야 할지니"(딤전 3:2~7)

2) 집사의 자격(3:8~13)
"이와 같이 집사들도 ① 정중하고 ② 일구이언을 하지 아니하고 ③ 술에 인박히지 아니하고 ④ 더러운 이를 탐하지 아니하고 ⑤ 깨끗한 양심에 믿음의 비밀을 가진 자"(딤전 3:8~9) ⑥ 한 아내의 남편이 되어 ⑦ 자녀와 자기 집을 잘 다스리는 자일지니"(딤전 3:12)

"여자들도 이와 같이 ① 정숙하고 ② 모함하지 아니하며 ③ 절제하며 ④ 모든 일에 충성된 자라야 할지니라"(딤전 3:11)

"집사의 직분을 잘한 자들은 아름다운 지위와 그리스도 예수 안에 있는 믿음에 큰 담력을 얻느니라"(딤전 3:13)
"하나님의 집에서 어떻게 행하여야 할지를 알게 하려 함이니 이 집은 살아 계신 하나님의 교회요 진리의 기둥과 터니라"(딤전 3:15)

4장 : 거짓 교사

"그러나 성령이 밝히 말씀하시기를 후일에 어떤 사람들이 믿음에서 떠나 미혹하는 영과 귀신의 가르침을 따르리라 하셨으니 자기 양심이 화인을 맞아서 외식함으로 거짓말하는 자들이라"(딤전 4:1~2)

"혼인을 금하고 어떤 음식물은 먹지 말라고 할 터이나 음식물은 하나님이 지으신 바니 믿는 자들과 진리를 아는 자들이 감사함으로 받을 것이니라"(딤전 4:3)

성령을 떠나 미혹하는 자들은 거짓 금욕주의를 가르치며 더욱 거룩과 신적인 영감을 가장한다. 영적인 진리에 무감각한 이유는 하나님의 말씀을 버렸기 때문이다.

"하나님께서 지으신 모든 것이 선하매 감사함으로 받으면 버릴 것이 없나니 하나님의 말씀과 기도로 거룩하여짐이라"(딤전 4:4~5)

바울은 디모데에게 목회 사역 가운데 하나님 말씀을 떠나지 말고 비판 받을 일을 행하지 말고 삶 가운데 사람들에게 존경을 받고 본이 되라고 교훈한다.

5장-6장 지도자 자질

5장 : 성도를 대하는 태도

1) 남녀노소 성도들을 대하는 태도(딤전 5:1~2)
① 늙은이를 꾸짖지 말고 권하되 아버지에게 하듯 하며
② 젊은이에게는 형제에게 하듯 하고

③ 늙은 여자에게는 어머니에게 하듯 하며
④ 젊은 여자에게는 온전히 깨끗함으로 자매에게 하듯 하라"(딤전 5:1~2)

2) 참 과부에 대한 예우(딤전 5:3~8, 16)

① 참 과부인 과부를 존대하라
② 하나님께 소망을 두고 주야로 항상 간구와 기도를 하게하라
③ 만일 믿는 여자에게 과부 친척이 있거든 도와 주라

3) 과부로 명부에 올릴 자(딤전 5:9~10)

① 나이가 60이상 되고 한 남편의 아내였던 자
② 선한 행실의 증거가 있는 자(혹은 자녀를 양육하며, 혹은 나그네를 대접하며, 혹은 성도들의 발을 씻으며, 혹은 환난 당한 자들을 구제하며, 혹은 모든 선한 일을 행한 자)

4) 젊은 과부는 거절하라(딤전 5:11~14)

'이는 정욕으로 그리스도를 배반할 때에 시집 가고자 함이니'(처음 믿음을 저버렸으므로 정죄를 받느니라)

5) 장로에 대한 예우(딤전 5:17~25)

① 잘 다스리는 장로와 말씀을 가르치는 장로는 배나 존경하라
② 장로에 대한 고발은 두세 증인이 없으면 받지 말라
③ 장로는 경솔히 안수하지 말라
④ 다른 사람의 죄에 간섭하지 말라
⑤ 네 자신을 지켜 정결하게 하라

6장 : 목회자 자질

1) 종들의 지침(딤전 6:1~2)

① 종들은 자기 상전들을 범사에 공경하라
② 믿는 상전이 있는 자들은 그 상전을 형제라고 가볍게 여기지 말고 더 잘 섬기라

2) 거짓 교사에 대해(딤전 6:3~5)

① 그리스도의 말씀과 경건을 따르지 않는 자
② 교만하여 아무 것도 알지 못하고 변론과 언쟁을 좋아하는 자
이로써 투기와 분쟁과 비방과 악한 생각과 마음의 부패함과 진리를 잃어버림

3) 돈을 사랑하는 문제(딤전 6:6~10)
① 자족하는 마음이 있으면 경건은 큰 이익 - 우리가 세상에 아무 것도 가지고 온 것이 없으매 또한 아무 것도 가지고 가지 못하리니
② 돈을 사랑함이 일만 악의 뿌리 - 부하려 하는 자들은 시험과 올무와 여러 가지 어리석고 해로운 욕심에 떨어지나니 곧 사람으로 파멸과 멸망에 빠지게 하는 것이라
③ 미혹을 받아 믿음에서 떠나 많은 근심으로써 자기를 찔렀도다 - "돈을 사랑함이 일만 악의 뿌리가 되나니 이것을 탐내는 자들은 미혹을 받아 믿음에서 떠나 많은 근심으로써 자기를 찔렀도다"(딤전 6:10)

4) 믿음의 선한 싸움을 싸우라(딤전 6:11~16)
① 의와 경건과 믿음과 사랑과 인내와 온유를 따르라
② 믿음의 선한 싸움을 싸우라 영생을 취하라(딤전 6:12)
③ 하나님은 복되시고 유일하신 주권자이시며 만왕의 왕이시며 만주의 주시니 그에게 존귀와 영원한 권능을 돌릴지어다

5) 물질에 관하여(딤전 6:17~19)
① 재물에 소망을 두지 말고 오직 우리에게 모든 것을 후히 주사 누리게 하시는 하나님께 두라
② 선을 행하고 선한 사업을 많이 하고 나누어 주기를 좋아하며 너그러운 자가 되게 하라

6) 마지막 부탁(딤전 6:20~21)
"망령되고 헛된 말과 거짓된 지식의 반론을 피함으로 네게 부탁한 것을 지키라"

디도서(3장)

바울이 로마에서 1차 석방된 후에(A.D. 63년경) 디도를 그레데에 남겨 교회를 사역하게 하고 다른 사역지로 떠났다.(딛 1:5~9) 디도서 3장 12절에서 바울은 그리스의 서쪽 해안 니고볼리에서 그레데교회의 담임인 디도에게 본 서신서를 보내어 그를 급히 오라고 청한다.

A.D. 64년경에 기록되었고 바울이 디도에게 보낸 서신서이다. 디도는 헬라인이었으며 그는 이방인 임에도 할례를 받지 않은 좋은 예가 성경에 기록되고 있다.(갈 2:1, 2:3) 사도 바울의 서신서 곳곳에 디도의 이름이 기록되어 있고 바울은 디도라는 젊은 사역자를 칭찬하며 동역자로 여러 가지 일을 맡기는 것을 찾아볼 수 있다. 갈라디아서를 통해(갈 2:1, 2:3) 예루살렘 공의회에 동행하며 고린도후서를 통해(고후 2:4, 7:13~14, 8:6, 8:16~24) 예루살렘에 보내는 거액의 연보도 디도를 통해 전달하게 한다. 디도서를 통해(딛 1:5) 그레데 교회의 사역자로 세웠다는 것을 알 수 있다. 디도서 1장 4절에서 바울은 '나의 참 아들'이라고 칭한다. 디모데후서 4장 10절에는 디도가 달마디아라는 새로운 사역지로 가는 것도 기록하고 있다.

사도 바울의 서신서에 이렇게 자주 디도 이름을 언급하는 반면에 누가가 기록한 사도행전에는 드러나지 않고 있다. 누가와 디도가 인척관계이기 때문이라는 이유를 들기도 한다.
디도서의 일반적인 내용은 디모데전서와 거의 흡사하다.(목회서신) 교회 지도자들을 바르게 세우고 바른 교훈으로 권면하고 거슬러 말하는 자들을 책망하게 하려함이다.

디도서(3장)

1장	2장	3장
교회 지도자의 의무	바른 교훈	성도의 변화

1장 : 교회 지도자의 의무

"내가 너를 그레데에 남겨 둔 이유는 남은 일을 정리하고 내가 명한 대로 각 성에 장로들을 세우게 하려 함이니"(딛 1:5)

1) 장로의 자격(딛 1:5)

"① 책망할 것이 없고 ② 한 아내의 남편이며 ③ 방탕하다는 비난을 받거나 불순종하는 일이 없는 믿는 자녀를 둔 자라야 할지라"

2) 감독의 자격(딛 1:7~9)

"① 감독은 하나님의 청지기로서 ② 책망할 것이 없고 ③ 제 고집대로 하지 아니하며 ④ 급히 분내지 아니하며 ⑤ 술을 즐기지 아니하며 ⑥ 구타하지 아니하며 ⑦ 더러운 이득을 탐하지 아니하며 ⑧ 오직 나그네를 대접하며 ⑨ 선행을 좋아하며 ⑩ 신중하며 ⑪ 의로우며 ⑫ 거룩하며 ⑬ 절제하며 ⑭ 미쁜 말씀의 가르침을 그대로 지켜야 하리니 이는 능히 바른 교훈으로 권면하고 거슬러 말하는 자들을 책망하게 하려 함이라"

3) 거짓교사를 책망할 것(딛 1:10~16)

"① 불순종하고 ② 헛된 말을 하며 ③ 속이는 자가 많은 중 할례파 가운데 특히 그러하니 …이런 자들이 더러운 이득을 취하려고 마땅하지 아니한 것을 가르쳐 가정들을 온통 무너뜨리는도다"(딛 1:10~11) "④ 그들이 하나님을 시인하나 행위로는 부인하니 ⑤ 가증한 자요 ⑥ 복종하지 아니하는 자요 ⑦ 모든 선한 일을 버리는 자니라"(딛 1:16) "그러므로 네가 그들을 엄히 꾸짖으라 이는 그들로 하여금 믿음을 온전하게 하고 유대인의 허탄한 이야기와 진리를 배반하는 사람들의 명령을 따르지 않게 하려 함이라"(딛 1:13~14)

2장 : 바른 교훈

1) 다양한 성도의 교육지침(2:1~8)

늙은 남자	늙은 여자
절제, 경건, 신중, 믿음, 사랑, 인내함에 온전하라	거룩한 행실, 모함하지 말 것, 술의 종이 되지 말 것, 선한 것을 가르칠 것, 젊은 여자들을 교훈할 것
젊은 남자	**젊은 여자**
선한 일을 본보임, 교훈에 부패하지 말 것, 단정함, 바른 말을 하게 할 것	남편과 자녀를 사랑하며, 신중하며, 순전하며, 집안 일을 하며, 선하며, 자기 남편에게 복종할 것, 하나님의 말씀이 비방을 받지 않게 할 것

2) 종들에 관하여(2:9~10)

"① 자기 상전들에게 범사에 순종하여 ② 기쁘게 하고 ③ 거슬러 말하지 말며 ④ 훔치지 말고 ⑤ 오히려 모든 참된 신실성을 나타내게 하라 이는 범사에 우리 구주 하나님의 교훈을 빛나게 하려 함이라"

"그가 우리를 대신하여 자신을 주심은 모든 불법에서 우리를 속량하시고 우리를 깨끗하게 하사 선한 일을 열심히 하는 자기 백성이 되게 하려 하심이라"(딛 2:14)

3장 : 성도의 변화

"우리 구주 예수 그리스도로 말미암아 우리에게 그 성령을 풍성히 부어 주사 우리로 그의 은혜를 힘입어 의롭다 하심을 얻어 영생의 소망을 따라 상속자가 되게 하려 하심이라"(딛 3:6~7)

"그러나 어리석은 변론과 족보 이야기와 분쟁과 율법에 대한 다툼은 피하라 이것은 무익한 것이요 헛된 것이니라"(딛 3:9)

"이단에 속한 사람을 한두 번 훈계한 후에 멀리하라"(딛 3:10)

디모데후서(4장)

사도 바울이 디모데에게 보내는 두 번째 서신서이다. 바울이 죽기 전에 두 번째 로마에 감금되어 있는 동안 기록되었다. 그래서 디모데후서는 사도 바울의 서신서 중에 최후의 서신으로 보면된다.(A.D. 66~67)
전설에 의하면 로마에서 석방되었을 때 바울은 서바나에 갔다가 다시 고린도와 밀레도를 거쳐(딤후 4:20) 드로아까지(딤후 4:13) 갔다. 마게도냐에서 갑자기 체포되어 다시 로마로 호송되어 A.D. 67년경에 순교 당한 것으로 전해진다. 이때에 바울의 제자 가운데도 바울을 버린 사람들이 많았고(딤후 1:15, 2:17~18, 4:10, 4:14, 4:16) 바울과 함께 있는 사람은 누가 뿐이었다.(딤후 4:11)

디모데후서는 바울이 디모데에게 보낸 개인적인 내용의 서신서로 보인다. 바울의 개인적인 감정, 슬픔, 확신, 회상, 바울의 감정이 드러나고 있다. 마지막 죽음의 순간이 가까운 것을 알고(딤후 4:6~7) 디모데를 그리워하며 '어서 속히 내게로 오라'(딤후 4:9), '너는 겨울 전에 어서 오라'(딤후 4:21)며 디모데 보기를 원했고 개인적인 물건들을 가져오라 부탁한다.(딤후 4:13)

본 서신서의 목적은 바울 자신은 이미 끝나버린 이 어려운 사명을 앞으로 감당해야 할 디모데에게 힘을 돋우어 주기 위함이다. 디모데에게 '그리스도 예수의 좋은 병사로 고난을 받으라'(딤후 2:3) 부탁한다. 개인적으로나 공적으로도 주의 종임을 기억하고 다투지 말고 모든 사람에게 진리를 잘 가르치고 마지막으로 너는 '하나님 말씀을 전파하라 때를 얻든지 못 얻든지 항상 힘쓰라'(딤후 4:2) 당부한다.

디모데후서(4장)

1장	2장	3장	4장
복음을 위한 고난	복음을 위한 좋은 병사	복음을 지키라	복음을 전파하라

1장 : 복음을 위한 고난(디모데에게 감사)

"사랑하는 아들 디모데에게 편지하노니 하나님 아버지와 그리스도 예수 우리 주께로부터 은혜와 긍휼과 평강이 네게 있을지어다"(딤후 1:2)

"이는 네 속에 거짓이 없는 믿음이 있음을 생각함이라 이 믿음은 먼저 네 외조모 로이스와 네 어머니 유니게 속에 있더니 네 속에도 있는 줄을 확신하노라"(딤후 1:5)

> "하나님이 우리에게 주신 것은 두려워하는 마음이 아니요 오직 능력과 사랑과 절제하는 마음이니 그러므로 너는 내가 우리 주를 증언함과 또는 주를 위하여 갇힌 자 된 나를 부끄러워하지 말고 오직 하나님의 능력을 따라 복음과 함께 고난을 받으라"(딤후 1:7~8)

"너는 그리스도 예수 안에 있는 믿음과 사랑으로써 내게 들은 바 바른 말을 본받아 지키고 우리 안에 거하시는 성령으로 말미암아 네게 부탁한 아름다운 것을 지키라"(딤후 1:13~14)

2장 : 복음을 위한 좋은 병사

"너는 그리스도 예수의 좋은 병사로 나와 함께 고난을 받으라"(딤후 2:3)

"그러므로 내가 택함 받은 자들을 위하여 모든 것을 참음은 그들도 그리스도 예수 안에 있는 구원을 영원한 영광과 함께 받게 하려 함이라"(딤후 2:10)

"망령되고 헛된 말을 버리라 그들은 경건하지 아니함에 점점 나아가나니 그들의 말은 악성 종양이 퍼져나감과 같은데 그 중에 후메내오와 빌레도가 있느니라"(딤후 2:16~17)

"진리에 관하여는 그들이 그릇되었도다 부활이 이미 지나갔다 함으로 어떤 사람들의 믿음을 무너뜨리느니라"(딤후 2:18)
"주의 종은 마땅히 다투지 아니하고 모든 사람에 대하여 온유하며 가르치기를 잘

하며 참으며 거역하는 자를 온유함으로 훈계할지니 혹 하나님이 그들에게 회개함을 주사 진리를 알게 하실까 하며"(딤후 2:24~25)

3장 : 복음을 지키라(마지막 가르침)

너는 이것을 알라 말세에 고통하는 때가 이르러
"사람들이 자기를 사랑하며 돈을 사랑하며 자랑하며 교만하며 비방하며 부모를 거역하며 감사하지 아니하며 거룩하지 아니하며 무정하며 원통함을 풀지 아니하며 모함하며 절제하지 못하며 사나우며 선한 것을 좋아하지 아니하며 배신하며 조급하며 자만하며 쾌락을 사랑하기를 하나님 사랑하는 것보다 더하며 경건의 모양은 있으나 경건의 능력은 부인하니 이같은 자들에게서 네가 돌아서라"(딤후 3:1~5)

"무릇 그리스도 예수 안에서 경건하게 살고자 하는 자는 박해를 받으리라"(딤후 3:12)

"모든 성경은 하나님의 감동으로 된 것으로 교훈과 책망과 바르게 함과 의로 교육하기에 유익하니 이는 하나님의 사람으로 온전하게 하며 모든 선한 일을 행할 능력을 갖추게 하려 함이라"(딤후 3:16~17)

4장 : 복음을 전파하라

바울은 디모데에게 엄히 명한다. 권고의 위급성을 강조한다.

"너는 말씀을 전파하라 때를 얻든지 못 얻든지 항상 힘쓰라 범사에 오래 참음과 가르침으로 경책하며 경계하며 권하라"(딤후 4:2)

"전제와 같이 내가 벌써 부어지고 나의 떠날 시각이 가까웠도다"(딤후 4:6)

전제 : '붓다', '따르다'는 뜻으로(출 29:40~41, 민 15:5, 겔 20:28) 포도주를 하나님의 제단(제물) 위에 부어드리는 제사를 말한다. 전제는 단독으로 드려질 수 없고 항상 다른 제사와 함께 드려진다. 하나님을 섬기는 자들의 헌신적인 봉사와 희생을 상징한다. '관제'로 표현되기도 한다.(빌 2:17, 딤후 4:6)

"나는 선한 싸움을 싸우고 나의 달려갈 길을 마치고 믿음을 지켰으니 이제 후로는 나를 위하여 의의 면류관이 예비되었으므로 주 곧 의로우신 재판장이 그 날에 내게 주실 것이며 내게만 아니라 주의 나타나심을 사모하는 모든 자에게도니라 너는 어서 속히 내게로 오라"(딤후 4:7~9)

"누가만 나와 함께 있느니라 네가 올 때에 마가를 데리고 오라 그가 나의 일에 유익하니라"(딤후 4:11), "너는 겨울 전에 어서 오라"(딤후 4:21), "네가 올 때에 내가 드로아 가보의 집에 둔 겉옷을 가지고 오고 또 책은 특별히 가죽 종이에 쓴 것을 가져오라"(딤후 4:13)

사도시대

4. 일반 사도들의 사역

"공동서신"

야고보서　유다서
히브리서　요한 1서
베드로전서　요한 2서
베드로후서　요한 3서

Step-by-Step

성경여행 신약 개관

예수시대	사도시대			
1. 예수님의 사역 (B.C. 4~A.D. 30)	2. 사도들의 사역 (A.D. 30~44)	3. 사도 바울의 사역 (A.D. 34~67)	4. 일반 사도들의 사역 (A.D. 50~90)	5. 사도 요한의 사역 (A.D. 95~100)
마(28장), 막(16장), 눅(24장), 요(21장) "복음의 시작"	행 1~12장 (사도 베드로 중심 사역) "교회의 시작"	행 13~28장 (사도 바울 중심 사역) "선교의 시작"	"공동서신" "일반서신"	"성경의 완성"
마 막 눅 요 마태 : 구약의 성취 "유대인의 왕" 마가 : 구속의 "고난의 종" 누가 : 온 인류의 "구원자" 요한 : 말씀이 육신이 되어 오신 예수님	행 1.오순절 성령강림 2.초대교회(예루살렘 교회) 3.스데반 집사 순교 4.최초 이방인 교회 (안디옥) 5.사도 야고보 순교	1차 선교여정 갈 2차 선교여정 살전 살후 3차 선교여정 고전 고후 롬 4차 선교여정 엡 골 몬 빌 딤전 딛 딤후	약 유 히 요1 벧전 요2 벧후 요3	계
4권	1권	13권	8권	1권

신약개관

예수시대	사도시대			
1. 예수님의 사역 (B.C. 4~A.D. 30)	2. 사도들의 사역 (A.D. 30~44)	3. 사도바울의 사역 (A.D. 34~67)	4. 일반 사도들의 사역 (A.D. 50~90)	5. 사도 요한의 사역 (A.D. 95~100)
마(28장) 막(16장) 눅(24장) 요(21장)	행 1~12장 베드로 중심사역	행 13~28장 사도바울 중심사역	약, 히, 벧전, 벧후, 유, 요1, 요2, 요3	계

야고보서(5장)

야고보서는 주의 형제로서 예루살렘 교회의 지도자였던 야고보에 의해 기록되었다.(행 15장) 신약성경 가운데 가장 유대적인 책이다. 이 서신은 예수님의 구원, 복음, 성육신, 부활 등 예수님이나 교회에 관해 적기 보다는 그리스도인의 생활에 보다 무게를 두고 핍박을 받을 때도 낙심하지 말 것을 격려하고 있다. 기록자와 독자가 동일한 배경의 유대인이라는 것을 추정할 수 있다. 야고보서는 구약적인 내용의 책이라 할 수 있다. 모든 면에서 율법을 준수하는 '유대인들의 깊은 경건생활' 바로 그것을 강조하고 있다.

'행함이 없는 믿음은 죽은 것이니라'(약 2:26)는 야고보의 가르침은 '의인은 오직 믿음으로 살리라'(롬 1:17)는 사도 바울의 가르침과 다르게 보일 수 있다. 그러나 이 둘의 차이는 강조점과 정의의 문제일 뿐이다. 야고보서는 '행위'를 강조했다면 로마서와 갈라디아서는 '믿음'을 강조한다. '의인은 오직 믿음으로 살리라'는 사도 바울은 신앙의 백미를 강조했다면 '행함이 없는 믿음은 죽은 것이라'는 야고보는 신앙의 결실과 열매를 강조한 것뿐이다.

'믿는 자가 어떻게 하면 거룩한 삶으로 나아갈 수 있는가' 또한 '예수 그리스도를 믿는 믿음은 실제 생활에서 윤리적으로 어떻게 살아야 하는 가'에 대한 것이다. 결국 예수 그리스도의 복음은 율법의 완성이 된다. 믿음을 온전케 하는 행함을 설명하고 있는 '신약의 잠언'인 셈이다.

야고보는 A.D. 62년에 돌에 맞아 순교한 것으로 역사가는 기록한다. 야고보서는 이방인 기독교인에 대한 언급이 없고 그러므로 바울의 선교가 아직 활성화 되지 않았을 때로 본다. 야고보서에는 '교회'라는 용어 대신에 '회당'(약 2:2)이라는 단어를 사용하고 있다. 또한 A.D. 50년 사도행전 15장의 예루살렘 종교회의와 관련된 문제점들을 언급하고 있지 않다는 점에서 신약성경 중 초기에 기록된 서신서로 갈라디아서와 함께 A.D. 50년경으로 보고 있다. 야고보서는 명령형으로 쓰여진 특징도 두드러진다. 야고보서의 수신자는 흩어져있는 디아스포라 유대인들이다.

야고보서(5장)

1~2장	3~4장	5장
믿음과 행함	말과 선행	종말신앙

1. 믿음과 행함(약 1~2장)

(1) 믿음과 지혜(약 1:1~8)

"내 형제들아 너희가 여러 가지 시험을 당하거든 온전히 기쁘게 여기라 이는 너희 믿음의 시련이 인내를 만들어 내는 줄 너희가 앎이라 인내를 온전히 이루라 이는 너희로 온전하고 구비하여 조금도 부족함이 없게 하려 함이라"(약 1:2~4)

"너희 중에 누구든지 지혜가 부족하거든 모든 사람에게 후히 주시고 꾸짖지 아니하시는 하나님께 구하라 그리하면 주시리라 오직 믿음으로 구하고 조금도 의심하지 말라"(약 1:5~6)

(2) 욕심과 시험(약 1:12~18)

"오직 각 사람이 시험을 받는 것은 자기 욕심에 끌려 미혹됨이니 욕심이 잉태한즉 죄를 낳고 죄가 장성한즉 사망을 낳느니라"(약 1:14~15)

"그가 그 피조물 중에 우리로 한 첫 열매가 되게 하시려고 자기의 뜻을 따라 진리의 말씀으로 우리를 낳으셨느니라"(약 1:18)

(3) 말씀과 실천(약 1:19~27)

"사람마다 듣기는 속히 하고 말하기는 더디 하며 성내기도 더디 하라 사람이 성내

는 것이 하나님의 의를 이루지 못함이라"(약 1:19~20)
"누구든지 스스로 경건하다 생각하며 자기 혀를 재갈 물리지 아니하고 자기 마음을 속이면 이 사람의 경건은 헛것이라"(약 1:26)

(4) 사회적 차별금지(약 2:1~13)
"너희가 만일 성경에 기록된 대로 네 이웃 사랑하기를 네 몸과 같이 하라 하신 최고의 법을 지키면 잘하는 것이거니와 만일 너희가 사람을 차별하여 대하면 죄를 짓는 것이니 율법이 너희를 범법자로 정죄하리라"(약 2:8~9)

(5) 믿음과 행함(약 2:14~25)
"이와 같이 행함이 없는 믿음은 그 자체가 죽은 것이라"(약 2:17)

"이에 성경에 이른 바 아브라함이 하나님을 믿으니 이것을 의로 여기셨다는 말씀이 이루어졌고 그는 하나님의 벗이라 칭함을 받았나니"(약 2:23)

"영혼 없는 몸이 죽은 것 같이 행함이 없는 믿음은 죽은 것이니라"(약 2:26)

2. 말과 선행(약 3~4장)

(1) 말(혀)의 영향(약 3:1~12)
"혀는 곧 불이요 불의의 세계라 혀는 우리 지체 중에서 온 몸을 더럽히고 삶의 수레바퀴를 불사르나니 그 사르는 것이 지옥 불에서 나느니라"(약 3:6)

"혀는 능히 길들일 사람이 없나니 쉬지 아니하는 악이요 죽이는 독이 가득한 것이라"(약 3:8)

"한 입에서 찬송과 저주가 나오는도다 내 형제들아 이것이 마땅하지 아니하니라 샘이 한 구멍으로 어찌 단 물과 쓴 물을 내겠느냐"(약 3:10~11)

(2) 참 지혜(약 3:13~18)
① 세상의 지혜(약 3:13~16) : 독한 시기, 다툼, 거짓말, 정욕적, 마귀적, 혼란과

악한 일

② 위로부터 난 지혜(약 3:17~18) : 성결, 화평, 관용, 양순, 긍휼, 선한 열매가 가득하고 편견과 거짓이 없나니 화평하게 하는 자들은 화평으로 심어 의의 열매를 거둠

(3) 세상을 벗하지 말라(약 4:1~10)

"너희는 욕심을 내어도 얻지 못하여 살인하며 시기하여도 능히 취하지 못하므로 다투고 싸우는도다 너희가 얻지 못함은 구하지 아니하기 때문이요 구하여도 받지 못함은 정욕으로 쓰려고 잘못 구하기 때문이라"(약 4:2~3)

"그런즉 너희는 하나님께 복종할지어다 마귀를 대적하라 그리하면 너희를 피하리라 하나님을 가까이하라 그리하면 너희를 가까이하시리라 죄인들아 손을 깨끗이 하라 두 마음을 품은 자들아 마음을 성결하게 하라"(약 4:7~8)

(4) 비방을 경계(약 4:11~12)

"형제들아 서로 비방하지 말라 형제를 비방하는 자나 형제를 판단하는 자는 곧 율법을 비방하고 율법을 판단하는 것이라 네가 만일 율법을 판단하면 율법의 준행자가 아니요 재판관이로다 입법자와 재판관은 오직 한 분이시니 능히 구원하기도 하시며 멸하기도 하시느니라 너는 누구이기에 이웃을 판단하느냐"(약 4:11~12)

(5) 세상 생활에 대한 경고(약 4:13~17)

"내일 일을 너희가 알지 못하는도다 너희 생명이 무엇이냐 너희는 잠깐 보이다가 없어지는 안개니라"(약 4:14)

"그러므로 사람이 선을 행할 줄 알고도 행하지 아니하면 죄니라"(약 4:17)

3. 종말 신앙(약 5장)

(1) 부한 자에게 주는 경고(약 5:1~6)

"들으라 부한 자들아 너희에게 임할 고생으로 말미암아 울고 통곡하라"(약 5:1)

"너희가 땅에서 사치하고 방종하여 살육의 날에 너희 마음을 살찌게 하였도다 너희는 의인을 정죄하고 죽였으나 그는 너희에게 대항하지 아니하였느니라"(약 5:5~6)

(2) 인내와 기도(약 5:7~20)

"그러므로 형제들아 주께서 강림하시기까지 길이 참으라 보라 농부가 땅에서 나는 귀한 열매를 바라고 길이 참아 이른 비와 늦은 비를 기다리나니 너희도 길이 참고 마음을 굳건하게 하라 주의 강림이 가까우니라"(약 5:7~8)

"형제들아 주의 이름으로 말한 선지자들을 고난과 오래 참음의 본으로 삼으라 보라 인내하는 자를 우리가 복되다 하나니 너희가 욥의 인내를 들었고 주께서 주신 결말을 보았거니와 주는 가장 자비하시고 긍휼히 여기시는 이시니라"(약 5:10~11)

"내 형제들아 무엇보다도 맹세하지 말지니 하늘로나 땅으로나 아무 다른 것으로도 맹세하지 말고 오직 너희가 그렇다고 생각하는 것은 그렇다 하고 아니라고 생각하는 것은 아니라 하여 정죄 받음을 면하라"(약 5:12)

"너희 중에 고난 당하는 자가 있느냐 그는 기도할 것이요 즐거워하는 자가 있느냐 그는 찬송할지니라 너희 중에 병든 자가 있느냐 그는 교회의 장로들을 청할 것이요 그들은 주의 이름으로 기름을 바르며 그를 위하여 기도할지니라 믿음의 기도는 병든 자를 구원하리니 주께서 그를 일으키시리라 혹시 죄를 범하였을지라도 사하심을 받으리라"(약 5:13~15)

"그러므로 너희 죄를 서로 고백하며 병이 낫기를 위하여 서로 기도하라 의인의 간구는 역사하는 힘이 큼이니라"(약 5:16)

"내 형제들아 너희 중에 미혹되어 진리를 떠난 자를 누가 돌아서게 하면 너희가 알 것은 죄인을 미혹된 길에서 돌아서게 하는 자가 그의 영혼을 사망에서 구원할 것이며 허다한 죄를 덮을 것임이라"(약 5:19~20)

"많은 사람을 옳은 데로 돌아오게 한 자는 별과 같이 영원토록 빛나리라"(단 12:3)

야고보서 (A.D. 50년 경)	신약성경 가운데 가장 먼저 기록된 책으로 평가받는다. 이방인 기독교인의 언급이 없는 것으로 보아 이방인 전도 이전에 기록된 책으로 보인다.

히브리서(13장)

히브리서는 기록자가 누구인지 밝히지 않고 있다. 바울의 서신서라는 가장 유력한 주장은 학자들에 의해 나름대로 증거를 제시한다. 그러나 바울의 다른 서신서에는 기록자가 자신임을 분명히 하고 있다. 지금까지도 정확한 기록자가 밝혀지지 않고 있는 가운데 3세기 오리겐(알렉산드리아를 대표하는 기독교 교부)이 적절한 대답을 하고 있다. '누가 히브리서를 기록했는지는 오직 하나님만이 아신다'라는 것이다. 바울서신과 공동서신(일반서신) 사이에 히브리서가 위치한다. 히브리서의 수신자도 '히브리 사람들에게'라는 제목만으로는 어떤 히브리 사람을 의미하는지 알 수 없다. 내용으로 볼 때는 어떤 개인이나 교회가 아닌 어떤 지역의 교회들에게 보낸 것으로 유대인 그리스도인 것은 틀림없다. 유대교와 율법, 제사, 대제사장 등 구약에 능통한 기록자가 또한 유대교에 익숙한 수신자에게 보낸 설교문적 서신서이다. 율법에 능통할 뿐 아니라 아름다운 필체로 설득력 있게 그리스도의 우월성을 유대교의 옛 언약인 율법에 비교해 탁월하게 쓰고 있는 설교문이요 서신서이다. 기록 연대도 분명치 않으나 A.D. 70년 예루살렘 성전 파괴 이전으로 보고 있다. 팔레스타인에 거주하는 유대인 보다는 로마에 있는 유대인 그리스도인에게 보낸 서신서라고 보는 것이 보편적이다.

초대 그리스도인들은 대부분 유대인이었다. 히브리서의 독자들은 믿기 시작한 사람들이 아니고 얼마동안 믿어오다가 핍박을 받아 낙심하기 시작한 사람들이다. 그리스도께서 곧 오시길 기대했으나 지연되었고 또한 박해를 경험하며(히 10:32~35), 그들은 그리스도인이 된 것에 대한 의심이 들었다. 그 결과 유대교로 돌아갈 위험에 처한 유대인 성도들을 위해 기록되었다. 히브리서는 그리스도의 탁월성에 대해 지적하고 있다. 율법 아래의 모든 것보다 뛰어난 그리스도를 비교하며 '더 좋은' 이라는 단어로 전개시키고 있다. 천사들보다 낫고, 모세의 율법보다 우월하고, 대제사장으로 멜기세덱의 반차에서 나왔고 그는 영원히 계시는 분이다. 그의 봉사하는 장소도 하나님의 보좌 앞, 하늘의 성소이다.(히 9:11~12) 더욱이 그가 드린 제사는 반복이 필요 없는데 하나님이 받으실만한 완전한 제물을 드려 율법 아래의 죄를 옮기셨기 때문이다.(히 10:10, 10:19)

또한 히브리서의 절정은 주님의 대제사장직에 관한 부분이다. 멜기세덱은 아론의 혈통으로가 아니라 하나님의 직접적인 부르심을 통해 대제사장직을 받은 완전하고 영원한 그리스도의 완벽한 예표가 된다. 히브리서 기록자는 유대인 성도들이 배교하는 것을 막으려는 의지를 가지고 구약의 율법 아래 모든 것보다 그리스도가 우월하다는 것을 강조하고 있다.

핵심 주제는 성육신하신 그리스도(기독론)(히 2:9)와 대제사장이신 그리스도(히 4:14~8:13)이다. 신약 성경 가운데 가장 많은 구약(시편)을 인용하고 있다.

히브리서(13장)

1~2장	3~4장	5~8장	9~10장	11장	12장	13장
천사보다 뛰어난 그리스도	모세보다 뛰어난 그리스도	새 언약의 대제사장	새 언약의 중보자	믿음의 능력	소망의 인내	사랑의 권면

1. 천사보다 뛰어난 그리스도(히 1~2장)

(1) 계시의 완성 그리스도(히 1:1~3)

"옛적에 선지자들을 통하여 여러 부분과 여러 모양으로 우리 조상들에게 말씀하신 하나님이 이 모든 날 마지막에는 아들을 통하여 우리에게 말씀하셨으니 이 아들을 만유의 상속자로 세우시고 또 그로 말미암아 모든 세계를 지으셨느니라 이는 하나님의 영광의 광채시요 그 본체의 형상이시라 그의 능력의 말씀으로 만물을 붙드시며 죄를 정결하게 하는 일을 하시고 높은 곳에 계신 지극히 크신 이의 우편에 앉으셨느니라"

(2) 천사보다 뛰어나신 그리스도(히 1:4~14) [구약 시편 인용]

"하나님께서 어느 때에 천사 중 누구에게 너는 내 아들이라 오늘 내가 너를 낳았다 하셨으며 또 다시 나는 그에게 아버지가 되고 그는 내게 아들이 되리라 하셨느냐"(히 1:5) [시편 2:7]

"그는 그의 천사들을 바람으로, 그의 사역자들을 불꽃으로 삼으시느니라"(히 1:7) [시편 104:4]

아들에 관하여는 "하나님이여 주의 보좌는 영영하며 주의 나라의 규는 공평한 규이니이다 주께서 의를 사랑하시고 불법을 미워하셨으니 그러므로 하나님 곧 주의 하나님이 즐거움의 기름을 주께 부어 주를 동류들보다 뛰어나게 하셨도다"(히 1:8~9) [시편 45:6~7]

"주여 태초에 주께서 땅의 기초를 두셨으며 하늘도 주의 손으로 지으신 바라"(히 1:10) [시편 102:25]

"의복처럼 갈아입을 것이요 그것들은 옷과 같이 변할 것이나 주는 여전하여 연대가 다함이 없으리라"(히 1:12) [시편 102:26~27]

"어느 때에 천사 중 누구에게 내가 네 원수로 네 발등상이 되게 하기까지 너는 내 우편에 앉아 있으라 하셨느냐"(히 1:13) [시편 110:1]

(3) 큰 구원과 불신앙에 대한 경고(히 2:1~4)

"우리가 이같이 큰 구원을 등한히 여기면 어찌 그 보응을 피하리요 이 구원은 처음에 주로 말씀하신 바요 들은 자들이 우리에게 확증한 바니 하나님도 표적들과 기사들과 여러 가지 능력과 및 자기의 뜻을 따라 성령이 나누어 주신 것으로써 그들과 함께 증언하셨느니라"(히 2:3~4)

천사가 전해준 계시에 불순종하여 벌을 받았다면 주님이 베푸신 큰 구원을 무시하게 되면 더 큰 벌을 받을 것이다.

(4) 구원의 창시자(히 2:5~18)

"사람이 무엇이기에 주께서 그를 생각하시며 인자가 무엇이기에 주께서 그를 돌보시나이까 그를 잠시 동안 천사보다 못하게 하시며 영광과 존귀로 관을 씌우시며"(히 2:6~7) [시편 8:4~6]

"오직 우리가 천사들보다 잠시 동안 못하게 하심을 입은 자 곧 죽음의 고난 받으심으로 말미암아 영광과 존귀로 관을 쓰신 예수를 보니 이를 행하심은 하나님의 은혜로 말미암아 모든 사람을 위하여 죽음을 맛보려 하심이라 그러므로 만물이 그를 위하고 또한 그로 말미암은 이가 많은 아들들을 이끌어 영광에 들어가게 하

시는 일에 그들의 구원의 창시자를 고난을 통하여 온전하게 하심이 합당하도다"(히 2:9~10)

"그러므로 그가 범사에 형제들과 같이 되심이 마땅하도다 이는 하나님의 일에 자비하고 신실한 대제사장이 되어 백성의 죄를 속량하려 하심이라 그가 시험을 받아 고난을 당하셨은즉 시험 받는 자들을 능히 도우실 수 있느니라"(히 2:17~18)

일시적 비하되신 의미는 신실한 대제사장이 되어 백성의 죄를 속량하려 하심이라

2. 모세보다 뛰어난 그리스도(히 3~4장)

"그러므로 함께 하늘의 부르심을 받은 거룩한 형제들아 우리가 믿는 도리의 사도이시며 대제사장이신 예수를 깊이 생각하라"(히 3:1)

사도로서 그리스도는 백성에게 보낸 하나님의 대표자
대제사장 그리스도는 하나님 앞에 백성들의 대표자

(1) 모세(집에 속한 자, 종으로 충성) vs 그리스도(그 집을 지은 자, 집 맡은 아들로 충성)

(2) 광야에서 불순종과 실패(히 3:7~19)
"광야에서 시험하던 날에 거역하던 것 같이 너희 마음을 완고하게 하지 말라"(히 3:8)

"우리가 시작할 때에 확신한 것을 끝까지 견고히 잡고 있으면 그리스도와 함께 참여한 자가 되리라"(히 3:14)

"또 하나님이 누구에게 맹세하사 그의 안식에 들어오지 못하리라 하셨느냐 곧 순종하지 아니하던 자들에게가 아니냐 이로 보건대 그들이 믿지 아니하므로 능히 들어가지 못한 것이라"(히 3:18~19)

(3) 하나님 말씀의 운동력과 통찰력(히 4:12~13)

"하나님의 말씀은 살아 있고 활력이 있어 좌우에 날선 어떤 검보다도 예리하여 혼과 영과 및 관절과 골수를 찔러 쪼개기까지 하며 또 마음의 생각과 뜻을 판단하나니 지으신 것이 하나도 그 앞에 나타나지 않음이 없고 우리의 결산을 받으실 이의 눈 앞에 만물이 벌거벗은 것 같이 드러나느니라"(히 4:12~13)

(4) 큰 대제사장이신 예수(히 4:14~16)

"그러므로 우리에게 큰 대제사장이 계시니 승천하신 이 곧 하나님의 아들 예수시라 우리가 믿는 도리를 굳게 잡을지어다 우리에게 있는 대제사장은 우리의 연약함을 동정하지 못하실 이가 아니요 모든 일에 우리와 똑같이 시험을 받으신 이로되 죄는 없으시니라"(히 4:14~15)

3. 새 언약의 대제사장(히 5~8장)

(1) 아론과 그리스도의 대제사장직

"백성을 위하여 속죄제를 드림과 같이 또한 자신을 위하여도 드리는 것이 마땅하니라"-아론(히 5:3)

"너는 내 아들이니 내가 오늘 너를 낳았다"(히 5:5) [시편2:7]

"네가 영원히 멜기세덱의 반차를 따르는 제사장이라"(히 5:6)

"그가 아들이시면서도 받으신 고난으로 순종함을 배워서 온전하게 되셨은즉 자기에게 순종하는 모든 자에게 영원한 구원의 근원이 되시고 하나님께 멜기세덱의 반차를 따른 대제사장이라 칭하심을 받으셨느니라"(히 5:8~9)

(2) 미성숙한 신앙 vs 성숙한 신앙

"때가 오래 되었으므로 너희가 마땅히 선생이 되었을 터인데 너희가 다시 하나님의 말씀의 초보에 대하여 누구에게서 가르침을 받아야 할 처지이니 단단한 음식은 못 먹고 젖이나 먹어야 할 자가 되었도다 이는 젖을 먹는 자마다 어린 아이니 의의 말씀을 경험하지 못한 자요 단단한 음식은 장성한 자의 것이니 그들은 지각을 사용함으로 연단을 받아 선악을 분별하는 자들이니라"(히 5:12~14)

영적 미성숙에 대한 책망
젖을 먹는 자 - 어린 아이, 의의 말씀을 경험하지 못한 자
단단한 음식을 먹는 자 - 장성한 자, 연단을 받아 선악을 분별하는 자

배교한 자들은 예수를 십자가에 못박는 자들 : "한 번 빛을 받고 하늘의 은사를 맛보고 성령에 참여한 바 되고 하나님의 선한 말씀과 내세의 능력을 맛보고도 타락한 자들은 다시 새롭게 하여 회개하게 할 수 없나니 이는 그들이 하나님의 아들을 다시 십자가에 못 박아 드러내 놓고 욕되게 함이라" (히 6:4~6)

"게으르지 아니하고 믿음과 오래 참음으로 말미암아 약속들을 기업으로 받는 자들을 본받는 자 되게 하려는 것이니라"(히 6:12)

"하나님이 아브라함에게 약속하실 때에 가리켜 맹세할 자가 자기보다 더 큰 이가 없으므로 자기를 가리켜 맹세하여 이르시되 내가 반드시 너에게 복 주고 복 주며 너를 번성하게 하고 번성하게 하리라 하셨더니 그가(아브라함) 이같이 오래 참아 약속을 받았느니라"(히 6:13~15)

"우리가 이 소망을 가지고 있는 것은 영혼의 닻 같아서 튼튼하고 견고하여 휘장 안에 들어 가나니 그리로 앞서 가신 예수께서 멜기세덱의 반차를 따라 영원히 대제사장이 되어 우리를 위하여 들어 가셨느니라"(히 6:19~20)

(3) 멜기세덱의 우월성(히 7장)
"이 멜기세덱은 살렘 왕이요 지극히 높으신 하나님의 제사장이라 여러 왕을 쳐서 죽이고 돌아오는 아브라함을 만나 복을 빈 자라 아브라함이 모든 것의 십분의 일을 그에게 나누어 주니라 그 이름을 해석하면 먼저는 의의 왕이요 그 다음은 살렘 왕이니 곧 평강의 왕이요 아버지도 없고 어머니도 없고 족보도 없고 시작한 날도 없고 생명의 끝도 없어 하나님의 아들과 닮아서 항상 제사장으로 있느니라"(히 7:1~3)
① 영원한 제사장 멜기세덱 [시 110:4]
② 살렘 왕이며 지극히 높으신 하나님의 제사장(창 14:18)
③ 아브라함의 십일조를 받음(창 14:20)
④ 의의 왕, 살렘 왕이니 평강의 왕(사 9:6)

멜기세덱은 그리스도의 대제사장직에 대한 예표이다. 그리스도는 멜기세덱과 같이 영원한 제사장이시며 또한 왕이다. 그리스도의 영원하며 불변하는 제사장 직을 나타낸다.

(4) 레위 지파의 제사장 보다 우월한 멜기세덱 제사장(히 7:4~10)

레위 제사장	멜기세덱
① 아브라함의 자손들이 십일조 드림 ② 십일조를 받았으나 죽을 자들의 운명 ③ 아브라함은 온 이스라엘의 예표	① 아브라함이 십일조 드림(4~6절) ② 아브라함을 축복함(7절) ③ 영원한 그리스도의 예표(8절) ④ 그리스도는 멜기세덱의 반차를 따른 영원한 제사장(17절)

(5) 레위 지파의 제사장과 그리스도의 대제사장직(히 7:11~28)

레위 제사장	그리스도의 대제사장직
① 맹세 없이 제사장이 됨(21절) ② 수효가 많음(23절) ③ 자기 죄를 위하고 다음에 백성의 죄를 위하여 날마다 제사 드림(27절) ④ 약점을 가진 사람을 세움(28절)	① 여호와의 맹세로 영원한 제사장이 됨(시 110:4) ② 영원히 계시므로 제사장 직분도 갈리지 않음(24절) ③ 단번에 드림(27절) ④ 영원히 온전하게 되신 아들(28절)

(6) 멜기세덱 제사장과 예수그리스도의 유사성

멜기세덱	예수 그리스도
① 살렘 왕, 지극히 높으신 하나님의 제사장(히 7:1) ② 레위 지파에 속하지 않음(히 7:6) ③ 아버지도 어머니도 없고 족보도 없고 시작한 날과 생명의 끝도 없음(히 7:3) ④ 아브라함이 떡과 포도주(창 14:18)	① 대제사장, 하나님의 아들(히 4:14) ② 레위지파에 속하지 않음(히 7:11) ③ 이제도 계시고 전에도 계시고 장차 오실 이(계 1:4) ④ 떡(예수님의 몸)과 포도주(예수님의 보혈)을 주심(고전 11:24~25)

(7) 새 언약의 대 제사장(히 8장)

"지금 우리가 하는 말의 요점은 이러한 대제사장이 우리에게 있다는 것이라 그는 하늘에서 지극히 크신 이의 보좌 우편에 앉으셨으니 성소와 참 장막에서 섬기는 이시라 이 장막은 주께서 세우신 것이요 사람이 세운 것이 아니니라"(히 8:1~2)

"예수께서 만일 땅에 계셨더라면 제사장이 되지 아니하셨을 것이니 이는 율법을 따라 예물을 드리는 제사장이 있음이라 그들이 섬기는 것은 하늘에 있는 것의 모형과 그림자라 모세가 장막을 지으려 할 때에 지시하심을 얻음과 같으니 이르시되 삼가 모든 것을 산에서 네게 보이던 본을 따라 지으라 하셨느니라 그러나 이제 그는 더 아름다운 직분을 얻으셨으니 그는 더 좋은 약속으로 세우신 더 좋은 언약의 중보자시라"(히 8:4~6)

4. 새 언약의 중보자(히 9~10장)

(1) 새 언약 : 제사의 완전성(히 9~10장)

① 구약의 제사는 불완전하였으나 새 언약의 제사는 완전하다.(히 9:11~28)

"그리스도께서는 장래 좋은 일의 대제사장으로 오사 손으로 짓지 아니한 것 곧 이 창조에 속하지 아니한 더 크고 온전한 장막으로 말미암아 염소와 송아지의 피로 하지 아니하고 오직 자기의 피로 영원한 속죄를 이루사 단번에 성소에 들어가셨느니라"(히 9:11~12)

"이로 말미암아 그는 새 언약의 중보자시니 이는 첫 언약 때에 범한 죄에서 속량하려고 죽으사 부르심을 입은 자로 하여금 영원한 기업의 약속을 얻게 하려 하심이라"(히 9:15)

"율법을 따라 거의 모든 물건이 피로써 정결하게 되나니 피흘림이 없은즉 사함이 없느니라"(히 9:22)

"그리하면 그가 세상을 창조한 때부터 자주 고난을 받았어야 할 것이로되 이제 자기를 단번에 제물로 드려 죄를 없이 하시려고 세상 끝에 나타나셨느니라 한번 죽는 것은 사람에게 정해진 것이요 그 후에는 심판이 있으리니 이와 같이 그리스도도 많은 사람의 죄를 담당하시려고 단번에 드리신 바 되셨고 구원에 이르게

하기 위하여 죄와 상관 없이 자기를 바라는 자들에게 두 번째 나타나시리라"(히 9:26~28)

(2) 앞 부분의 내용(히 7~9장)을 반복 정리함(히 10:1~18)

"이 뜻을 따라 예수 그리스도의 몸을 단번에 드리심으로 말미암아 우리가 거룩함을 얻었노라"(히 10:10)

"그러므로 형제들아 우리가 예수의 피를 힘입어 성소에 들어갈 담력을 얻었나니 그 길은 우리를 위하여 휘장 가운데로 열어 놓으신 새로운 살 길이요 휘장은 곧 그의 육체니라"(히 10:19~20)

"모이기를 폐하는 어떤 사람들의 습관과 같이 하지 말고 오직 권하여 그 날이 가까움을 볼수록 더욱 그리하자"(히 10:25)

(3) 배교에 대한 경고(히 10:26~31)

"우리가 진리를 아는 지식을 받은 후 짐짓 죄를 범한즉 다시 속죄하는 제사가 없고 오직 무서운 마음으로 심판을 기다리는 것과 대적하는 자를 태울 맹렬한 불만 있으리라"(히 10:26~27)

"하물며 하나님의 아들을 짓밟고 자기를 거룩하게 한 언약의 피를 부정한 것으로 여기고 은혜의 성령을 욕되게 하는 자가 당연히 받을 형벌은 얼마나 더 무겁겠느냐 너희는 생각하라"(히 10:29)

(4) 신앙의 권면(히 10:32~39)

"잠시 잠깐 후면 오실 이가 오시리니 지체하지 아니하시리라 **나의 의인은 믿음으로 말미암아 살리라** 또한 뒤로 물러가면 내 마음이 그를 기뻐하지 아니하리라 하셨느니라 우리는 뒤로 물러가 멸망할 자가 아니요 오직 영혼을 구원함에 이르는 믿음을 가진 자니라"(히 10:37~39) [히 10:38, 롬 1:17, 갈 3:11, 합 2:4]

5. 믿음의 능력(히 11장)

"믿음은 바라는 것들의 실상이요 보이지 않는 것들의 증거니"(히 11:1)

"믿음으로 아벨은 가인보다 더 나은 제사를 하나님께 드림으로 의로운 자라 하시는 증거를 얻었으니 하나님이 그 예물에 대하여 증언하심이라 그가 죽었으나 그 믿음으로써 지금도 말하느니라"(히 11:4)

"믿음으로 에녹은 죽음을 보지 않고 옮겨졌으니 하나님이 그를 옮기심으로 다시 보이지 아니하였느니라 그는 옮겨지기 전에 하나님을 기쁘시게 하는 자라 하는 증거를 받았느니라"(히 11:5)

"믿음이 없이는 하나님을 기쁘시게 하지 못하나니 하나님께 나아가는 자는 반드시 그가 계신 것과 또한 그가 자기를 찾는 자들에게 상 주시는 이심을 믿어야 할지니라"(히 11:6)

"믿음으로 노아는 아직 보이지 않는 일에 경고하심을 받아 경외함으로 방주를 준비하여 그 집을 구원하였으니 이로 말미암아 세상을 정죄하고 믿음을 따르는 의의 상속자가 되었느니라"(히 11:7)

"믿음으로 아브라함은 부르심을 받았을 때에 순종하여 장래의 유업으로 받을 땅에 나아갈새 갈 바를 알지 못하고 나아갔으며"(히 11:8)

"아브라함은 시험을 받을 때에 믿음으로 이삭을 드렸으니 그는 약속들을 받은 자로되 그 외아들을 드렸느니라"(히 11:17), "믿음으로 이삭을"(20절), "믿음으로 야곱을"(21절), "믿음으로 요셉을"(22절)

"믿음으로 모세는 장성하여 바로의 공주의 아들이라 칭함 받기를 거절하고 도리어 하나님의 백성과 함께 고난 받기를 잠시 죄악의 낙을 누리는 것보다 더 좋아하고 그리스도를 위하여 받는 수모를 애굽의 모든 보화보다 더 큰 재물로 여겼으니 이는 상 주심을 바라봄이라"(히 11:24~26)

"믿음으로 기생 라합은 정탐꾼을 평안히 영접하였으므로 순종하지 아니한 자와

함께 멸망하지 아니하였도다"(히 11:31)

6. 소망의 인내(히 12장)

(1) 인내의 경주(12:1~13)

"믿음의 주요 또 온전하게 하시는 이인 예수를 바라보자 그는 그 앞에 있는 기쁨을 위하여 십자가를 참으사 부끄러움을 개의치 아니하시더니 하나님 보좌 우편에 앉으셨느니라"(히 12:2)

"너희가 죄와 싸우되 아직 피흘리기까지는 대항하지 아니하고"(히 12:4)

"주께서 그 사랑하시는 자를 징계하시고 그가 받아들이시는 아들마다 채찍질하심이라 하였으니"(히 12:6)

"징계는 다 받는 것이거늘 너희에게 없으면 사생자요 친아들이 아니니라"(히 12:8)

(2) 하나님의 은혜를 거역한 자들에게 경고(히 12:14~29)

"음행하는 자와 혹 한 그릇 음식을 위하여 장자의 명분을 판 에서와 같이 망령된 자가 없도록 살피라 너희가 아는 바와 같이 그가 그 후에 축복을 이어받으려고 눈물을 흘리며 구하되 버린 바가 되어 회개할 기회를 얻지 못하였느니라"(히 12:16~17)

에서는 잠간동안의 육체적 욕구 때문에 영원한 영적 축복을 무시해 버렸다. 장자로서의 권리와 책임감을 지키지 못한 인물이고 그 결과는 되돌릴 수 없다.

"그러나 너희가 이른 곳은 시온 산과 살아 계신 하나님의 도성인 하늘의 예루살렘과 천만 천사와 하늘에 기록된 장자들의 모임과 교회와 만민의 심판자이신 하나님과 및 온전하게 된 의인의 영들과 새 언약의 중보자이신 예수와 및 아벨의 피보다 더 나은 것을 말하는 뿌린 피니라 너희는 삼가 말씀하신 이를 거역하지 말라"(히 12:22~25)

"우리 하나님은 소멸하는 불이심이라"(히 12:29)

7. 사랑의 권면(히 13장)

"손님 대접하기를 잊지 말라 이로써 부지중에 천사들을 대접한 이들이 있었느니라"(히 13:2)

"돈을 사랑하지 말고 있는 바를 족한 줄로 알라 그가 친히 말씀하시기를 내가 결코 너희를 버리지 아니하고 너희를 떠나지 아니하리라 하셨느니라"(히 13:5)

"예수 그리스도는 어제나 오늘이나 영원토록 동일하시니라"(히 13:8)

"그러므로 우리는 예수로 말미암아 항상 찬송의 제사를 하나님께 드리자 이는 그 이름을 증언하는 입술의 열매니라"(히 13:15)

"오직 선을 행함과 서로 나누어 주기를 잊지 말라 하나님은 이같은 제사를 기뻐하시느니라" (히 13:16)

베드로전서(5장)

예수그리스도의 사도 베드로가 그리스도인들에게 보내는 첫 번째 서신이다. 신실한 형제 실루아노가 베드로전서의 기록을 도왔을 것으로 본다.(벧 5:12) 베드로전서의 수신인들은 본도, 갈라디아, 갑바도기아, 아시아와 비두니아 등 소아시아의 여러 지역의 성도들에게 보낸 서신서이다.(1:1) 베드로 사도가 예루살렘에서 출발하여 로마 도착에 이르기까지 이 지역에서 활동한 것으로 보인다.

베드로전서 5장 13절에서 바벨론에 있는 교회에서 기록된 것으로 말했으나 실상은 로마를 가리키는 의미일 것이다. 이 서신서를 읽는 독자들은 로마제국아래 핍박을 받는 상황이라 위로의 말씀이 필요했다. '희망의 서신서'라는 별명이 붙을 만큼 희망이 지배적 사상이다.

베드로는 다섯 번이나 그리스도의 고난을 말하고 있는데(벧전 2:21, 3:18, 4:1, 4:13, 5:1) 그리스도의 고난을 그리스도인의 귀감으로 해석한다.(벧전 2:21) 모든 그리스도인은 고난 중에서도 인내하고 거룩함을 지켜야 한다. 베드로전서의 말씀은 고난을 받는 이들에게 소망의 메시지요 복음 안에 약속된 구원이 보이는 서신서이다.

베드로전서(5장)

1장	2~3장	4~5장
성도의 정체성(구원.성화)	성도의 의무	성도의 고난

1. 성도의 정체성(벧전 1장)

"우리 주 예수 그리스도의 아버지 하나님을 찬송하리로다 그의 많으신 긍휼대로 예수 그리스도를 죽은 자 가운데서 부활하게 하심으로 말미암아 우리를 거듭나게 하사 산 소망이 있게 하시며"(벧전 1:3)

"그러므로 너희가 이제 여러 가지 시험으로 말미암아 잠깐 근심하게 되지 않을 수 없으나 오히려 크게 기뻐하는도다"(벧전 1:6)

"믿음의 결국 곧 영혼의 구원을 받음이라"(벧전 1:9)

"너희가 알거니와 너희 조상이 물려 준 헛된 행실에서 대속함을 받은 것은 은이나 금 같이 없어질 것으로 된 것이 아니요 오직 흠 없고 점 없는 어린 양 같은 그리스도의 보배로운 피로 된 것이니라"(벧전 1:18~19)

"그러므로 모든 육체는 풀과 같고 그 모든 영광은 풀의 꽃과 같으니 풀은 마르고 꽃은 떨어지되 오직 주의 말씀은 세세토록 있도다 하였으니 너희에게 전한 복음이 곧 이 말씀이니라"(벧전 1:24) [이사야 40:8 인용]

2. 성도의 의무(벧전 2~3장)

"사람에게는 버린 바가 되었으나 하나님께는 택하심을 입은 보배로운 산 돌이신 예수께 나아가"(벧전 2:4)

"건축자들이 버린 그 돌이 모퉁이의 머릿돌이 되고"(벧전 2:7, 시 118:22)

"그러나 너희는 택하신 족속이요 왕 같은 제사장들이요 거룩한 나라요 그의 소유가 된 백성이니 이는 너희를 어두운 데서 불러 내어 그의 기이한 빛에 들어가게 하신 이의 아름다운 덕을 선포하게 하려 하심이라"(벧전 2:9)

"사랑하는 자들아 거류민과 나그네 같은 너희를 권하노니 영혼을 거슬러 싸우는 육체의 정욕을 제어하라"(벧전 2:11)

"부당하게 고난을 받아도 하나님을 생각함으로 슬픔을 참으면 이는 아름다우나 죄가 있어 매를 맞고 참으면 무슨 칭찬이 있으리요 그러나 선을 행함으로 고난을 받고 참으면 이는 하나님 앞에 아름다우니라 이를 위하여 너희가 부르심을 받았으니 그리스도도 너희를 위하여 고난을 받으사 너희에게 본을 끼쳐 그 자취를 따라오게 하려 하셨느니라"(벧전 2:19~21)

아내와 남편(벧전 3장)

(1) 아내의 의무(벧전 3:1~6)
① 자기 남편에게 순종하라 이는 혹 말씀을 순종하지 않는 자라도 말로 말미암지 않고 그 아내의 행실로 말미암아 구원을 받게 하려 함이니(벧전 3:1~2)
② 너희의 단장은 머리를 꾸미고 금을 차고 아름다운 옷을 입는 외모로 하지 말고(벧전 3:3, 딤전 2:9)
③ 오직 마음에 숨은 사람을 온유하고 안정한 심령의 썩지 아니할 것으로 하라 이는 하나님 앞에 값진 것이니라(벧전 3:4)

(2) 남편의 의무 : "남편들아 이와 같이 지식을 따라 너희 아내와 동거하고 그를 더 연약한 그릇이요 또 생명의 은혜를 함께 이어받을 자로 알아 귀히 여기라 이는 너희 기도가 막히지 아니하게 하려 함이라"(벧전 3:7)

(3) 성도들의 의무 : "주의 눈은 의인을 향하시고 그의 귀는 의인의 간구에 기울이시되 주의 얼굴은 악행하는 자들을 대하시느니라 하였느니라"(벧전 3:8~12)

(4) 죄인들을 대속하기 위한 그리스도의 고난(벧전 3:18~22)
"그리스도께서도 단번에 죄를 위하여 죽으사 의인으로서 불의한 자를 대신하셨으니 이는 우리를 하나님 앞으로 인도하려 하심이라 육체로는 죽임을 당하시고 영으로는 살리심을 받으셨으니"(벧전 3:18)

3. 성도의 고난(벧전 4~5장)

"그리스도께서 이미 육체의 고난을 받으셨으니 너희도 같은 마음으로 갑옷을 삼으라 이는 육체의 고난을 받은 자는 죄를 그쳤음이니"(벧전 4:1)

"만물의 마지막이 가까이 왔으니 그러므로 너희는 정신을 차리고 근신하여 기도하라"(벧전 4:7)

"무엇보다도 뜨겁게 서로 사랑할지니 사랑은 허다한 죄를 덮느니라"(벧전 4:8)

"만일 누가 말하려면 하나님의 말씀을 하는 것 같이 하고 누가 봉사하려면 하나님이 공급하시는 힘으로 하는 것 같이 하라"(벧전 4:11)
"사랑하는 자들아 너희를 연단하려고 오는 불 시험을 이상한 일 당하는 것 같이 이상히 여기지 말고 오히려 너희가 그리스도의 고난에 참여하는 것으로 즐거워하라 이는 그의 영광을 나타내실 때에 너희로 즐거워하고 기뻐하게 하려 함이라"(벧전 4:12~13)

"만일 그리스도인으로 고난을 받으면 부끄러워하지 말고 도리어 그 이름으로 하나님께 영광을 돌리라"(벧전 4:16)

"근신하라 깨어라 너희 대적 마귀가 우는 사자 같이 두루 다니며 삼킬 자를 찾나니 너희는 믿음을 굳건하게 하여 그를 대적하라 이는 세상에 있는 너희 형제들도 동일한 고난을 당하는 줄을 앎이라"(벧전 5:8~9)

베드로후서(3장)

베드로전서와 같이 소아시아에 있는 동일한 그리스도인들에게 보낸 편지이다. 베드로는 A.D. 68년경에 로마 황제의 박해 가운데 순교했다. 본 서신서는 베드로가 순교하기 전(A.D. 67년경) 감옥에서 자신의 임박한 죽음을 염두에 두고 교훈과 권고를 담아 적고 있다.(벧후 1:12~15)

베드로전서가 박해를 당하는 그리스인들에게 '그리스도의 고난을 기억하라'고 쓴 편지였다면 베드로후서는 '교회 안에 숨어 배교를 조장하는 이단의 거짓교사에 대한 경고'의 편지이다.

베드로후서(3장)

1장	2장	3장
영적 성장	거짓교사를 경계	확실한 그리스도의 재림

1. 영적 성장(벧후 1장)

"주 예수를 앎으로, 우리를 부르신 이를 앎으로"(벧후 1:1, 3)

"이로써 그 보배롭고 지극히 큰 약속을 우리에게 주사 이 약속으로 말미암아 너희가 정욕 때문에 세상에서 썩어질 것을 피하여 신성한 성품에 참여하는 자가 되게 하려 하셨느니라"(벧후 1:4)

"그러므로 형제들아 더욱 힘써 너희 부르심과 택하심을 굳게 하라"(벧후 1:10)

베드로후서를 쓰게 된 동기 : "그러므로 너희가 이것을 알고 이미 있는 진리에 서 있으나 내가 항상 너희에게 생각나게 하려 하노라 내가 이 장막에 있을 동안에 너희를 일깨워 생각나게 함이 옳은 줄로 여기노니 이는 우리 주 예수 그리스도께서 내게 지시하신 것 같이 나도 나의 장막을 벗어날 것이 임박한 줄을 앎이라 내가 힘써 너희로 하여금 내가 떠난 후에라도 어느 때나 이런 것을 생각나게 하려 하노라"(벧후 1:12~15)

변화산의 체험 : "지극히 큰 영광 중에서 이러한 소리가 그에게 나기를 이는 내 사랑하는 아들이요 내 기뻐하는 자라 하실 때에 그가 하나님 아버지께 존귀와 영광을 받으셨느니라 이 소리는 우리가 그와 함께 거룩한 산에 있을 때에 하늘로부터 난 것을 들은 것이라"(벧후 1:17~18) [마태복음 17:5 인용]

"먼저 알 것은 성경의 모든 예언은 사사로이 풀 것이 아니니 예언은 언제든지 사람의 뜻으로 낸 것이 아니요 오직 성령의 감동하심을 받은 사람들이 하나님께 받아 말한 것임이라"(벧후 1:20~21)

2. 거짓 교사를 경계하라(벧후 2장)

자신들의 호색과 탐심으로 이기적인 목적을 채우기 위해 사람들을 이용하는 부도덕하고 탐욕스러운 거짓 선지자들에 대해 경고하고 있다.

"그러나 백성 가운데 또한 거짓 선지자들이 일어났었나니 이와 같이 너희 중에도 거짓 선생들이 있으리라 그들은 멸망하게 할 이단을 가만히 끌어들여 자기들을 사신 주를 부인하고 임박한 멸망을 스스로 취하는 자들이라 여럿이 그들의 호색하는 것을 따르리니 이로 말미암아 진리의 도가 비방을 받을 것이요 그들이 탐심으로써 지어낸 말을 가지고 너희로 이득을 삼으니 그들의 심판은 옛적부터 지체하지 아니하며 그들의 멸망은 잠들지 아니하느니라"(벧후 2:1~3)

거짓 선지자들은 확실히 심판을 받는다.
노아와 롯을 멸망 가운데서 구원하심(벧후 2:4~9)
"주께서 경건한 자는 시험에서 건지실 줄 아시고 불의한 자는 형벌 아래에 두어 심판 날까지 지키시며"(벧후 2:9)

거짓 교사의 종교적 불의(벧후 2:10~12)
① 육체를 따라 더러운 정욕 가운데서 행함
② 주관하는 이를 멸시함
③ 이성 없는 짐승 같아서 그 알지 못하는 것을 비방함

거짓 교사의 도덕적 불의(벧후 2:13~22)
"바른 길을 떠나 미혹되어 브올의 아들 발람의 길을 따르는도다(민 22:5, 7) 그는 불의의 삯을 사랑하다가 자기의 불법으로 말미암아 책망을 받되 말하지 못하는 나귀가 사람의 소리로 말하여 이 선지자의 미친 행동을 저지하였느니라"(벧후 2:15~16)

3. 확실한 주의 재림(벧후 3장)

"말세에 조롱하는 자들이 와서 자기의 정욕을 따라 행하며 조롱하여 이르되 주께서 강림하신다는 약속이 어디 있느냐 조상들이 잔 후로부터 만물이 처음 창조될 때와 같이 그냥 있다 하니 이는 하늘이 옛적부터 있는 것과 땅이 물에서 나와 물로 성립된 것도 하나님의 말씀으로 된 것을 그들이 일부러 잊으려 함이로다"(벧후 3:3~5)

"사랑하는 자들아 주께는 하루가 천 년 같고 천 년이 하루 같다는 이 한 가지를 잊지 말라 주의 약속은 어떤 이들이 더디다고 생각하는 것 같이 더딘 것이 아니라 오직 주께서는 너희를 대하여 오래 참으사 아무도 멸망하지 아니하고 다 회개하기에 이르기를 원하시느니라 그러나 주의 날이 도둑 같이 오리니 그 날에는 하늘이 큰 소리로 떠나가고 물질이 뜨거운 불에 풀어지고 땅과 그 중에 있는 모든 일이 드러나리로다"(벧후 3:8~10)

"우리는 그의 약속대로 의가 있는 곳인 새 하늘과 새 땅을 바라보도다"(벧후 3:13, 사 65:17, 66:22, 계 21:1)

결론 : "그러므로 사랑하는 자들아 너희가 이것을 미리 알았은즉 무법한 자들의 미혹에 이끌려 너희가 굳센 데서 떨어질까 삼가라 오직 우리 주 곧 구주 예수 그리스도의 은혜와 그를 아는 지식에서 자라 가라 영광이 이제와 영원한 날까지 그에게 있을지어다"(벧후 3:17~18)

유다서(1장)

'예수 그리스도의 종이요 야고보의 형제인 유다'(유 1:1)라고 기록자는 자신을 소개한다. 야고보는 예루살렘 교회의 지도자(행 15장)이며 예수님의 동생이다. 그러므로 유다도 주의 형제임에도 불구하고 예수 그리스도를 형제로서의 관계보다는 '예수 그리스도의 종'이라 하며 메시아적인 인물로 예수님과의 관계를 정리하는 신앙을 가지고 있다.

유다서는 1장으로 성경에서 가장 짧은 성경 중의 하나이다. 그러나 유다는 거짓교사들에 대해 상당히 단호하고 급박한 어조로 심판의 말씀을 성도들에게 전하고 있다. 베드로후서와 유사점이 많으며 유다서가 베드로후서보다 후에 쓰였다는 견해(A.D. 70~80년)가 보편적이다.

유다는 이 편지를 꼭 써야할 동기를 3~4절에 기록하고 있고 '믿음의 도를 위하여 힘써 싸우라'는 메시지를 전할 필요를 느꼈다. 교회에 들어온 몇 사람들이 그리스도인의 은혜를 방탕하게 쓰고 예수 그리스도를 부인했기 때문이다. 구약의 인물과 사건을 실례로 들어 역사적인 형벌을 상기시키며 저들이 받을 형벌이 얼마나 클 것인가를 일깨워 준다.(가인, 발람, 고라)

유다서(1장)

1~2절	3~16절	17~23절	24~25절
인사	교회 안의 거짓교사에 대한 경고	권면	축복

편지를 쓴 목적

성도에게 단번에 주신 믿음의 도를 위하여 힘써 싸우라는 편지로 너희를 권하여야 할 필요를 느꼈노니 이는 가만히 들어온 사람 몇이 있음이라 그들은 옛적부터 이 판결을 받기로 미리 기록된 자니 경건하지 아니하여 우리 하나님의 은혜를 도리어 방탕한 것으로 바꾸고 홀로 하나이신 주재 곧 우리 주 예수 그리스도를 부인하는 자니라"(유 1:3~4)

"이 사람들은 무엇이든지 그 알지 못하는 것을 비방하는도다 또 그들은 이성 없는 짐승 같이 본능으로 아는 그것으로 멸망하느니라 화 있을진저 이 사람들이여, 가인의 길에 행하였으며 삯을 위하여 발람의 어그러진 길로 몰려 갔으며 고라의 패역을 따라 멸망을 받았도다 그들은 기탄 없이 너희와 함께 먹으니 너희의 애찬에 암초요 자기 몸만 기르는 목자요 바람에 불려가는 물 없는 구름이요 죽고 또 죽어 뿌리까지 뽑힌 열매 없는 가을 나무요"(유 1:10~12)

"이 사람들은 원망하는 자며 불만을 토하는 자며 그 정욕대로 행하는 자라 그 입으로 자랑하는 말을 하며 이익을 위하여 아첨하느니라"(유 1:16)

"그들이 너희에게 말하기를 마지막 때에 자기의 경건하지 않은 정욕대로 행하며 조롱하는 자들이 있으리라 하였나니"(유 1:18)

"하나님의 사랑 안에서 자신을 지키며 영생에 이르도록 우리 주 예수 그리스도의 긍휼을 기다리라" (유 1:21)

유대전쟁(B.C. 66~73)

(마사다 전투 : Battle of Masada)

마사다는 '산에 있는 성' 혹은 '요새'라는 뜻이다. 이스라엘 남쪽, 유대사막 동쪽에 사해가 내려다보이는 높은 고원에 위치하고 있다. 이곳은 우뚝 솟은 거대한 바위 절벽에 자리잡은 대헤롯의 요새화된 궁전이었으나 이곳에서 이스라엘 역사 가운데 가장 비극적이고 슬픈 비애로 기억되는 "마사다 전투"가 벌어진다.

마사다는 헤롯 왕이 B.C. 37~31년 사이에 혹시 모를 반란을 대비해 세운 요새였다. 마사다는 몹시 가파른 절벽으로 이루어져 있어 천연의 요새지로 불린다. 성 안에는 다목적 건물들과 물 저장고, 곡식과 마른 과실 창고가 있어 수백 명이 몇 년간 버틸 수 있도록 준비된 전략적인 요새이다. 헤롯 왕은 피난처로 세운 요새를 별장으로 이용하기도 했다.

로마제국의 지배를 받고 있던 이스라엘은 A.D. 66년에서 73년까지 7년간의 독립을 위한 1차 유대전쟁이 발발하였다. 일단의 유대인 저항군이 주둔하고 있던 로마 수비대를 몰아내고 이 요새를 차지했으며 당시의 지도자는 '에리아자르 벤 야일'이었다. A.D. 70년에 로마의 '티토스' 장군에게 예루살렘이 함락되자, 예루살렘에서 쫓겨난 일부 유대인 군인들과 그 가족들이 마사다로 피난해서 합류했으며 953명에 달하는 유대인들이 2년 동안 이곳을 근거지로 삼았고, 마사다는 과격한 열심당원의 피난처가 되었다.

로마군은 마사다 요새를 탈환하는데 실패하였고, 유대인 노예 6천명과 로마군인 5천명을 동원하여 유대광야 쪽 경사지에 진입로를 만들고 공성기를 이용하여 돌과 횃불과 유대 포로까지 쏘아대며 진격해 들어갔다. 대항한지 3년이 되었을 때 유대장군 야일은 마사다 안에 있는 유대인들에게 3가지 방법을 제시한다.
첫째, 로마군에 투항 하는 것(노예)
둘째, 끝까지 싸우는 것(다 죽는다는 결론)
셋째, 깨끗하게 자결하는 것

이들은 세 번째 방법을 택하게 되나 유대 전통에는 자살이 금지되어 있었기에 먼저 10명의 전사를 택하여 그들이 남은 사람들을 차례로 죽이고 마지막 10명 중의 한 사람이 아홉을 죽인 후 자살하는 방법을 택했다. 양식이 떨어지거나 물이 없어 패한 것이 아니라 스스로 죽기로 결의했다는 증거로 항아리나 창고의 식량들은 그대로 남겨 놓고 그 외는 모두 불태우기로 했다. 그렇게 모든 사람을 죽이고 마지막 남은 한 사람이 자결 하자 날이 새기 시작했다. 밤새 성채의 대부분은 불에 타버렸다. 모든 생명은 죽어 있고 건물은 불에 타버리고 그렇게 무섭게 저항하던 유대 전사들은 말없이 쓰러져 있었다. 이를 본 로마군은 승리했다는 기쁨보다 오히려 처절하게 죽어 있는 주검 앞에 놀라 침묵했고 이를 슬픈 승리라 하였다.

이 이야기는 모두가 죽던 날 밤에 살아남은 두 여자가 요세푸스에게 들려준 이야기를 기록한 것이다. '철저한 무저항' 혹은 '거룩한 무저항'의 메시지를 남긴 것이라 할 수 있다.

이후 1948년 5월 14일 UN은 이스라엘을 독립국가로 선언한다.
모세 다얀 국방장관은 이스라엘 국방군의 마지막 훈련을 마사다에서 마무리 한다. 이 훈련의 마지막 의식은 구호를 외치는 것이다.

Masada never Again!
'다시는 마사다가 함락되지 않는다'

요한1서(5장)

요한1, 2, 3서의 기록자는 요한복음과 요한계시록을 기록한 사도 요한이다. A.D. 90년경 노인이 된 요한이 에베소에서 기록하였다. 유대전쟁(A.D. 66~73) 기간 중에 예수님의 어머니 마리아를 모시고 에베소로 이주하여 어머니처럼 모시며 예수님의 당부를 끝까지 충성되이 지켰다. 지금도 터키의 에베소를 방문하면 사도 요한의 묘와 마리아 기념교회 등 그 자취를 볼 수 있다.
요한1, 2, 3서는 요한이 밧모섬에 유배되기 전에 기록하여 성도들에게 보낸 편지이다. 요한은 '하나님의 아들을 믿는 너희에게 이것을 쓰는 것은 너희로 하여금 너희에게 영생이 있음을 알게 하려함이라'(요일 5:13) 이때는 이미 교회와 회당이 완전히 분리되었고 믿음과 행위의 논쟁도 끝난 때이다. 그러나 이때 거짓말하는 자(요일 2:22), 거짓 선지자(요일 4:1), 적그리스도(요일 2:18), 미혹하는 자(요일 2:26) 들이 교회 안에 들어왔는데 그들은 예수께서 육신으로 이 세상에 오신 것이 아니라며 성육신을 부정하고 부활도 인정하지 않아 나중에는 가현설이란 이단으로 발전하였다.

요한은 이와 같이 잘못된 가르침에 강하게 대항한다.(요일 2:22) 요한1서에서 강조되는 것은 빛과 사랑이다. 그리스도인의 확실한 증거는 사랑이다. 왜냐하면 '하나님은 사랑이시라 사랑하는 자는 하나님께 속하였고 사랑하지 않는 자는 하나님을 모르는 자'(요일 4:7~8)이기 때문이다.

요한1서(5장)

1장	2~3장	4장	5장
하나님은 빛이시라	적그리스도	하나님은 사랑이시라	세상을 이기는 믿음

1장 : 하나님은 빛이시라

"곧 하나님은 빛이시라 그에게는 어둠이 조금도 없으시다는 것이니라"(요일 1:5)

"그가 빛 가운데 계신 것 같이 우리도 빛 가운데 행하면 우리가 서로 사귐이 있고 그 아들 예수의 피가 우리를 모든 죄에서 깨끗하게 하실 것이요 만일 우리가 죄가 없다고 말하면 스스로 속이고 또 진리가 우리 속에 있지 아니할 것이요"(요일 1:7~8)

2~3장 : 적그리스도

> "이 세상이나 세상에 있는 것들을 사랑하지 말라 누구든지 세상을 사랑하면 아버지의 사랑이 그 안에 있지 아니하니 이는 세상에 있는 모든 것이 육신의 정욕과 안목의 정욕과 이생의 자랑이니 다 아버지께로부터 온 것이 아니요 세상으로부터 온 것이라"(요일 2:15~16)

"아이들아 지금은 마지막 때라 적그리스도가 오리라는 말을 너희가 들은 것과 같이 지금도 많은 적그리스도가 일어났으니 그러므로 우리가 마지막 때인 줄 아노라"(요일 2:18)

"거짓말하는 자가 누구냐 예수께서 그리스도이심을 부인하는 자가 아니냐 아버지와 아들을 부인하는 그가 적그리스도니"(요일 2:22)

"가인 같이 하지 말라 그는 악한 자에게 속하여 그 아우를 죽였으니 어떤 이유로 죽였느냐 자기의 행위는 악하고 그의 아우의 행위는 의로움이라"(요일 3:12)

"죄를 짓는 자마다 불법을 행하나니 죄는 불법이라"(요일 3:4)

"자녀들아 우리가 말과 혀로만 사랑하지 말고 행함과 진실함으로 하자"(요일 3:18)

"그의 계명은 이것이니 곧 그 아들 예수 그리스도의 이름을 믿고 그가 우리에게 주신 계명대로 서로 사랑할 것이니라"(요일 3:23)

4장 : 하나님은 사랑이시라

"사랑하는 자들아 영을 다 믿지 말고 오직 영들이 하나님께 속하였나 분별하라 많은 거짓 선지자가 세상에 나왔음이라 이로써 너희가 하나님의 영을 알지니 곧 예수 그리스도께서 육체로 오신 것을 시인하는 영마다 하나님께 속한 것이요 예수를 시인하지 아니하는 영마다 하나님께 속한 것이 아니니 이것이 곧 적그리스도의 영이니라 오리라 한 말을 너희가 들었거니와 지금 벌써 세상에 있느니라"(요일 4:1~3)

"사랑하지 아니하는 자는 하나님을 알지 못하나니 이는 하나님은 사랑이심이라" (요일 4:8)

"사랑은 여기 있으니 우리가 하나님을 사랑한 것이 아니요 하나님이 우리를 사랑하사 우리 죄를 속하기 위하여 화목 제물로 그 아들을 보내셨음이라"(요일 4:10)

"하나님이 우리를 사랑하시는 사랑을 우리가 알고 믿었노니 하나님은 사랑이시라 사랑 안에 거하는 자는 하나님 안에 거하고 하나님도 그의 안에 거하시느니라"(요일 4:16)

"누구든지 하나님을 사랑하노라 하고 그 형제를 미워하면 이는 거짓말하는 자니 보는 바 그 형제를 사랑하지 아니하는 자는 보지 못하는 바 하나님을 사랑할 수 없느니라"(요일 4:20)

5장 : 세상을 이기는 믿음

"무릇 하나님께로부터 난 자마다 세상을 이기느니라 세상을 이기는 승리는 이것이니 우리의 믿음이니라"(요일 5:4)

"내가 하나님의 아들의 이름을 믿는 너희에게 이것을 쓰는 것은 너희로 하여금 너희에게 영생이 있음을 알게 하려 함이라 그를 향하여 우리가 가진 바 담대함이 이것이니 그의 뜻대로 무엇을 구하면 들으심이라"(요일 5:13~14)

요한2서(1장)

요한의 두 번째 서신서는 수신자를 '택하심을 받은 부녀와 그의 자녀들에게'로 되어 있다. 주님 안에서 은혜를 입은 친절한 어머니와 함께 신앙을 지켜오는 그의 자녀들로 보여진다.(요2서 1:1~4) 택하심을 받은 부녀가 계속해서 사랑으로 성도의 교제를 나누되 미혹하는 자들에게 경계심을 갖고 그리스도의 성육신에 관한 바른 믿음을 갖도록 강력히 권고하고 있다.(요2서 1:7)

요한2서(1장)

1~3절	4~6절	7~11절	12~13절
문안	진리와 사랑	미혹게 하는 자를 경계하라	끝인사

부녀여 서로 사랑하자

"부녀여, 내가 이제 네게 구하노니 서로 사랑하자 이는 새 계명 같이 네게 쓰는 것이 아니요 처음부터 우리가 가진 것이라 또 사랑은 이것이니 우리가 그 계명을 따라 행하는 것이요 계명은 이것이니 너희가 처음부터 들은 바와 같이 그 가운데서 행하라 하심이라"(5~6절)

"미혹하는 자가 세상에 많이 나왔나니 이는 예수 그리스도께서 육체로 오심을 부인하는 자라 이런 자가 미혹하는 자요 적그리스도니"(7절)

"지나쳐 그리스도의 교훈 안에 거하지 아니하는 자는 다 하나님을 모시지 못하되 교훈 안에 거하는 그 사람은 아버지와 아들을 모시느니라 누구든지 이 교훈을 가지지 않고 너희에게 나아가거든 그를 집에 들이지도 말고 인사도 하지 말라"(9~10절)

요한3서(1장)

'사랑하는 가이오', '내가 참으로 사랑하는 자'에게 요한은 짧은 편지를 보낸다. 가이오는 정확히 누구라고 알려진 바 없다. 마게도냐의 가이오(행 19:20)와 고린도의 가이오(고전 1:14, 롬 16:23)와는 연관이 있다는 증거는 없다. 사도 요한은 요한2서와 3서에서 자신을 '장로'라고 칭하고 있다. 교회 내 누구보다도 연장자이며 신앙의 세월과 연륜을 느낄 수 있다. 요한3서는 순회 설교자였던 데메드리오를 보내면서 그를 선대한 가이오를 칭찬하고 나그네 형제를 내쫓은 디오드레베를 악한 자로 비교하며 교회의 할 일을 알려주고 있다.

요한3서(1장)

1~8절	9~10절	11~15절
가이오 칭찬	디오드레베 책망	데메드리오 칭찬

1) 가이오 칭찬(1~8절) – 진리의 삶

"사랑하는 자여 네 영혼이 잘됨 같이 네가 범사에 잘되고 강건하기를 내가 간구하노라"(2절)

"사랑하는 자여 네가 무엇이든지 형제 곧 나그네 된 자들에게 행하는 것은 신실한 일이니 그들이 교회 앞에서 너의 사랑을 증언하였느니라 네가 하나님께 합당하게 그들을 전송하면 좋으리로다"(5~6절)

2) 디오드레베 책망(9~10절) – 교만함

"내가 두어 자를 교회에 썼으나 그들 중에 으뜸되기를 좋아하는 디오드레베가 우리를 맞아들이지 아니하니 그러므로 내가 가면 그 행한 일을 잊지 아니하리라 그가 악한 말로 우리를 비방하고도 오히려 부족하여 형제들을 맞아들이지도 아니하고 맞아들이고자 하는 자를 금하여 교회에서 내쫓는도다"(9~10절)

3) 데메드리오 칭찬(11~15) - 선함, 신실함

“사랑하는 자여 악한 것을 본받지 말고 선한 것을 본받으라 선을 행하는 자는 하나님께 속하고 악을 행하는 자는 하나님을 뵈옵지 못하였느니라”(11절)

“데메드리오는 뭇 사람에게도, 진리에게서도 증거를 받았으매 우리도 증언하노니 너는 우리의 증언이 참된 줄을 아느니라”(12절)

사도시대

5. 사도 요한의 사역

“성경의 완성”

요한 계시록

Step-by-Step

성경여행 신약 개관

예수시대	사도시대			
1. 예수님의 사역 (B.C. 4~A.D. 30)	2. 사도들의 사역 (A.D. 30~44)	3. 사도 바울의 사역 (A.D. 34~67)	4. 일반 사도들의 사역 (A.D. 50~90)	5. 사도 요한의 사역 (A.D. 95~100)
마(28장), 막(16장), 눅(24장), 요(21장) "복음의 시작"	행 1~12장 (사도 베드로 중심 사역) "교회의 시작"	행 13~28장 (사도 바울 중심 사역) "선교의 시작"	"공동서신" "일반서신"	"성경의 완성"
마 막 눅 요 마태 : 구약의 성취 "유대인의 왕" 마가 : 구속의 "고난의 종" 누가 : 온 인류의 "구원자" 요한 : 말씀이 육신이 되어 오신 예수님	행 1.오순절 성령강림 2.초대교회(예루살렘 교회) 3.스데반 집사 순교 4.최초 이방인 교회 (안디옥) 5.사도 야고보 순교	1차 선교여정 갈 2차 선교여정 살전 살후 3차 선교여정 고전 고후 롬 4차 선교여정 엡 골 몬 빌 딤전 딛 딤후	약 유 히 요1 벧전 요2 벧후 요3	계
4권	1권	13권	8권	1권

요한계시록의 기록자 - 사도 요한

세베대의 아들이며 야고보의 동생이다.(마 1:19)
어머니 살로메는 마리아와 자매사이로 추정한다.(마 27:56, 막 15:40)
요한과 야고보는 어부였고 부유한 가정으로 보이고 베드로의 동업자이다.(눅 5:10, 마 4:21)
사도 요한의 어머니는 아들들을 향한 야망이 컸다.(마 20:20)
사도 요한과 안드레는 예수님의 최초의 제자가 되었다.(요 1:35~40)
세례 요한의 제자 중에 하나였다가(요 1:35~40) 예수님의 처음 다섯 제자가 된다.(마 4:21~22)
12제자 가운데 가장 먼저 사도가 된다.(눅 6:14)
예수님께서 가장 먼저 부른 두 제자 가운데 하나였다. - 요한과 안드레(요 1:35~40)
예수님의 세 제자 가운데 하나였다. - 베드로, 야고보, 요한(막 5:37, 마 17:1, 26:37)
예수님의 사랑하는 제자였다.(요 13:23, 20:2, 21:7, 20)
십자가상의 예수님으로부터 마리아의 공궤를 부탁받는다.(요 19:26~27)
요한은 마리아와 함께 예루살렘에서 에베소로 떠난다. 그 시기는 사도 베드로의 죽음 후 유대전쟁 기간이라고 본다. 에베소에서 마리아도 생을 마감하고 사도 요한도 그의 생을 마감한다.(A.D. 98년경)
사도요한은 사도행전에(3:1~10,4:1~22, 8:14~25) 세번 베드로와 함께 등장한다.

사도 요한은 로마 도미티아누스 황제 때 소아시아의 에베소 앞의 수많은 섬 가운데 하나인 밧모섬으로 유배된다. 밧모섬은 채석장으로 유명하며 중죄인들이 유배되어 노동하는 곳이다. 사도 요한은 노구의 몸으로 밧모섬에서 환상과 계시를 보고 그곳에서 요한계시록을 기록한다. 사도 요한은 12제자 중 가장 먼저 부름을 받은 제자였고 주님께 사랑을 받은 제자였고 가장 마지막에 생을 마감한 사도였다. 사도 요한의 요한복음과 3편의 서신서와 요한계시록은 마치 성경을 완성해주는 마침표 같은 책이다. 성경 66권 중, 신약의 27권 중 가장 마지막에 5권을 기록한다.

요한복음은 A.D. 85년경
요한1, 2, 3서는 A.D. 90년경
요한계시록은 A.D. 95년경

성경의 모든 책이 기록되고 약 20여 년 동안 성경이 쓰여지지 않은 침묵의 시간 후에 사도 요한에 의해 쓰여진 최후의 5권이다.
사도 요한은 성경역사 1500년의 그 긴 시간 끝자락에 성경의 마지막 책들을 남긴다.

요한계시록(22장)

그리스도의 재림에 대한 종말론적 예언서이다. 성경 곳곳에 부분적으로 암시되었던 이 땅의 역사는 끝날 것이고 영원한 새 하늘과 새 땅에 관한 말씀이 성경의 마지막 책인 요한계시록에 상세히 기록되었다. 세상 끝날의 징조와 환난, 그리스도의 영원한 나라를 대적하는 사단의 종말 등이 계시로 드러나고 있다. 요한계시록은 65권 성경 뒤에 붙어 나오는 부록이 아니다. 창세기에서 시작된 하나님의 창조역사가 요한계시록에서 완성되는, 즉 성경을 끝맺음하는 중요한 책이다. 요한계시록은 다른 역사서나 예언서와 같이 성령의 조명 아래 공부하고 읽어 가면 성도들에게 가장 큰 위로와 믿음을 주는 책이다. 요한계시록이 없다면 성경은 아마도 미완성 된 책으로 남을 것이다.

계시를 기록한 사도 요한은 로마제국의 죄수로 그의 노구를 이끌고 밧모섬에 유배 갔을 때 환상으로 계시를 보고 묵시문학의 형태로 예언서를 기록한다. 본서가 쓰여진 A.D. 95~96년경에는 로마제국 도미티아누스 황제의 핍박을 교회가 받고 있었을 때이다. 핍박당하는 교회를 위로하고 격려하여 인내를 온전히 이루고 믿음을 확신케 하기 위한 편지형식 이었다. 저자는 로마인들은 알 수 없는 숫자와 상징으로, 구약을 알고 있는 교회에 구약의 언어로 적고 있고 현재 지상의 교회에서 박해를 당하나 하늘의 보좌를 보여 줌으로 믿음의 소망을 갖게 한다. 많은 기독교인들이 유일신 사상을 가지고 로마 황제 숭배, 특히 네로 황제(A.D. 54~68)와 도미티아누스 황제(A.D. 81~96) 숭배를 거절하여 죽임을 당했다. 요한계시록의 권면은 그들로 하여금 실망하여 믿음에서 떠나는 것을 막기 위함이다. 요한계시록의 경고는 외적 공격과 내적 배교의 위험을 경고하기 위함이다.

요한계시록의 주제는 예수님의 재림에 대한 준비이다. 요한계시록은 환상을 통해 주님의 계시를 기록한 것이지 일련의 사건을 연대기적으로 기록한 책이 아니다. 말씀이 육신이 되어 오신 예수님은(초림 요 1:14) 구원의 주로 오셨고 예수님이 약속하신 재림하시는 주님은 심판의 주로 오실 것을 기록하고 있다.

요한계시록은 역사적으로 다양한 해석 방법으로 오해의 소지가 있었고 편견과 지식의 부족으로 멀리해 왔다. 기억해야 할 점은 요한계시록의 해석이 성경 전체의 복음과 충돌해서는 안 된다는 점이다. 자의적 해석, 알레고리적 해석, 영적 해석 등을 최대한 배제하고 성경이 말씀하시는 것을 따라가야 한다. 하나님의 마음은 심판이 아니라 구원이요, 임마누엘이다. 요한계시록을 읽는 성도는 각자의 역사 속에서 오늘을 사는 그리스도인으로 어떻게 이 세대를 살아야 하는가에 초점을 맞추어야 한다. 계시록의 시간은 하나님의 시간 '카이로스'(Kairos)에 따른 것이지 인간의 시간 '크로노스'(Kronos) 개념이 아닌 것도 명심해야 한다.

계시(Revelation) : 감추어졌던 것이 실체로 드러나는 것을 말한다. 하나님 자신과 목적과 행동을 인간에게 밝히시는 것을 의미한다.

신약 개관

예수시대	사도시대			
1. 예수님의 사역 (B.C. 4~A.D. 30)	2. 사도들의 사역 (A.D. 30~44)	3. 사도바울의 사역 (A.D. 34~67)	4. 일반 사도들의 사역 (A.D. 50~90)	5. 사도 요한의 사역 (A.D. 95~100)
마(28장) 막(16장) 눅(24장) 요(21장)	행1~12장 베드로 중심사역	행13~28장 사도바울 중심사역	약, 히, 벧전, 벧후, 유, 요1, 요2, 요3	계

1. 요한계시록의 두 가지 관점

시간적 관점	
1장	부활하신 예수 그리스도
2~3장	지금 있는 일
4~22장	장차 될 일(계 1:19)로 보는 것이다.

내용적 관점	
1장	예수 그리스도의 계시
2~3장	주님은 땅 위의 교회를 살피신다(7교회)

4~5장	하늘의 보좌
6~18장	말세의 대 환난, 어린양의 진노(7인, 7나팔, 7대접)
19~20장	주님의 재림, 천년왕국, 백보좌 심판
21~22장	새 하늘, 새 땅, 새 예루살렘의 영원한 통치

2. 내용적으로 본 요한계시록의 구조

요한계시록 개관(22장)

1장	2~3장	4~5장	6~18장	19~20장	21~22장
예수 그리스도의 계시	지상교회 (7교회)	천상의 예배 어린양	어린양의 진노 말세의 대 환난	주님의 재림 천년왕국과 백보좌 심판	새 하늘 새 땅 새 예루살렘

요한계시록은 계시록 6~18장의 '종말론적 환난을 언제로 보는가?'에 따라 해석이 다양해진다.

3. 요한계시록을 보는 4가지 관점

1) 과거주의적 관점(Preterist) : 계시록의 사건들은 이미 로마제국 당시에 성취되었다고 보는 관점으로 계시가 이미 과거에 일어났다고 본다.(예루살렘 멸망, 로마제국의 멸망)

2) 역사적 관점(Historicist) : 계시록의 사건들을 역사적으로 일어난 일들로 적용시킨다. "1세기 성도들에게 주어진 계시록이 당시 성도들에게 무슨 소용이 있는가?" [적그리스도 : 히틀러, 로마 황제, 베리칩'VeriChip'(666)]

3) 관념적 관점(Idealist) : 계시록의 상징들을 관념적으로 보는 견해로 역사적 관

점과는 반대되는 관점이다. 선과 악의 대결, 하나님과 사단의 세력 투쟁이다.
4) 미래주의적 관점(Futurist) : 환상과 심판이 미래에 나타난다.
계시록의 7교회(에베소서, 서머나, 버가, 두아디라, 사데, 빌라델비아, 라오디게아)는 예수 그리스도의 재림 때까지 7교회 시대로 본다. 심판은 배교한 교회와 적그리스도에 집중된다.
① 온건 미래주의 : 7년 대환난 후에 교회가 휴거되고 모든 교회는 환난을 경험한다.
② 극단 미래주의 : 세대주의적 미래주의로 교회의 휴거는 환난 전(교회의 환난 전 휴거설)에 일어난다. 7년 환난 후에 공중 재림은 유대인만 경험, 적그리스도의 통치 후 재림한다.

4. 요한계시록을 보는 3가지 천년설

그리스도가 통치하는 '천년왕국'과 '재림'을 이해하는 3가지 관점이다.

1) 후천년설

2) 전천년설

- 천년왕국 이전에 주님의 재림을 주장
- 요한계시록 20장 문자적 해석 : 주님이 천년동안 이 땅에서 통치

(1) 전천년 전 환난설

- 하나님의 백성을 '이스라엘'과 '교회' 두 부분으로 본다.

• 교회는 7년 환난 이전에, 이스라엘은 7년 환난 후에 휴거 된다.

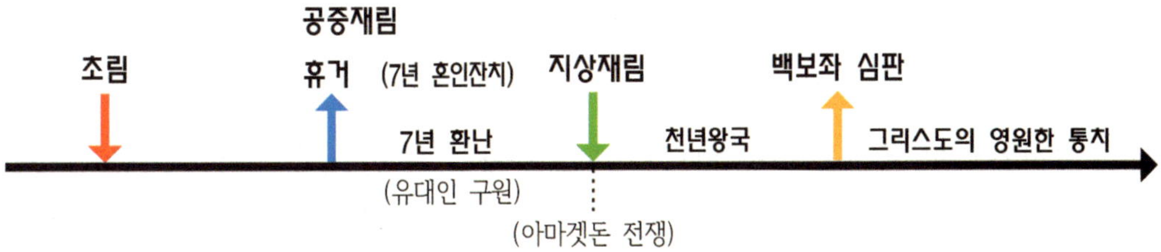

3) 무천년설

주님의 통치를 관념적 해석이나 영적의미로 해석한다. 재림은 믿으나 문자적 의미의 천년왕국은 거부하는 관점이다. 천년왕국은 가시적인 통치가 아니다.

요한계시록(예언서)의 특징

1. 초월성 : 시간적으로(Kairos, Kronos), 공간적으로 초월(하늘, 땅)
2. 상징적 표현 : 모두 문자적 해석이 아니다. 동시에 모두 상징적인 해석도 아니다.
3. 시간적으로 볼 수 있다.
4. 내용적으로 볼 수 있다.

요한계시록 개관(22장)

1장	2~3장	4~5장	6~18장	19~20장	21~22장
예수 그리스도의 계시	지상교회 (7교회)	천상의 예배 어린양	어린 양의 진노 말세의 대 환난	주님의 재림 천년왕국과 백보좌 심판	새 하늘 새 땅 새 예루살렘

계 1장 : 예수 그리스도의 계시

1) 서언(계 1:1~8)

"예수 그리스도의 계시라 이는 하나님이 그에게 주사 반드시 속히 일어날 일들을 그 종들에게 보이시려고 그의 천사를 그 종 요한에게 보내어 알게 하신 것이라" (계 1:1)

"요한은 하나님의 말씀과 예수 그리스도의 증거 곧 자기가 본 것을 다 증언하였느니라"(계 1:2)

"주 하나님이 이르시되 나는 알파와 오메가라 이제도 있고 전에도 있었고 장차 올 자요 전능한 자라 하시더라"(계 1:8)

2) 그리스도의 명령(계 1:9~20)

"나 요한은 너희 형제요 예수의 환난과 나라와 참음에 동참하는 자라 하나님의 말씀과 예수를 증언하였음으로 말미암아 밧모라 하는 섬에 있었더니 주의 날에 내가 성령에 감동되어 내 뒤에서 나는 나팔 소리 같은 큰 음성을 들으니"(계 1:9~10)

"네가 보는 것을 두루마리에 써서 에베소, 서머나, 버가모, 두아디라, 사데, 빌라델비아, 라오디게아 등 일곱 교회에 보내라"(계 1:11)

"내가 볼 때에 그의 발 앞에 엎드러져 죽은 자 같이 되매 그가 오른손을 내게 얹고 이르시되 두려워하지 말라 나는 처음이요 마지막이니 곧 살아 있는 자라 내가 전에 죽었었노라 볼지어다 이제 세세토록 살아 있어 사망과 음부의 열쇠를 가졌노니 그러므로 네가 본 것과 지금 있는 일과 장차 될 일을 기록하라"(계 1:17~19)

인자의 모습(계 1:12~16)

전체모습	인자 같은 이	발	풀무에 단련한 빛난 주석
몸	발에 끌리는 옷	음성	많은 물소리
가슴	금 띠	오른 손	일곱 별
머리와 털	흰 양털	입	날선 검
눈	불꽃	얼굴	해가 비치는 것 같음

계 2~3장 : 7교회에 보내는 말씀

7교회	칭찬	책망	권면	약속
1) 에베소교회 (계 2:1~7)	수고, 인내 악한 자를 용납지 않음 게으르지 아니함	처음 사랑을 버림	회개하여 처음 사랑을 회복하라	생명나무의 열매
2) 서머나교회 (계 2:8~17)	환난, 궁핍 견딤 부요한 자	없음	죽도록 충성하라	생명의 면류관
3) 버가모교회 (계 2:12~17)	사단이 거하는 곳에 서도 믿음을 지킴 (안디바의 죽음)	발람과 니골라당 교훈 - 행음 (우상의 제물)	회개하라	만나, 새 이름을 기록한 흰 돌
4) 두아디라교회 (계 2:18~29)	사랑, 봉사, 믿음 인내가 처음보다 나음	이세벨 용납 행음, 우상숭배 (사망으로 그의 자녀를 죽이리니)	행위대로 갚아 주리라 믿음을 굳게 잡으라 (사망으로 그의 자 녀를 죽이리니)	만국을 다스리는 권세와 새벽별
5) 사데교회 (계 3:1~6)	옷을 더럽히지 아니한 자들(영적 순결)	행위의 온전함이 없다. 극도의 형식주의 영적 무기력	회개하라	흰 옷 생명책에 이름

6) **빌라델비아교회** **(계 3:7~13)**	작은 능력으로 인내의 말씀 순종	없음	면류관을 굳게 잡으라	성전의 기둥
7) **라오디게아교회** **(계 3:14~22)**		차지도 덥지도 않은 행위 부유하나 가난한 교회(영적곤고)	회개하라 열심을 내라	그리스도의 보좌에 함께 앉음

니골라당 - 이단 중 하나로 육체를 무시하고 영혼만 소중히 여긴다. 그러므로 율법이 소용없을뿐더러 하나님의 은혜 안에 있는 자는 무슨 일을 하여도 죄가 되지 않는다는 교리
이세벨 - 아합의 아내 이름으로 바알과 아세라 우상을 숭배했다. 이세벨의 이름은 성도들을 영적으로 도덕적으로 간음과 행음하게 하는 거짓 여선지자이다.

계 4~5장 : 하늘의 예배

공중재림(살전 4:16~17, 고전 15:50~58) : 교회의 휴거

	1. 힘센 천사가 작은 두루마리를 가짐
4:1~3	하늘에 열린 문이 있고 "이리로 올라오라 이후에 마땅히 일어날 일들을 내가 네게 보이리라"(4:1) 하늘에 열린 문, 나팔소리 같은 음성 성령에 감동되어 하늘보좌를 본다.
4:4~11	24보좌 위에 24장로들 흰 옷, 금 면류관, 보좌 앞 유리바다, 보좌 주위의 네 생물 [사자, 송아지, 사람, 독수리 - 겔 1:10, 10:14]
5:1~7	어린 양이 보좌에 앉으신 이의 오른 손에서 두루마리를 취하신다. 두루마리를 일곱 인으로 봉하였고 그 인을 뗄 자가 없어 요한이 크게 운다. "울지 말라 유대 지파의 사자 다윗의 뿌리가 이겼으니 그 두루마리와 그 일곱 인을 떼시리라"(계 5:5)
	2. 어린 양에 대한 찬양
5:8~14	'일찍이 죽임을 당하신 어린 양이 사람들을 피로 사서 하나님께 드리고 그들로 우리 하나님 앞에서 나라와 제사장들을 삼으셨으니 그들이 땅에서 왕 노릇 하리로다 보좌에 앉으신 이와 어린 양에게 찬송과 존귀와 영광과 권능을 세세토록 돌릴지어다'(5:9~10, 13)

계 6~18장 : 말세의 대 환난 개관(어린 양의 진노)

계 6~18장			
말세의 대 환난			
6~7장	8~11장	12~15장	16~18장
7인	7나팔	막간예언	7대접

6~7장		8~11장				12~15장				17~18장		
6장	7장	8장	9장	10장	11장	12장	13장	14장	15장	16장	17장	18장
7인 흰 불 검 청 순 지	144000	**7째인** **7나팔** 땅 바다 강 해	무유	재소명	두 증인 전 3년반 후 3년반 **7째 나팔** 하나님의 성전 언약궤	여자와 붉은 용	두 짐승과 666	144000 마지막 추수	증거의 장막	**7대접** 땅 바다 강 해 왕 유 **아마겟돈** 공	큰 음녀 바벨론	바벨론 멸망

일곱 인 재앙	**계6장**	1. **흰 말**	면류관을 받고, 이기고 또 이기려함
		2. **붉은 말**	화평을 제하고 서로 죽이게 함
		3. **검은 말**	저울, 한 데나리온에 밀 한 되, 보리 석 되로다
		4. **청황색 말**	사망, 땅1/4 권세로 검과 흉년과 사망과 땅의 짐승들로써 죽임
		5. **순교한 자**	죽임을 당한 영혼들이 제단아래에서 부르짖음, 흰 두루마기를 주시고 기다리라하심(6:9~10)
		6. **큰 지진**	해가 검어짐, 달은 피 같이 됨, 별들이 떨어짐(진노의 날)(6:12~17)

계7장	**144,000명** (12,000명 씩 이스라엘 12지파)

	계8장	7째인	일곱 나팔 재앙(8:4) 성도들의 기도 응답
일곱 나팔 재앙		1) 땅	피 섞인 우박과 불(수목의 1/3 죽음)
		2) 바다	불붙은 큰 산과 바다(생물1/3 죽음)
		3) 강	큰 별, 쓴 쑥, 떨어짐(사람1/3 죽음)
		4) 해	달, 별, 낮, 밤(천체1/3)
	계9장	5) 무저갱	땅에 떨어진 별 – 무저갱의 열쇠 황충(9:3) – 사단, 마귀(9:6~11) 아바돈(9:11) – 무저갱의 사자
		6) 유 유브라데	불, 연기, 유황(사람1/3)
	계10장	요한의 새 소명	작은 두루마리 먹음
	계11장	두 증인	굵은 베옷 1,260일 예언
		7) 성전	하늘의 성전, 언약궤

	계 12장	여자와 용	하늘의 증거 장막
막간 예언	계 13장	두 짐승	바다, 땅에서 올라온 짐승, 666
	계 14장	144,000	마지막 추수
	계 15장	하늘의 증거 장막	7대접 재앙

	계 16장	1) 땅	짐승 표, 우상 경배자 – 독종
일곱 대접 재앙		2) 바다 – 피	생물의 죽음
		3) 강 – 피	피를 마시게 함
		4) 해 – 권세	사람들 태움
		5) 짐승의 왕좌	어두움, 살인적 고통
		6) 유브라데	귀신의 영, 아마겟돈 준비(용, 짐승, 거짓 선지자)
		7) 공중	번개, 지진, 우박 - 큰 성 바벨론 멸망

계17장	큰 음녀 바벨론의 멸망 - 음녀와 가증한 것의 멸망, 영적멸망

계18장	바벨론의 패망, 정치적 경제적 멸망

말세의 대 환난 - 어린 양의 진노(계 6장~18장)

계6장	일곱 인을 뗌(7인의 재앙)
1)인	"어린 양이 일곱 인 중의 하나를 떼시는데 그 때에 내가 들으니 네 생물 중의 하나가 우렛소리 같이 말하되 오라 하기로 이에 내가 보니 흰 말이 있는데 그 탄 자가 활을 가졌고 면류관을 받고 나아가서 이기고 또 이기려고 하더라"
2)인	"다른 붉은 말이 나오더라 그 탄 자가 허락을 받아 땅에서 화평을 제하여 버리며 서로 죽이게 하고 또 큰 칼을 받았더라" - 다툼의 상징
3)인	"검은 말이 나오는데 그 탄 자가 손에 저울을 가졌더라" - 경제적 핍절
4)인	"청 황색 말이 나오는데 그 탄 자의 이름은 사망이니 음부가 그 뒤를 따르더라" 죽음의 상징
5)인	순교자 - "하나님의 말씀과 그들이 가진 증거로 말미암아 죽임을 당한 영혼들" 하나님의 심판 재촉 호소
6)인	"큰 지진이 나며 해가 검어지고 달은 온통 피 같이 되며 별들이 땅에 떨어지며 하늘은 떠나가고 산과 섬이 제 자리에서 옮겨짐 - 천지의 대이변 "땅의 임금들과 왕족들과 장군들과 부자들과 강한 자들과 모든 종과 자유인이 굴과 산들의 바위 틈에 숨어 산들과 바위에게 말하되 우리 위에 떨어져 보좌에 앉으신 이의 얼굴에서와 그 어린 양의 진노에서 우리를 가리라 그들의 진노의 큰 날이 이르렀으니 누가 능히 서리요 하더라"(계 6:15~17)

계7장	144,000명 - 인치심을 받은 자 (각 지파별 12,000명)
7:1~4	"우리가 우리 하나님의 종들의 이마에 인치기까지 땅이나 바다나 나무들을 해하지 말라" (계 7:3) "내가 인침을 받은 자의 수를 들으니 이스라엘 자손의 각 지파 중에서 인침을 받은 자들이 십사만 사천이니"(계 7:4) [이스라엘 12지파 중에 인치심을 받은 자 144,000명 - 12지파 중 단 지파가 빠져 있다. 사사시대에 단 지파는 우상숭배를 했기 때문이다.(삿 18:18~19)]
7:5~17	"구원하심이 보좌에 앉으신 우리 하나님과 어린 양에게 있도다"(계 7:10) "흰 옷 입은 자들이 누구며 또 어디서 왔느냐… 이는 큰 환난에서 나오는 자들인데 어린 양의 피에 그 옷을 씻어 희게 하였느니라"(계 7:13~14) "보좌 가운데에 계신 어린 양이 그들의 목자가 되사 생명수 샘으로 인도하시고 하나님께서 그들의 눈에서 모든 눈물을 씻어 주실 것임이라"(계 7:17)

계8~9장	7나팔의 재앙

8:1~5	일곱째 봉인과 금 향로
7)일곱째 인	"7째인 을 떼실 때에 하늘이 반 시간쯤 고요하더니 내가 보매 하나님 앞에 일곱 천사가 서 있어 일곱 나팔을 받았더라"(계 8:1~2) "또 다른 천사가 와서 제단 곁에 서서 금 향로를 가지고 많은 향을 받았으니 이는 모든 **성도의 기도**와 합하여 보좌 앞 금 제단에 드리고자 함이라 향연이 **성도의 기도**와 함께 천사의 손으로부터 하나님 앞으로 올라가는지라"(계 8:3~4) "천사가 향로를 가지고 제단의 불을 담아다가 땅에 쏟으매 우레와 음성과 번개와 지진이 나더라"(계 8:5) - **성도의 기도가 하나님의 심판의 일조**

8:6~9:21	7나팔의 재앙	
1) 나팔	땅	피 섞인 우박과 불, 땅 1/3과 수목 1/3 타버림
2) 나팔	바다	불붙은 큰 산, 바다 1/3 피로 변함
3) 나팔	강	횃불같이 타는 큰 별, 강 1/3, 별 이름은 쓴 쑥(쓴 물)
4) 나팔	해	해 1/3, 달 1/3, 별 1/3, 낮 1/3과 밤 1/3(어두움)
5) 나팔	무저갱	땅에 떨어진 별 하나가 무저갱의 열쇠를 받음 황충이 올라와 전날의 권세를 받음 "오직 이마에 하나님의 인침을 받지 아니한 사람들만 해하라"(계9:4) "그 날에는 사람들이 죽기를 구하여도 죽지 못하고 죽고 싶으나 죽음이 그들을 피하리로다"(계 9:6) 무저갱의 사자 - 히브리 음 '아바돈', 헬라 음 '아볼루온'
6) 나팔	유브라데	결박한 네 천사를 놓아주라(계 9:14) 세 재앙 - 불, 연기, 유황(사람 1/3사망) (계 9:18) "이 재앙에 죽지 않고 남은 사람들은 손으로 행한 일을 회개하지 아니하고 오히려 여러 귀신과 또는 보거나 듣거나 다니거나 하지 못하는 금, 은, 동과 목석의 우상에게 절하고 또 그 살인과 복술과 음행과 도둑질을 회개하지 아니하더라"(계 9:20~21)

계10장	요한의 재 소명

10:1~7	힘센 천사가 작은 두루마리를 가짐
	그가 외칠 때 일곱 우레가 소리를 낸다. 내가 기록하려고 할 때, '일곱 우레가 말한 것을 인봉하고 기록하지 말라' 하더라 [일곱째 나팔 불 때 '남은 재앙이 이루어지리라 복음과 같이']
10:8~11	"내가 천사의 손에서 작은 두루마리를 갖다 먹어 버리니 내 입에는 꿀 같이 다나 먹은 후에 내 배에서는 쓰게 되더라"(10절) [하나님의 말씀은 은혜요 생명이다. 그러나 배척할 때는 쓴 고통이 될 수 있다.] "그가 내게 말하기를 네가 많은 백성과 나라와 방언과 임금에게 다시 예언하여야 하리라 하더라"(11절) [요한은 1:2에서 소명을 받았는데 다시 10:11에서 재소명을 받는다.]

계11장	두 증인

11:1~6	전 3년 반의 환난
	"내가 나의 두 증인에게 권세를 주리니 그들이 굵은 베옷을 입고 천이백육십 일을 예언하리라"(3절) "만일 누구든지 그들을 해하고자 하면 그들의 입에서 불이 나와서 그들의 원수를 삼켜 버릴 것이요 누구든지 그들을 해하고자 하면 반드시 그와 같이 죽임을 당하리라"(5절)
11:7~14	후 3년 반의 환난과 두 증인
	"그들이 그 증언을 마칠 때에 무저갱으로부터 올라오는 짐승이 그들과 더불어 전쟁을 일으켜 그들을 이기고 그들을 죽일 터인즉 그들의 시체가 큰 성 길에 있으리니 그 성은 영적으로 하면 소돔이라고도 하고 애굽이라고도 하니 곧 그들의 주께서 십자가에 못 박히신 곳이라"(7~8절)
11:11~13	3일 반 후에 하나님의 생기로 하늘로 올라감
	"그 때에 큰 지진이 나서 성 십분의 일이 무너지고 지진에 죽은 사람이 칠천이라 그 남은 자들이 두려워하여 영광을 하늘의 하나님께 돌리더라"(11:13)
7)나팔	하나님의 심판(11:15~19) "주의 이름을 경외하는 자들에게 상 주시며 또 땅을 망하게 하는 자들을 멸망시키실 때로소이다"(18절)
	"하나님의 성전이 열리니 성전 안에 하나님의 언약궤가 보이며 또 번개와 음성들과 우레와 지진과 큰 우박이 있더라"(19절)

막간예언(12~15장)

계12장	해를 옷 입은 여자와 붉은 용 환상 (영적 싸움)
12:1~2	"해를 옷 입은 한 여자가 있는데 그 발 아래에는 달이 있고 그 머리에는 열두 별의 관을 썼더라 이 여자가 아이를 배어 해산하게 되매 아파서 애를 쓰며 부르짖더라"
12:3~4	한 큰 붉은 용 – 머리가 일곱, 뿔이 열, 그 여러 머리에 일곱 왕관이 있음, 그 꼬리로 하늘의 별 1/3을 끌어다가 땅에 던짐, 용이 해산하려는 여자 앞에서 그가 해산하면 그 아이를 삼키고자 함
12:5~6	남자 아이를 낳음 – "이는 장차 철장으로 만국을 다스릴 남자라 그 아이를 하나님 앞과 그 보좌 앞으로 올려가더라 그 여자가 광야로 도망하매 거기서 천이백육십 일 동안 그를 양육하기 위하여 하나님께서 예비하신 곳이 있더라" [① 그리스도라는 견해 ② 그리스도와 교회라는 견해]
12:7~9	미카엘과 용의 전쟁
	용이 패하여 하늘에서 내어 쫓김 - 패배 큰 용 - 옛 뱀, 마귀, 사단(온 천하를 꾀하는 자)
12:10~12	어린양의 피
	"이제 우리 하나님의 구원과 능력과 나라와 또 그의 그리스도의 권세가 나타났으니 우리 형제들을 참소하던 자 곧 우리 하나님 앞에서 밤낮 참소하던 자가 쫓겨났고 또 우리 형제들이 어린 양의 피와 자기들이 증언하는 말씀으로써 그를 이겼으니 그들은 죽기까지 자기들의 생명을 아끼지 아니하였도다(순교자의 죽음) 그러므로 하늘과 그 가운데 거하는 자들은 즐거워하라" [마귀 사단의 패배는 하나님의 백성들에게 기쁨을 가져온다.]
12:13~17	용의 핍박
	"용이 자기가 땅으로 내쫓긴 것을 보고 남자를 낳은 여자를 박해하는지라"(13절) "땅이 여자를 도와 그 입을 벌려 용의 입에서 토한 강물을 삼키니 용이 여자에게 분노하여 돌아가서 그 여자의 남은 자손 곧 하나님의 계명을 지키며 예수의 증거를 가진 자들과 더불어 싸우려고 바다 모래 위에 서 있더라"(16~17절)

계13장	두 짐승과 666

13:1~10	첫 번째 짐승
	바다에서 한 짐승 – 머리가 일곱, 뿔이 열(왕관) **용이 짐승에게 자기 능력과 보좌와 큰 권세를 줌** – "그의 머리 하나가 상하여 죽게 된 것 같더니 그 죽게 되었던 상처가 나으매 온 땅이 놀랍게 여겨 짐승을 따른다(온 땅이 경배). 용에게 경배하며 짐승에게 경배 하여 "이르되 누가 이 짐승과 같으냐 누가 능히 이와 더불어 싸우리요 하더라"(3~4절) 또 짐승이 과장되고 신성 모독을 말하는 입을 받고 또 42달 동안 일할 권세를 받고 이에 짐승이 입을 벌려 하나님의 이름과 그의 장막 곧 하늘에 사는 자들을 비방한다. 또 권세를 받아 성도들과 싸워 이기게 되고 각 족속과 백성과 방언과 나라를 다스리는 권세를 받는다." 죽임을 당한 어린 양의 생명책에 창세 이후로 이름이 기록되지 못하고 이 땅에 사는 자들은 다 그 짐승에게 경배하리라"(8절) "누구든지 귀가 있거든 들을지어다 사로잡힐 자는 사로잡혀 갈 것이요 칼에 죽을 자는 마땅히 칼에 죽을 것이니 성도들의 인내와 믿음이 여기 있느니라"(9~10절)
13:11~18	두 번째 짐승
	땅에서 올라온 두 번째 짐승 – 어린 양 같이 두 뿔이 있고 용처럼 말함 **큰 이적을 행함** – 불이 하늘로부터 땅에 내려오게 함 **첫 번째 짐승의 권세를 행함** – 땅에 사는 자들을 첫 번째 짐승에 경배하게 한다. 이적을 행함으로 땅에 거하는 자들을 미혹하며 땅에 거하는 자들에게 우상을 만들게 한다. **그 짐승의 우상**에게 생기를 주어 그 짐승의 우상으로 말하게 함 짐승의 우상에게 경배하지 아니하는 자는 몇이든지 다 죽임 "그가 모든 자 곧 작은 자나 큰 자나 부자나 가난한 자나 자유인이나 종들에게 그 오른손에나 이마에 표를 받게 하고 누구든지 이 표를 가진 자 외에는 매매를 못하게 하니 이 표는 곧 짐승의 이름이나 그 이름의 수라 지혜가 여기 있으니 총명한 자는 그 짐승의 수를 세어 보라 그것은 사람의 수니 그의 수는 육백육십육이니라"(계 13:16~18) [짐승의 수 – 사람의 수 – 666]

계14장	144,000명이 부르는 새 노래
14:1~5	144,000명이 어린 양과 시온 산에 거함 그들의 이마에는 어린 양의 이름과 그 아버지의 이름이 기록(2절) 그들이 하나님 보좌 앞에서 새 노래를 부름 - "속량함을 받은 자"(3절) "이 사람들은 여자와 더불어 더럽히지 아니하고 순결한 자라 어린 양이 어디로 인도하든지 따라가는 자며 사람 가운데에서 속량함을 받아 처음 익은 열매로 하나님과 어린 양에게 속한 자들"(4절) "그 입에 거짓말이 없고 흠이 없는 자들이더라"(5절)
14:6~13	**세 천사의 메시지**
	첫 번째 천사 – "하나님을 두려워하며 그에게 영광을 돌리라 이는 그의 심판의 시간이 이르렀음이니"(7절) **두 번째 천사** – '큰 성 바벨론이 음행으로 무너졌도다'(8절) **세 번째 천사** – "짐승과 그의 우상에게 경배하고 그의 이름 표를 받는 자는 누구든지 밤낮 쉼을 얻지 못하리라"(11절) "성도들의 인내가 여기 있나니 그들은 하나님의 계명과 예수에 대한 믿음을 지키는 자니라"(12절)
14:14~20	**마지막 추수**
	흰 구름 위의 인자 – '머리에는 금 면류관, 손에는 예리한 낫을 가졌더라'(14절), "낫을 휘두르매 땅의 곡식이 거두어지니라"(16절) **마지막 재난의 천사** – "불을 다스리는 다른 천사가 제단으로부터 나와 예리한 낫 가진 자를 향하여… '네 예리한 낫을 휘둘러 땅의 포도송이를 거두라' 하므로 천사가 낫을 땅에 휘둘러 땅의 포도를 거두어 하나님의 진노의 큰 포도주 틀에 던지매 그 틀이 밟히니 틀에서 피가 나서 1,600스다디온(300km)에 퍼짐"(17~20절)

계15장	증거장막
15:1	**7천사 7재앙** – 마지막 재앙, 하나님의 진노
15:2~4	**하나님의 심판에 대한 찬양** – "주여 누가 주의 이름을 두려워하지 아니하며 영화롭게 하지 아니하오리이까 오직 주만 거룩하시니이다"(4절)
15:5~8	하늘에 증거 장막의 성전이 열림 일곱 재앙을 가진 일곱 천사가(빛난 세마포 옷을 입고 가슴에 금 띠를 띠고) 성전으로부터 나옴 하나님의 진노를 가득히 담은 금 대접 일곱을 그 일곱 천사들에게 줌 "일곱 천사의 일곱 재앙이 마치기까지는 성전에 능히 들어갈 자가 없더라"

계16장	진노의 일곱 대접	
1) 대접	땅	짐승의 표 받은 자들과 우상에 경배하는 자들 – 독종
2) 대접	바다	바다가 피가 되어 모든 생물이 죽더라
3) 대접	강 물의 근원	피가 됨, 선지자들의 피를 흘림
4) 대접	해	해가 권세를 받아 사람들을 태움
5) 대접	짐승의 왕좌	나라가 어두워짐, 사람들이 아파서 자기 혀를 깨물고 아픈 것과 종기로 고통스러워하나 회개하지 아니하고 하늘의 하나님을 비방함
6) 대접	유브라데	강물이 말라 동방에서 오는 왕들의 길이 예비 됨 “세 더러운 영이 용의 입과 짐승의 입과 거짓 선지자의 입에서 나오니 그들은 귀신의 영이라 이적을 행하여 온 천하 왕들에게 가서 하나님 곧 전능하신 이의 큰 날에 있을 전쟁을 위하여 그들을 모으더라(13~14절) 세 영이 히브리어로 **아마겟돈**이라 하는 곳으로 왕들을 모으더라”(16절) **아마겟돈**은 이스르엘 평야의 므깃도를 암시한다. 구약에서 남유다의 아하시야 왕과 요시야 왕이 죽음을 맞은 장소이다.(왕하 9:27, 23:29) 하나님을 대적하는 적그리스도, 거짓선지자 등 사단의 세력들이 거짓 기적을 행하여 세상의 왕들을 모은다. 하나님을 대적하는 세상의 악한 영들의 마지막 종말의 세계대전을 아마겟돈 전쟁으로 상징한다. 요한계시록 16장 16절에서의 아마겟돈은 ‘전능하신 하나님의 큰 날’에 있을 전쟁으로 인하여 전세계 왕들이 집합하게 될 장소이다.
7) 대접	공중	큰 지진으로 만국의 성들과 바벨론성이 무너짐, 섬과 산이 없어짐, 한 달란트나 되는 큰 우박의 재앙

7나팔 재앙과 7대접 재앙의 정리

<table>
<tr><th></th><th>7나팔 재앙(계8~9장)</th><th colspan="2"></th><th>7대접 재앙(계16장)</th></tr>
<tr><td>1</td><td>피 섞인 우박, 불(땅1/3, 수목1/3 불탐)</td><td colspan="2">땅</td><td>짐승의 표, 우상 경배자들, 독종</td></tr>
<tr><td>2</td><td>불붙은 큰 산, 바타1/3 피로 변함</td><td colspan="2">바다</td><td>바다가 피로 변함, 모든 생물 죽음</td></tr>
<tr><td>3</td><td>횃불 같이 타는 큰 별, 강1/3
별 이름 : 쓴 쑥</td><td colspan="2">강</td><td>물이 피가 됨</td></tr>
<tr><td>4</td><td>해1/3, 달1/3, 별1/3, 낮1/3, 밤 1/3(어둠)</td><td colspan="2">해</td><td>해가 권세를 받아 사람들을 태움</td></tr>
<tr><td>5</td><td>인치심을 받지 않은 자들
무저갱의 사자 : 아바돈</td><td>무저갱</td><td>짐승왕좌</td><td>나라가 어두워짐
아파도 회개치 않음</td></tr>
<tr><td>6</td><td>네 천사를 놓아주라
세 재앙 : 불, 연기, 유황(사람1/3죽음)</td><td colspan="2">유브라데강</td><td>강물이 말라 동방 왕들의 길이 예비</td></tr>
<tr><td>7</td><td>하나님의 성전 열림
하나님의 언약궤</td><td>성전</td><td>공중</td><td>큰 지진, 만국의 섬들과
바벨론 성 무너짐</td></tr>
</table>

계17~18장 : 바벨론의 멸망

계17장	큰 음녀, 큰 바벨론의 심판, 영적심판
17:1~6	큰 음녀의 정체
	많은 물 위에 앉은 큰 음녀 땅의 임금들과 음행하였고 땅에 사는 자들도 그 음행의 포도주에 취함 붉은 빛 짐승(7머리와 10뿔)을 탔는데 그 몸에 하나님을 모독하는 이름이 가득함 여자는 몸을 화려하게 치장(자주 빛과 붉은 빛 옷을 입고 금과 보석과 진주로 꾸밈) 손에 금 잔을 가졌음(가증한 물건과 그의 음행의 더러운 것들이 가득함) 이마에 이름이 기록(비밀이라, 큰 바벨론이라, 땅의 음녀들과 가증한 것들의 어미) 성도들의 피와 예수의 증인들의 피에 취함 17장 1절에서 6절까지의 음녀는 도덕적이고 종교적인 창녀를 의미한다. 우상숭배와 가증한 것을 섬기게 하고 순교자들의 피를 많이 흘린 음녀이다. [1C 로마제국은 우상숭배와 모든 악한 것들의 어미인 바벨론과 같았다.]
17:7~14	큰 음녀와 탄 짐승
	여자가 탄 짐승 - 일곱 머리(일곱 왕), 열 뿔(열 왕) 어린 양(만주의 주, 만왕의 왕)의 승리
17:15~18	음녀의 멸망 선포
	음녀의 앉은 물 - 백성과 무리와 열국과 방언 들 열 뿔과 짐승이 음녀를 미워해 망하게 함 하나님의 말씀이 응함 [음녀는 결국 자기가 탄 짐승, 적그리스도에 의해 멸망한다.]
계18장	멸망당한 바벨론, 정치적, 경제적 멸망
	귀신의 처소와 더러운 영이 모이는 곳(2절) 땅의 왕들이 그와 음행하며, 땅의 상인들도 그 사치의 세력으로 치부함(3절) 하루 동안 재앙들이 이르리니 곧 사망과 애통함과 흉년이라(8절) 그들의 부가 한 시간에 망함(17절) 바벨론이 영혼이 탐하던 과일이 사라짐(14절) 맛있는 것들과 빛난 것들이 다 사라짐(14절) 세마포 옷과 자주 옷과 붉은 옷, 금과 보석으로 꾸민 자들이 망함(16~17절) 바다에서 배 부리는 모든 자들이 망함(19절)

	큰 맷돌이 바다에 빠짐 같이 다시 보이지 않음(21절) 즐거운 음악과 풍류가 사라짐(22절) 맷돌 소리와 잔치가 끝남(22~23절) 제국적인 권세를 움켜진 바벨론이 모든 나라와 왕들을 지배했으나 영적, 도덕적으로 멸망하고 경제적, 물리적으로도 패망한다.(계 17~18장)

계19~20장 : 주님의 재림과 천년왕국

계19장	그리스도의 재림(어린 양의 혼인 잔치)
19:1~5	하늘의 기쁜 찬양(허다한 무리의 큰 음성)
	할렐루야 구원과 영광과 능력이 우리 하나님께 있도다(1절) 24장로와 네 생물이 보좌에 앉으신 하나님께 경배(4절)
19:6~10	어린 양의 혼인잔치 준비
	할렐루야 주 우리 하나님 곧 전능하신 이가 통치하시도다 어린 양의 혼인 기약이 이르렀고 그의 아내가 자신을 준비하였으므로 그에게 빛나고 깨끗한 세마포 옷을 입도록 허락하심(세마포 옷은 성도들의 옳은 행실) 어린 양의 혼인 잔치에 청함을 받은 자들은 복이 있도다 이것은 하나님의 참되신 말씀이라(9절) "내가 그 발 앞에 엎드려 경배하려 하니 그가 나에게 말하기를 나는 너와 및 예수의 증언을 받은 네 형제들과 같이 된 종이니 삼가 그리하지 말고 오직 하나님께 경배하라 예수의 증언은 예언의 영이라 하더라(10절)
19:11~16	그리스도의 재림
	백마를 탄 자 - 그 이름은 충신과 진실 공의로 심판하며 싸움 눈이 불꽃같고 머리에는 많은 면류관 **피 뿌린 옷을 입음 - 그 이름은 하나님의 말씀** 예리한 검으로 만국과 철장을 다스림 맹렬한 진노의 포도주 틀을 밟음 **옷과 다리의 이름 - 만왕의 왕이요 만주의 주**

19:17~21	짐승의 멸망
	짐승과 땅의 임금들과 군대들이 말 탄 자와 그의 군대와 전쟁(아마겟돈 전쟁) 짐승과 거짓선지자가 산채로 유황불 붙는 못에 던져짐(20절) 나머지는 말 탄 자의 입에서 나오는 검에 죽음(21절) **아마겟돈 전쟁**(요단강 서쪽, 이스르엘 평원의 므깃도를 가르킴) 짐승과 거짓선지자의 세력이 완전히 패배할 것이다. 종말에 이곳에서 모든 악의 세력들이 하나님의 권세와 능력에 의해 최종적인 멸망을 당하게 되는 전쟁이다.

계20장	천년왕국과 백보좌 심판

20:1~3	용은 옛 뱀, 마귀, 사단
	무저갱에 천년 결박, 만국을 미혹하지 못함, 그 후에 잠깐 놓임
20:4~6	천년왕국
	순교자들의 영혼들과 짐승과 그의 우상에 절하지 아니하고 이마와 손에 표를 받지 않은 자들(유대인)이 살아서 그리스도와 더불어 천년 동안 왕 노릇 함 **첫째 부활에 참여한 자들** - 복이 있고 거룩하도다, 하나님과 그리스도의 제사장 천년 동안 왕 노릇
20:7~10	곡과 마곡의 전쟁과 사단의 멸망
	천년이 차매 사단이 옥에서 나와 땅의 사방 백성 곡과 마곡을 미혹 널리 퍼져 성도의 진과 성을 두르매 하늘에서 불이 내려와 소멸하고 불과 유황 못에 던져짐
20:11~15	최후의 흰 보좌 심판
	크고 흰 보좌 앞 - 생명 책이 펴짐, 책들이 펴짐, 죽은 자들이 자기 행위를 따라 책들에 기록된 대로 심판 받음 **생명책에 기록되지 못한 자** - 불 못에 던져짐, 사망과 음부도 불 못에 던져짐 [불 못 : 둘째 사망]

계21~22장 : 새 하늘, 새 땅, 새 예루살렘

21:1~8	**새 하늘과 새 땅**
	"새 하늘과 새 땅을 보니 처음 하늘과 처음 땅이 없어졌고 바다도 다시 있지 않더라"(계 21:1, 사 65:17, 벧후 3:13) "거룩한 성 새 예루살렘이 신부가 남편을 위하여 단장한 것 같더라"(2절) **임마누엘의 하나님** – "하나님의 장막이 사람들과 함께 있으매.. 하나님이 그들과 함께 계시리니.. 그들은 하나님의 백성이 되고 하나님은 친히 그들과 함께 계셔서"(3절) "모든 눈물을 그 눈에서 닦아 주시니 다시는 사망이 없고 애통하는 것이나 곡하는 것이나 아픈 것이 다시 있지 아니하리니 처음 것들이 다 지나갔음이러라"(4절) "보라 내가 만물을 새롭게 하노라"(5절) **하나님과 백성의 관계** – "이루었도다 나는 알파와 오메가요 처음과 마지막이라(사 44:6) 내가 생명수 샘물을 목마른 자에게 값없이 주리니 이기는 자는 이것들을 상속으로 받으리라 나는 그의 하나님이 되고 그는 내 아들이 되리라"(6~7절) **둘째 사망** : "그러나 두려워하는 자들과 믿지 아니하는 자들과 흉악한 자들과 살인자들과 음행하는 자들과 점술가들과 우상 숭배자들과 거짓말하는 모든 자들은 불과 유황으로 타는 못에 던져지리니 이것이 둘째 사망이라"(8절)
21:9~27	**새 예루살렘**
	신부 - 곧 어린양의 아내를 보이리라(9절) 거룩한 성 예루살렘을 보이니(10절) 하나님의 영광이 있어 성의 빛이 지극히 귀한 보석 같고 벽옥과 수정 같이 맑음(11절) **열두 문이 있는 크고 높은 성곽** – 12지파의 이름이 적힘(12절) **성곽에 열두 기초석이 있음** – 어린 양의 12사도의 이름이 적혀 있음(14절) **성** – 크기가 12,000스다디온(길이와 너비와 높이가 같음), 정금으로 건축 **성곽** – 성곽은 144규빗, 벽옥으로 건축, 기초석은 각색 보석으로(①벽옥 ②남보석 ③옥수 ④녹보석 ⑤홍마노 ⑥홍보석 ⑦황옥 ⑧녹옥 ⑨담황옥 ⑩비취옥 ⑪청옥 ⑫자수정) **열두 문** – 열두 진주 **성의 길** – 정금으로 되어 있음 "성 안에서 내가 성전을 보지 못하였으니 이는 주 하나님 곧 전능하신 이와 및 어린 양이 그 성전이심이라"(22절) : 건물로서의 성전이 없음 "그 성은 해나 달의 비침이 쓸 데 없으니 이는 하나님의 영광이 비치고 어린 양이 그 등불이 되심이라"(23절) (사 60:19, 계 22:5 슥 2:5) **"사람들이 만국의 영광과 존귀를 가지고 그리로 들어가겠고 무엇이든지 속된 것이나 가증한 일 또는 거짓말하는 자는 결코 그리로 들어가지 못하되 오직 어린 양의 생명책에 기록된 자들만 들어가리라"(26~27절)**

계22장	생명수의 강과 생명나무

22:1~5	천국의 모습
	생명수의 강 - 하나님과 어린 양의 보좌로부터 나옴(1절) **생명나무** - 강 좌우에 생명나무가 있어 열두 가지 열매(12실과)를 맺음, 그 잎사귀는 만국을 치료하기 위하여 있음(2절) "다시 저주가 없으며(창 3:17) 하나님과 그 어린 양의 보좌가 그 가운데에 있으리니 그의 종들이 그를 섬기며 그의 얼굴을 볼 터이요 그의 이름도 그들의 이마에 있으리라"(3~4절, 계 3:12) [온전한 관계의 의미] "다시 밤이 없겠고 등불과 햇빛이 쓸 데 없으니 이는 주 하나님이 그들에게 비치심이라 그들이 세세토록 왕 노릇 하리로다"(5절)
22:6~11	묵시의 신실성
	"이 말은 신실하고 참된지라… 반드시 속히 되어질 일을 보이시려고 그의 천사를 보내셨도다 보라 내가 속히 오리니 이 두루마리의 예언의 말씀을 지키는 자는 복이 있으리라"(6~7절) "이 두루마리의 예언의 말씀을 인봉하지 말라 때가 가까우니라"(10절)
22:12~19	재림의 임박성
	"보라 내가 속히 오리니 내가 줄 상이 내게 있어 각 사람에게 그가 행한 대로 갚아 주리라"(12절) "나는 알파와 오메가요 처음과 마지막이요 시작과 마침이라"(13절) "자기 두루마기를 빠는 자들은 복이 있으니 이는 그들이 생명나무에 나아가며 문들을 통하여 성에 들어갈 권세를 받으려 함이로다"(14절) **성령과 신부의 구원으로 초청** : "성령과 신부가 말씀하시기를 오라 하시는도다 듣는 자도 오라 할 것이요 목마른 자도 올 것이요 또 원하는 자는 값없이 생명수를 받으라"(17절)
22:20~21	마라나타
	"내가 진실로 속히 오리라 하시거늘 아멘 주 예수여 오시옵소서"(20절) "주 예수의 은혜가 모든 자들에게 있을지어다 아멘"(21절) 예수님의 재림은 확증되고 요한은 그 확증을 믿는다.

창세기에서 시작된 성경은 요한계시록에서 완성된다. 요한계시록을 제외하면 성경의 결말을 모르는 것이다. 요한계시록도 다른 역사서나 예언서와 같이 성령의 조명 아래 공부하고 읽어 가면 성도에게 가장 큰 위로와 믿음을 주는 책이다.

영국과 스코틀랜드에서 사역한 그래함 스크로지(W. Graham Scroggie)의 The Book of The Revelation에는 창세기의 처음 세 장과 요한계시록의 마지막 세 장을 비교하며 성경의 처음과 나중을 정리했다. 창조의 시작은 익숙한 성도들이 성경의 끝을 잘 알고 신앙생활에 게으르지 않고 확신을 갖기를 바라며 아래에 옮겨본다.

창세기와 요한계시록 비교 대조표

창세기 1~3장	요한계시록 20~22장
하나님 처음 하늘과 땅 안식 낙원을 잃음 생명나무와 네 강 남편과 아내	하나님 새 하늘과 새 땅 영원한 안식 낙원을 회복함 생명나무와 생명수의 강 어린 양과 신부
사단의 승리 심판을 선언함 하나님의 얼굴을 보지 못함 저주가 선언됨 문이 닫힘 죽음이 지배 모든 사람에게 눈물 밤과 두려움 생명나무로부터 쫓겨남 에덴에서 쫓겨남	사단의 패배 심판의 종말 하나님의 얼굴을 볼 것임 저주가 끝남 문이 결코 닫히지 않음 죽음의 종말 모든 눈물이 닦여짐 밤이 없으므로 두려움이 없음 생명나무로 나아감 거룩한 성에 거주

[W. Graham Scroggie의 The Book of The Revelation 참조]

성경의 처음 책인 창세기와 마지막 책인 요한계시록은 공동의 주제가 비교되었거나 대조적으로 기록되어 완성된다.

참고문헌 (References)

1. H.Wayne 'Houst New Testament', Academic Books, 1981
2. Jack Hayford, 'The Hayford Bible Handbook', Nelson Reference & Electronic, 1798
3. 테리홀, '성경익스프레스', 배응준 역, 규장, 2008
4. 테리홀, '성경종합개관'(Bible Panorama), 안종환 역, 나침반출판사, 2004
5. 조병호, '성경과 고대 전쟁', 통독원, 2011
6. 조병호, '신구약 중간사', 통독원, 2012
7. 조병호, '성경과 5대 제국', 통독원, 2011
8. 김병국, '신구약 중간사', 도서출판 대서, 2013
9. 장규철, '성경스케치', 도서출판 진리, 2011
10. 이애실, '신약읽기 내비게이션', 성경방, 2015
11. 테리홀, '성경파노라마', 배응준 역, 규장, 1983
12. 조용기, '요한계시록 강해', 영산출판사, 1978
13. 조용기, '하나님의 말씀', 서울서적, 1990
14. 이병렬, '이스라엘 역사와 지리', 요단출판사, 1985
15. 박기성, '마스터 성경종합요약 자료집', 생명의말씀사,1999
16. '프뉴마성경', 정인찬, 잭 헤이포드 편찬, 넥서스CROSS, 2014
17. '성경 2.0', 김동순, CM creative, 2017
18. '성경 2.0 쉬운지도', 편집부, CM creative, 2016
19. 이원희, '스펙트럼 성서지도', 도서출판 지계석, 2000
20. 이승수, '바울 퍼펙타클 성경지도', 도서출판 바울, 2010
21. '메모성경', 김영진, 성서원, 2012
22. '아가페 성경사전', 아가페출판, 1991
23. 다국어성경 홀리바이블, http://www.holybible.or.kr

7

재난 재해 안전 무릎 기도문 <자녀용>

불의의 재난 사고로부터
자신을 지키는 방법을
배우는 기도서!

8

재난 재해 안전 무릎 기도문 <부모용>

불의의 재난 사고로부터
자신을 지키는 방법을
배우는 기도서!

9

남편을 위한 무릎 기도문

사랑하는 남편의
신앙, 건강, 성공 등을
이루게 하는 아내의 기도서!

10

아내를 위한 무릎 기도문

아내를 끝까지 지켜주는
남편의 소망, 소원,
행복이 담긴 기도서!

11

워킹맘의 무릎 기도문

좋은 엄마/좋은 직원/
좋은 성도가 되기위해 노력하는
워킹맘의 기도서!

12

손자/손자를 위한 무릎 기도문

어린 손주 양육에
최선을 다하는 조부모의
손주를 위한 기도서!

13

태신자를 위한
무릎 기도문

14

새신자
무릎 기도문

15

교회학교 교사
무릎 기도문

16

선포(명령)
기도문

망망한 바다 한가운데서 배 한 척이 침몰하게 되었습니다.
모두들 구명보트에 옮겨 탔지만 한 사람이 보이지 않았습니다.
절박한 표정으로 안절부절 못하던 성난 무리 앞에 급히 달려 나온 그 선원이
꼭 쥐고 있던 손바닥을 펴 보이며 말했습니다.
"모두들 나침반을 잊고 나왔기에… "
분명, 나침반이 없었다면 그들은 끝없이 바다 위를 표류할 수 밖에 없을 것입니다.

우리는 삶의 바다를 항해하는 모든 이들을 위하여
그 나침반의 역할을 하고 싶습니다.
우리를 구원하신 위대한 주 예수 그리스도를 널리 전하고 싶습니다.

"하나님은 모든 사람이 구원을 받으며
진리를 아는 데에 이르기를 원하시느니라"
(디모데전서 2장 4절)

Step-by-Step
성경여행
신약

편저자 | 고은주
편집인 | 윤창우
감 수 | 김우진
발행인 | 김용호
발행처 | 나침반출판사

제1판 재발행 | 2020년 3월 20일

등 록 | 1980년 3월 18일 / 제 2-32호
본 사 | 07547 서울특별시 강서구 양천로 583
블루나인 비즈니스센터 B동 1607호
전 화 | 본사 (02) 2279-6321 / 영업부 (031) 932-3205
팩 스 | 본사 (02) 2275-6003 / 영업부 (031) 932-3207
홈 피 | www.nabook.net
이 멜 | nabook365@hanmail.net
일러스트 제공 | 게티이미지뱅크/iStock

ISBN 978-89-318-1589-4
책번호 다-1140

값은 뒷표지에 있습니다.